DICIONÁRIO MICHEL MAFFESOLI

Apoio:

CNPq
Conselho Nacional de Desenvolvimento Científico e Tecnológico

DICIONÁRIO MICHEL MAFFESOLI

Organizadores

Juremir Machado da Silva

Álvaro Nunes Larangeira

Christina Ferraz Musse

Cláudia Thomé

Denise Ayres Gomes

Denise Tavares

Eunice Simões Lins

Heloisa Juncklaus Preis Moraes

Mario Abel Bressan Júnior

Moisés de Lemos Martins

Philippe Joron

Renata Rezende

Talita Magnolo

Editora Sulina

Capa: Humberto Nunes
Projeto gráfico e editoração: Cristiano Marques
Revisão: Álvaro Nunes Larangeira
Editor: Luis Antonio Paim Gomes

Dados Internacionais de Catalogação na Publicação (CIP)
Bibliotecária Responsável: Denise Mari de Andrade Souza – CRB 10/960

D546

Dicionário Michel Maffesoli / organizado por Juremir Machado da Silva [et al.]. -- Porto Alegre: Sulina, 2024.
280 p.; 16x23cm.

ISBN: 978-65-5759-179-6

1. Sociologia. 2. Filosofia. 3. Dicionário. 4. Comunicação. I. Michel Maffesoli. II. Silva, Juremir Machado da.

CDU: 101(03)
CDD: 100
301

Rua Leopoldo Bier, 644, 4º andar – Santana
CEP: 90620-100 – Porto Alegre/RS
Fone: (0xx51) 3110.9801
www.editorasulina.com.br
e-mail: sulina@editorasulina.com.br

Novembro/2024
Impresso no Brasil / Printed in Brazil

AUTORES DO DICIONÁRIO MICHEL MAFFESOLI

Aline Pinna (MULTIS/UFF)
Álvaro Nunes Larangeira (GTI/PUCRS)
Ana Carolina Campos de Oliveira (Namidia/UFJF)
Ana Lua Bacelar de Souza (Comcime/UFJF)
Ana Paula Bazi (Memória, Afeto e Redes Convergentes/Unisul)
Ana Paula Dessupoio Chaves (Comcime/UFJF)
André Lemos (UFBA)
Andrea Ferreira Passos (Communicare/Unifesp)
Angélica Gouveia Brito (GEPAI/UFPB)
Bertrand Ricard (Universidade de Reims/França)
Christina Ferraz Musse (Comcime/UFJF)
Claudia Attimonelli (Universidade de Bari/Itália)
Cláudia Thomé (Namidia/UFJF)
Cláudio Cardoso de Paiva (UFPB)
Cristiane Freitas (Kinepoliticom/PUCRS)
Denise Cristina Ayres Gomes (Communicare/Unifesp)
Denise Tavares (MULTIS/UFF)
Diego Cotta (MULTIS/UFF)
Edgar Morin
Elizandra Nazario Silva (Memória, Afeto e Redes Convergentes/Unisul)
Elton Luiz Gonçalves (Imaginário e Cotidiano/Unisul)
Eunice Simões Lins (GEPAI/UFPB)
Fabio La Rocca (UPVM3)
Fabíola Medeiros Savi (Memória, Afeto e Redes Convergentes/Unisul)
Fernanda Sevarolli (Namidia/UFJF)
Filipe Speck (GTI/PUCRS)
Gabriela Vieira (GTI/PUCRS)
Glória Rückert Jungkenn (GTI/PUCRS)
Gracielle Nocelli (Comcime/UFJF)
Hélène Strohl-Maffesoli
Heloisa Juncklaus Preis Moraes (Imaginário e Cotidiano/Unisul)
Igor Portela (Comcime/UFJF)
João Gabriel Xavier (Comcime/UFJF)
Juremir Machado da Silva (GTI/PUCRS)
Kênia Zanella (Imaginário e Cotidiano/Unisul)
Lara Cavalheri Soares (Comcime/UFJF)
Lara Ely (GTI/PUCRS)
Lara Rezek (Comcime/UFJF)
Larissa Caldeira de Fraga (GTI/PUCRS)
Leidiane Coelho Jorge (Imaginário e Cotidiano/Unisul)

Leonardo Alexsander Lessa (Memória, Afeto e Redes Convergentes/Unisul)
Luciana Soares de Morais (Namidia/UFJF)
Luiza Gould (MULTIS/UFF)
Luiza Liene Bressan (Imaginário e Cotidiano/Unisul)
Luana Chinazzo (GTI/PUCRS)
Manuel Petrik (GTI/PUCRS)
Marco Aurelio Reis (Namidia/UFJF)
Mario Abel Bressan Júnior (Memória, Afeto e Redes Convergentes/Unisul)
Martine Xiberras (UPVM3)
Matheus Brum (Comcime/UFJF)
Mayara Gonçalves de Paulo (Memória, Afeto e Redes Convergentes/Unisul)
Michel Maffesoli (Professor Emérito da Sorbonne)
Moisés de Lemos Martins (Universidade Lusófona/Portugal)
Muniz Sodré (UFRJ)
Pablo Cuartas (Colômbia)
Pâmela Becker (GTI/PUCRS)
Patrícia Monteiro Cruz Mendes (Communicare/Unifesp)
Patrícia Schlickmann Orlandi (Imaginário e Cotidiano/Unisul)
Patrick Tacussel (UPVM3)
Pedro Miranda (Namidia/UFJF)
Philippe Joron (UPVM3)
Rafael Rezende (Namidia/UFJF)
Ramsés Albertoni (Comcime/UFJF)
Regina Gloria Nunes Andrade (UERJ)
Renata Rezende Ribeiro (MULTIS/UFF)
Ricardo Ferreira Freitas (UERJ)
Rômulo Medeiros Pereira (GEPAI/UFPB)
Soraya D. Bertoncello (GTI/PUCRS)
Stéphane Hugon (Eranos – Paris – Seul)
Suelen Gotardo (GTI/PUCRS)
Suellen Cristina Vieira (Imaginário e Cotidiano/Unisul)
Susana Azevedo Reis (Comcime/UFJF)
Taíla Lopes Quadros (GTI/PUCRS)
Talita Souza Magnolo (Comcime/UFJF)
Valdemir Soares dos Santos Neto (Memória, Afeto e Redes Convergentes/Unisul)
Valdirene da Silva Campos (Memória, Afeto e Redes Convergentes/Unisul)
Vanessa Coutinho (Namidia/UFJF)
Vincenzo Susca (UPVM3)
Vitória Batista Nunes de Vasconcelos (Communicare/Unifesp)
Wagner Machado da Silva (GTI/PUCRS)
Zulenilton Sobreira Leal (GEPAI/UFPB)

SUMÁRIO

APRESENTAÇÃO

No momento em que o sociólogo e filósofo Michel Maffesoli chega aos 80 anos de idade, 14 de novembro de 2024, resolvemos presentear os seus leitores e admiradores com um livro singular e necessário, o *Dicionário Michel Maffesoli*, homenagem a um pensador que usa as palavras com extrema habilidade, conhecimento etimológico e sem qualquer engessamento conceitual. Este é um trabalho coletivo, gestado inicialmente pelos grupos de pesquisa integrantes da Rede Jornalismo, Imaginário e Memória (Rede JIM), que congrega programas de pós-graduação em Comunicação de sete universidades brasileiras: Pontifícia Universidade Católica do Rio Grande do Sul (PUCRS), Universidade Federal de Juiz de Fora (UFJF/MG), Universidade Federal Fluminense (UFF), Universidade Federal do Maranhão (UFMA), Universidade Federal da Paraíba (UFPB), Universidade Federal de São Paulo (Unifesp) e Universidade do Sul de Santa Catarina (Unisul). Além de dois parceiros internacionais, colegas da Universidade Paul Valéry, Montpellier 3 (UPVM3), da França, e da Universidade Lusófona, de Portugal.

O projeto inicial foi ampliado com a participação de importantes pesquisadores do Brasil, França, Portugal e Itália, amigos, ex-orientandos e ávidos leitores da obra de Michel Maffesoli. O resultado é um conjunto próximo a 250 noções recorrentes nos livros do pensador da pós-modernidade, da socialidade, do estar-junto e do cimento social, por 81 autores (incluindo o homenageado) de 10 universidades brasileiras e 6 estrangeiras. Este livro sai em edição impressa e em e-book. Foram dois anos contínuos de trabalho. Primeiro, cada grupo da Rede JIM leu, com mestrandos e doutorandos, determinado número de livros de Michel Maffesoli. Em seguida, foram identificadas noções recorrentes. Depois, estudantes fizeram apresentações nos seus grupos sobre suas leituras. Mais tarde, no final de 2023, organizou-se um seminário da Rede JIM, sob a coordenação de Denise Ayres (UFMA/Unifesp), para interação entre os grupos. A obra de Michel Maffesoli foi radiografada e dissecada.

Por fim, passou-se à etapa de contribuições internacionais, com participação de Philippe Joron, Moisés de Lemos Martins, Patrick Tacussel, Martine Xiberras, Vincenzo Susca, Fabio La Rocca, Stéphane Hugon, Claudia Attimonelli, Hélène Strohl-Maffesoli, Bertrand Ricard, Pablo Cuartas e do centenário mestre Edgar Morin, que ofereceu um delicioso piscar de olhos sobre a obra do seu amigo e parceiro de tantos combates. No Brasil, Muniz Sodré (UFRJ) e André Lemos (UFBA), um parceiro e um ex-orientando de Maffesoli, trouxeram importantes colaborações para o DMM. Um trabalho deste nível não ficaria completo sem estudos introdutórios capazes de fazer o balanço da profícua produção intelectual do homenageado. Philippe Joron e Moisés de Lemos Martins entraram com dois magníficos e densos textos analíticos à guisa de prefácios. Ainda assim, faltava alguma coisa.

O que poderia ser? Michel Maffesoli no *Dicionário Michel Maffesoli*. Como trazê-lo para o seu presente de aniversário? Simples: pedir que se prestasse ao exercício de escolher entre todas as suas noções aquela que lhe parecesse a mais central para o seu pensamento e escrevesse duas dezenas de linhas sobre ela para orientação de um jovem mestrando ou doutorando. É claro que ele, generoso como é, não recusou a demanda. Assim, tem-se no DMM Michel Maffesoli por Michel Maffesoli, mostrando o que entende por "socialidade", uma das noções mais originais e recorrentes da sua vasta produção bibliográfica.

O que animou tantas pessoas a participar deste projeto? A convicção de que as ideias de Michel Maffesoli são inseminadoras. Sem contar, no caso dos brasileiros, o agradecimento a um orientador de coração aberto que formou gerações de pesquisadores hoje presentes especialmente em programas de pós-graduação em Comunicação. Esse aspecto gerou um último estudo introdutório, "Michel Maffesoli, pensador da comunicação como laço social". Obrigado, mestre! Parabéns pelo aniversário. Longa e pós-moderna vida.

Os organizadores

ESTUDOS INTRODUTÓRIOS

MALDITAS PALAVRAS, PALAVRAS MALDITAS

Philippe Joron

Vamos começar do início, da maneira clássica. É claro que é possível começar pelo final, pelo meio, pelas margens ou por outro lugar. Vamos começar com o posicionamento. Questão de geolocalização. Você tem de se posicionar bem e se movimentar. Mova-se posicionando-se. É necessário, em nível epistemológico, no coração das nossas disciplinas acadêmicas em movimento. É também e sobretudo importante, em nível existencial, para quem dá vida a estas mesmas disciplinas.

O posicionamento aqui, no meu entender, é o seguinte: usar o "eu" acadêmico. Existe o "nós" acadêmico ao qual estamos acostumados. Formatado em ata. Fomentado pela comunidade de estudiosos, por princípio de objetividade, sem dúvida, com razão. Mas também é possível utilizar um "eu" repleto de experiências, atos, sonhos, ilusões, esperanças, questionamentos e erros, para falar de "nossas" situações de habitabilidade da vida individual, social e ambiental. Vejamos dois exemplos. O primeiro diz respeito à famosa frase de René Descartes: "Penso, logo existo".[1] Este é um "eu" acadêmico, impulsionado por um "eu" pessoal: "conduzir bem a razão e buscar a verdade nas ciências". O primeiro, cartesiano, acrescenta que não se trata de um modelo de conduta imposto aos outros, mas de um modelo que o orienta pessoalmente. Tudo está dito. Aproximadamente.

---

[1] Descartes, René. *Discours de la méthode.* Paris: Ed. La renaissance du livre, 1935, p. 17.

Especifiquemos, com Edgar Morin, de Montpellier por coração e honra: "O maior progresso na ciência contemporânea foi feito através da reintegração do observador na observação. O que é logicamente necessário: todo conceito refere-se não apenas ao objeto concebido, mas ao sujeito cognoscente [...] Contudo, o observador que observa, a mente que pensa e concebe, são eles próprios inseparáveis de uma cultura, portanto, de uma sociedade *hic et nunc*".[2]

Outra forma de dizer as coisas, implacável na argumentação. Tudo está definitivamente dito.

O segundo exemplo questiona a famosa frase de Jean-Arthur Rimbaud, à qual muitas vezes ele é reduzido: "O eu é um outro". Expressão endereçada em carta vingativa e formidável a Georges Izambard, datada de 13 de maio de 1871. O "eu" em questão está na terceira pessoa. No seu posicionamento gramatical já é outro. Mas isso me faz pensar que "sou outra pessoa". Aqui, quando digo "eu", coloco-me no "nós".

Vamos ver o que acontece a seguir com esses modos de posicionamento e deslocamentos. Eu o acompanho, com seus faróis e luzes que nos colocam no caminho da boa vontade.

Empreender a redação de um dicionário é sempre um exercício perigoso. Só por esse motivo, já é estimulante. Você precisa de audácia, uma certa atração pelo perigo, um amor por confrontar palavras e ideias. Acima de tudo, devemos mostrar paixão por aqueles, nomeados ou anônimos, presentes ou passados, que carregam essas mesmas palavras e ideias em completa reciprocidade no colóquio permanente da vida tendo abrigo e cobertura em anfiteatros, arenas, espaços públicos ou refúgios privados. Uma atenção, em linguagem schultzeana, tanto ao homem da ciência quanto ao homem da rua[3], para os vários agenciamentos das suas posições recíprocas, potencialmente infinitas, mutuamente apoiadas pelas suas inevitáveis discordâncias e sintonias.

---

[2] Morin, Edgar. *La Méthode*, vol. I: La Nature de la Nature. Paris: Ed. du Seuil, 1977, p. 11.

[3] Sultz, Alfred. *Le chercheur et le quotidien*. Paris: Méridiens Klincksieck, 1986.

Podemos imaginar um dicionário de diversas maneiras e implementá-lo de modos igualmente plurais. Depende de quem desenha o projeto, do(s) autor(es) e dos "objetos" a serem tratados. As circunstâncias também importam. Eles vão desde a moda atual até contracorrentes rebeldes, revolucionárias ou conservadoras.

Este dicionário, dedicado à obra de Michel Maffesoli, às suas talentosas "invenções", à sua trajetória, às suas influências acadêmicas e a quem o faz, ao que ele é ou parece ser em essência, o devemos a Juremir Machado da Silva. Ele teve a iniciativa. Ele é o mestre de obras do projeto, o humilde ourives. Sem ele, sem a sua acuidade intelectual, sem o seu espírito de reunião, compartilhamento e apoio, este dicionário colaborativo não poderia ter visto a luz do dia com tanta prontidão, eficiência, espírito crítico e comensalidade. Este trabalho de prazer, mas laborioso, penoso também, às vezes prioritário em questões e em discussões sobre assuntos diversos, é também fruto de quem, direta ou indiretamente, conhece a importância dos ensinamentos de Michel Maffesoli. Sem eles, especificamente localizados e datados nas suas contribuições, mobilizadas pelo organizador deste dicionário, não haveria obra.

Obviamente este dicionário não é nem "expulsão do outro" nem "paliativo", retomando aqui as análises, ao mesmo tempo, concisas e precisas de Byung-Chul Han.[4] Caso contrário, eu não o teria endossado. É feito de generosidade, de plena aceitação do outro e das suas diferenças. Com um princípio essencial e inegociável: o respeito mútuo pelo ser humano e pelo seu contexto mesológico em estado de ecossistema ameaçado, se é que isso ainda serve para alguma coisa no ímpeto da nossa contemporaneidade em relação a saídas de desfechos previsíveis, trágicos, mas que ainda se poderia evitar.

A obra de Michel Maffesoli é revigorante e à altura de uma existência simples bem conhecida, "de antiga memória", segundo

---

[4] Han, Byung-Chul. *L'expulsion de l'autre*. Paris: Puf, 2020; *La société palliative*. Paris: Puf, 2022.

uma das expressões que identificam de cara o autor, remetendo ao que viver significa no cotidiano, enfrentando embates e conhecendo a felicidade efêmera ou duradoura que marca, ano após ano, a potência de seus acertos e erros. Essa obra corresponde à imagem das nossas vidas, altivas no oceano das aventuras registradas ou imaginadas ao amparo do sextante que orienta a nossa investigação por outros lugares, num cenário de nomadismo, mas também de residência reafirmada na navegação costeira, que parece mais tranquila graças à visibilidade dos faróis e ao alerta de bancos de areia capazes de romper o casco.

Poderíamos pensar que esta obra se esgota em existir, mesmo que isso signifique desvendar-se irremediavelmente. Afinal, como outros, Michel Maffesoli costuma dizer que se escreve apenas um livro. Aplicando-se essa máxima, um livro já é muito. Um livro único, realçado pelos seus apêndices igualmente essenciais, ultrapassando as suas limitações do momento e respondendo aos seus convites relativos à superação (órbitas diferenciadas) da referida obra.

Esse trabalho também é por isso indescritível, pois rodeado de vários relativismos, oximoros, conflitos, paradoxos, não ditos e gritos lançados ao silêncio e à logorreia que pode perturbar ou parasitar a análise ou a interpretação essencial da nossa contemporaneidade numa perspectiva acadêmica.

Trata-se também, na oficina intelectual de Michel Maffesoli, de se colocar (cola do mundo) o mais próximo possível da vida das pessoas, dessas que não têm direito ao capítulo, mas permanecem soberanas, no controle imaginativo de seu poder de uso diante dos ditames, violentos ou melosos, conforme o caso, dos detentores do poder. "Violência banal e fundadora"[5] versus "Violência totalitária"[6]. No meio, camadas de "violência simbólica" à moda girardiana ou bourdieusiana (nada a ver entre as duas re-

---

[5] Maffesoli, Michel. *La violence fondatrice*. Paris: Ed. Champs urbain, 1978.

[6] Maffesoli, Michel. *La violence totalitaire*. Paris: Puf, 1979. Coll. Sociologie d'aujourd'hui; *Logique de la domination*. Paris: Puf, 1976.

ferências), contra um pano de fundo fenomenológico de "internalização da exterioridade" e "exteriorização da interioridade". Um programa inteiro. Uma vida inteira para se esforçar e aproveitar a sua realização.

Do meu ponto de vista, esta é uma qualidade incomparável. Michel Maffesoli coloca o dedo, a mão, o braço e o pensamento naquilo que nos dói, não isentos de certos prazeres que, às vezes, podem parecer irrisórios ou mesmo inadequados. Nas profundezas de nossas feridas e torturas. Talvez, sem dúvida, para aplicar alguns cataplasmas improvisados que ajudam a não sucumbir ao desespero. Não é pouco.

A obra de Michel Maffesoli é posta à prova das palavras, o que dizem e fazem no exercício de interpretação da realidade. As palavras são, obviamente, armas de ataque e defesa. Um programa completo mais uma vez transformado em combate. Mas dizer não significa necessariamente fazer. Ainda é necessário combinar outras forças externas que aumentem a eficiência do projeto e a sua realização, em espécies ou formas de travessia que deem sentido ao todo, com certa esperança no resultado da batalha.

Palavras cruzadas, sinuosas, mas precisas. Inventivas porque estão atentas aos seus significados originais, à existência daquilo de que falam desde a sua criação. Dar uma interpretação possível do presente e das suas questões. Nunca definitivo, mas ainda e sempre em estado de laminação e ajuste. E não apenas ajustamento.

Conceitos e noções. O apetite de Michel Maffesoli pelas palavras e seus significados recolhidos tanto por especialistas quanto por aqueles que contribuem anonimamente para o "conhecimento comum"[7] de suas respectivas contemporaneidades, é reconhecido e assegurado, em íntima conexão com a convocação de suas etimologias originais relativas ao seu uso em nosso dia a dia. Referências latinas, gregas ou outras, continuidades/conversões

[7] Maffesoli, Michel. *La connaissance ordinaire*: précis de sociologie compréhensive. Paris: Méridiens-Klincsieck, 1985. Coll. Société.

medievais, inspiradas na escolástica. Mas também influências múltiplas e adaptadas que nascem do reservatório de conhecimentos políticos, sociais e culturais dos séculos XIX e XX, inspirados para dar sentido ao presente em curso. Palavras do passado aplicáveis, mais uma vez, ajustáveis às tentativas de definir as nossas diversidades existenciais pela sua semelhança num estado em movimento. "Enraizamento Dinâmico". Oximoro adaptado de Auguste Comte, baseando grande parte da sociologia emergente na inevitabilidade do par conflitante estático/dinâmico. No mínimo o que poderia ser prometido tanto pelas radículas inferiores quanto pelos botões superiores em sua simples evocação, nos cantos dos lábios daqueles que vociferam enquanto lincham ou permanecem calados por covardia.

Palavras definidas, enraizadas, fixadas e o que elas se tornam. Venha o que vier. Essas palavras são também maleáveis na forja da vida em geral que as oferece para serem moldadas, nunca definitivas. Fixação e movimento.

As palavras têm uma carga vital incompressível que não consegue reter, por definição, a energia da sua necessária fuga. Com peso e leveza recíprocos. Entre fricção e cópula. "Harmonia conflitual". "Essência na aparência". Ao mesmo tempo, as palavras não seriam grande coisa sem a sua combinação e pontuação, a sua disposição e rítmica. Como na música, como as notas no toque de um silêncio livre de comprometimentos.

"Coisas ditas", forma bourdieusiana para estabelecer uma concepção, uma ideologia ou um ideal. Um ambiente sentido, vivido e pensado com molho maffesoliano, como um cozido acompanhado de sushi, atum ou bife tártaro. Dizer consiste não apenas em estabelecer uma observação, mas também em escolher perspectivas de compreensão tão alinhadas quanto possível com a difusão da realidade, sabendo com Jean Duvignaud que, para além das palavras e de suas combinações, "está a própria existência, o núcleo da existência a partir da qual, como uma matriz, emergem os elementos nutritivos da estrutura e da fala".[8] Aqui novamente, e eu poderia repetir ao infinito, tudo está dito. Ainda é preciso se dedicar à repetição, mesmo que isso signifique ficar completamente exausto porque nada jamais está garantido.

Definir é difícil, exige rigor no exercício de dar vida às ideias segundo uma sucessão de etapas que permitam o descanso ou a segurança, pontuadas por precipícios que puxam para o desvio. Essa é também uma execução aplicável tanto ao objeto quanto ao sujeito pensante (ego), que quer ser ou se coloca no movimento permanente de seu alvo de pensamento em linha de mira. Georges Bataille falava da ciência como uma forma de engavetamento das coisas. Colocar em gavetas, classificações, "tabelas Excel" da vida, do que é, foi ou poderia ser. A ciência atual defende a teoria dos dois pontos. Na verdade, as definições são distópicas, assim como os dicionários que as colocam em uniformes e, portanto, num abismo.

É preciso definir bem para um tempo que não nos pertence. É aconselhável ancorar perto do porto para posicionar e dar perspectiva. Situar, estabilizar e considerar um exterior, uma saída, outras possibilidades. Estamos cheios de definições nas nossas vidas físicas ou digitais, profissionais, amorosas, religiosas, políticas, econômicas, inúteis ou mesmo imaginárias. Definir parece assim necessário, imperativo, mas essa inclinação também nos impõe o exercício de um direito de recusa em relação ao produto desse mesmo impulso. Direito de retirada certamente provisório, mas incansavelmente reativado. Assim, devemos dar-nos a possibilidade de tomar outro rumo, de nos colocarmos de forma diferente, esforçando-nos, ao mesmo tempo para identificar as nossas posições, seja qual for o custo, qualquer que seja "o preço das coisas inestimáveis"[9] na indicação do caminho. O resultado talvez esteja na travessia, no viés, na maneira, no jeito, na mão amiga,

---

[8] Duvignaud, Jean. *La genèse des passions.* Paris: Puf, 1990, p. 10. Coll. Sociologie d'aujourd'hui.

[9] Duvignaud, Jean. *Le Prix des choses sans prix.* Actes Sud, 2001.

no "jeitinho", como no "jogo de cintura" brasileiro que permite mostrar "as nádegas" da convivência, ou mesmo dos "trilhos bisotês" do inventor do estilo emocional falado através da escrita e da teoria dos "três pontos".[10] Bricolagem refletida ou instintiva, seria o suficiente para enfrentar os desafios que qualquer tipo de sobrevivência exige.

Na minha opinião, segundo o meu "eu" acadêmico, as palavras são pássaros. Eu os amo, adoro-os porque são gratuitos. Porque giram, aparentemente sem propósito a não ser exercitar o seu estar ali, porque nos lembram constantemente do nosso apego terreno à ideia de liberdade, ir para outro lugar, apesar do nosso peso, nossa gravidade, nossa bagagem. Livrar-me dos constrangimentos presentes, digerindo-os e expulsando-os... Com um forte apetite pelo gregário no qual não me reconheço. Também os temo porque por baixo das suas penas, por baixo da sua pompa, há morte e putrefação. Existe aí uma forma de essencialidade que me atrai ou me traga e, ao mesmo tempo, me assusta, que nenhum artifício pode evitar. Em última análise, para isso também, as palavras me permitem acessar a constelação do impossível. Tenho alguma experiência nesse sentido. Eu experimentei o impossível. O impossível das palavras não me está completo. Fixação e movimento.

Deixe-me explicar novamente, sem muita psicologia de bar, o que, no entanto, tem certa nobreza. Em dois tempos.

A primeira parte vem da minha infância, seguindo o exemplo de Michel Leiris no seu lindo texto "O sagrado da vida cotidiana".[11] Como escreve Michel Maffesoli, somos do país da nossa infância. Viemos das palavras, dos não ditos, dos gritos e dos silêncios da nossa infância, eles próprios ligados às ações e práticas sobrecarregadas de coragem e acomodações de acordo com as circunstâncias. Ambiente e/ou atmosfera.

---

[10] Destouches, Louis-Ferdinand. *Entretiens avec le professeur X*. Paris: Gallimard, 1983 (1955).

[11] Leiris, Michel. *Le sacré dans la vie quotidienne*: notes pour le sacré dans la vie quotidienne ou l'homme sans honneur. Paris: Allia, 2016.

Sudoeste da França. Entre o País Basco, Béarn e Landes. Duas vezes por ano minha mãe ia comprar gansos e patos num mercado local especializado nesses itens. Mortos, sem penas, escavados, despojados dos miúdos. *Foie gras* sublimado fora das carcaças, aguardando processamento culinário. Um dia, descarreguei os corpos dos planejados "amigos de boca" do porta-malas do carro da família, um *Ami 8 Citroën*. Havia oito deles. Lembro-me bem porque tinha oito anos. Agarrei o primeiro pelo pescoço e ele gritou. Ele estava morto, depenado, eviscerado, mas gritou.

Entrei em pânico e o deixei cair.

Minha mãe me tranquilizou. Como uma verdadeira mãe. Como a minha. Desde então tenho lidado com meu terror. Certamente é minúsculo, pois já vivi outros muito mais trágicos.

Odeio pássaros porque debaixo de suas penas, em seus cadáveres, há vida implorando e gritando. Assim como as palavras, eles me atraem. Eu sempre vou em direção ao que me machuca.

Malditas palavras.

A segunda fase diz respeito a esse mesmo período da infância. Minha mãe, sempre ela, me comprava álbuns mensais de "Rahan, o filho de idades ferozes". Em um dos episódios, Rahan escapou de uma das tribos hostis afundando na água com uma pele de pato na cabeça como disfarce. Quando criança, eu sentia o cheiro. Já adulto, ele ainda me segue. As palavras me atraem porque não são do meu mundo, porque não são da minha fonte, porque não pertencem à minha prateleira. Elas me atraem porque faço parte delas, nos seus vazios e nas suas delaminações, tudo em silêncio apesar das suas descargas e transbordamentos que me esgotam. Elas gritam no meu ouvido e eu tento amenizar o ruído. Meu pai não dizia nada, exceto nos intervalos dos três pontinhos...

Sons do mundo? Talvez. Sons de poucos que se imaginam à altura do mundo e além? Sem dúvida. Minha infância foi silenciosa, toda apagada. Discrição no ato de viver. Alguns socos ocasionais, da minha parte, para dizer coisas ou gritar. Para não esquecer ou descuidar muito das nossas desajeitadas afirmações sobre o fato de existir, apesar de tudo. Para isso, novamente, palavras, mas também livros eram raros. No meu baú secreto havia todo um universo de objetos, cartas, imagens. Eu imaginava. Sem muitas palavras. Com circunspecção na expressão. Com reticências que atrapalhavam infinitamente minha vontade de dizer as coisas em boa e devida forma.

Porém com imagens. Só apreciei o impacto das palavras escritas, apoiadas em imagens, quando mergulhei na leitura das obras completas (dois volumes) de Louis Forton dedicadas aos *Pieds niquelés*, Filochard, Ribouldingue e Croquignol cheios de atrevimentos e dicas, que minha mãe comprou para mim no brique semanal em Bayonne.[12] Toda uma constelação de imagens colocadas em palavras. Ou o contrário. Descobri expressões, gírias, modos de dizer parisienses, camponeses, no fundo um exercício perfeito da língua francesa. Abertura para as amplas diferenças do que constitui o corpo e o espírito de expressão.

Conheci Michel Maffesoli, em 1986, na Universidade de Toulouse Mirail, durante a apresentação do seu livro *O conhecimento comum*[13], a convite de Patrick Tacussel, então professor assistente de sociologia. Também estava presente Martine Xiberras. Eu estava no segundo ano do curso de sociologia. Lembro-me bem da disposição de cada um de nós na sala. Lembro-me também de ter feito uma pergunta, não me recordo qual, sem dúvida insípida e insignificante, a qual Michel Maffesoli respondeu com doçura e compreensão. Com generosidade. Como sempre. Aí eu cometi uma violência comigo mesmo porque me sentia atraído por aquilo que me incomodava. Pelo que não era do meu mundo. Eu me violentava com teimosa culpabilidade. Já disse que não me lembro bem da pergunta ou da resposta. Isso me permitiu continuar a imaginar, tal como acontecia nas aulas de Patrick Tacussel, com palavras publicadas.

---

[12] Forton, Louis. Les Pieds nickelés, Paris, *Revue* L'Épatant, éditions Offenstadt, 1908.

[13] Maffesoli, Michel. *La connaissance ordinaire*: Précis de sociologie compréhensive. Paris: Méridiens Klincksieck, 1985. Coll. Sociétés.

Depois, foi para mim a aventura extraordinária, entre 1988 e 1993, do DEA (mestrado) e da tese de doutorado em antropologia social e sociologia comparada sob a direção de Michel Maffesoli, na Sorbonne. Durante este período, em nossas discussões na sua casa, na *rue des Archives*, no 5º distrito de Paris, ele dizia muitas vezes: "O que bem concebemos é afirmado claramente", utilizando assim a famosa fórmula de Nicolas Boileau. Na verdade, na minha opinião, tinha de parecer complicado para ser intelectual. Eu estava errado na época. Eu vinha da minha ignorância, fui atravessado por ela. Ao mesmo tempo, tinha em mente páginas de Pierre Bourdieu, cheias de frases e parágrafos intermináveis. Também escrevia frases longas em parágrafos intermináveis, com uma vantagem sobre ele: dominava a pontuação, o ritmo. Isso eu sabia.

Desde então encontrei um caminho para estar mais ou menos em conformidade com o que sou, faço e penso: encontrar substância na forma.

Foi novamente ele, Michel Maffesoli, meu mentor, quem insistiu na necessidade de pesquisa de campo enquanto eu me concentrava numa tese essencialmente teórica sobre a obra de Georges Bataille. Ele estava certo novamente.

Foi também o momento das amizades estabelecidas com os meus colegas de turma e da minha aprendizagem acadêmica no Centro de Estudos sobre o Atual e o Quotidiano (terceiro andar, acessível por uma escada em espiral) ao qual me entreguei de corpo e alma. Foi igualmente a época da revista *Sociétés*, de nossas reuniões semanais com Michel Maffesoli para escolher os textos e estabelecer os trilhos de cada número. Encontros realçados por Hélène Strohl, com sua personalidade generosa e seus pratos de festa. Aquele tempo também, cheio de vida, do Grupo de Pesquisa sobre a Europa das Novas Identificações (GREDIN), do CEAQ, que criamos. Tempo do meu encontro, certamente efêmero na época, mas plenamente nutrido desde então, com meu amigo Juremir Machado da Silva, que muito me ajudou no desenvolvimento de minha vida profissional e existencial. Um universo inteiro que não parecia feito para mim.

Assim, para além dos livros expostos na feira ao leitor, conheci os seus autores que colocaram a alma no desenvolvimento de um objeto que para mim era sagrado, na sua raridade. Os livros falavam comigo carnalmente, pareciam corresponder às minhas perguntas, às minhas ilusões ou à minha aparência de convicção do momento. Desde que minha vida brasileira começou, em 1993, com ajuda de Michel Maffesoli, Roberto Motta e Danielle Perin Rocha Pitta, tanto profissional quanto afetiva, a descoberta da noção de "sintonia" deu definitivamente sentido às minhas abordagens sobre o que define a extensão de nossas diferenças, aplicáveis em particular a essas questões de publicação.

E então apreciei, não sem dor, medi com mais precisão, pouco a pouco, a extensão sinuosa, muitas vezes pantanosa, entre conceito e imagem, conceito e símbolo, conceito e noção, tudo isso dando sentido ao mundo. Segundo Gilbert Durand, pai espiritual assumido de Michel Maffesoli, não é tanto o significado (o sentido) que deve ser colocado em perspectiva, pois é por definição inacessível, mas sim o símbolo ou a imagem que representa de maneira polissêmica esse mesmo significado, sem invalidar a possibilidade de outros suportes significativos: "Como a representação simbólica nunca pode ser confirmada pela representação pura e simples do que significa, o símbolo, em última análise, só tem valor em si mesmo. [...] O símbolo é portanto uma representação que revela um significado secreto, é a epifania de um mistério".[14] Essa análise agora famosa enfatiza as diversas latitudes semiológicas alcançadas pelo símbolo. Este último é definido sobretudo pela sua flexibilidade em termos de significados potenciais; é em si a harmonia problemática dos opostos. Dito de outra forma e usando aqui um termo que descreve o efeito combinatório de diversas doutrinas religiosas, o símbolo é essencialmente sincrético

[14] Durand, Gilbert. *Les structures anthropologiques de l'imaginaire*. Paris: Dunod, 1984 (1964), p. 12-13.

na medida em que pode significar várias coisas ou sentimentos, alguns dos quais são alimentados pela contradição que os opõe.

Através da sua dialética do conceito, Hegel quis estabelecer uma teoria geral do pensamento. Encontramos uma ambição semelhante em Durand em relação ao imaginário. De alguma forma ele vai além da perspectiva hegeliana ao assimilar o conceito a um símbolo redutivo ou a uma única imagem finita e definida. O conceito é, portanto, apenas um caminho entre outros, especializado, mas também decepcionante pela pobreza daquilo que pretende circunscrever racionalmente. A imaginação, ou o universo das imagens, não é outra senão a matriz (o ambiente, mas também a estrutura criativa) de onde provém o conceito (imagem desmistificada) e o pensamento racional. Segundo Durand, não há e não pode haver (apesar de inúmeras tentativas abortivas e esterilizantes) uma lacuna entre o racional e o imaginário, "o racionalismo não sendo mais, entre muitas outras, do que uma estrutura polarizadora particular do campo imagético".[15] Além disso, o racional não pode excluir o imaginário, sem o qual não poderia acontecer, graças ao qual existe historicamente.

Entre poder e potência. Entre o todo que se impõe, sem qualquer discussão, e o pouco que diz o que lhe parece ser a vida real nas suas emergências. O essencial na aparência, segundo Michel Maffesoli: "Tudo é importante porque nada importa". Dito de outra forma: o fundo está na superfície das coisas ou dos seres, ou do mundo. Numa perspectiva fenomenológica, essa observação nos coloca, nos desloca, mais uma vez, nos move novamente, nos indica caminhos de acordo com nossas diversas trajetórias comuns, num acúmulo de alterações e confrontos que serve de fundamento para a alteridade da qual não podemos nos separar. Na linguagem do "maçon"[16], de quem fala com os calos das mãos e a angústia das juntas, com o peso do entulho, do aterro, do "vale tudo", isso fixa

---

15 *Ibidem*, p. 89.

16 Em francês, a palavra "maçon" refere-se tanto ao pedreiro, ao trabalhador braçal na construção civil, quanto ao integrante das confrarias maçônicas.

os alicerces do edifício. Eu sou um desses "maçons". Sou porque sempre trabalhei nesse sentido, fiel às minhas origens e aceitando as minhas adaptações ou mutações. Sou outro, sou acadêmico, sou pouca coisa, procuro ser, num esforço de fixação. Eu sou como todo mundo. Em estado de existência.

Medi então a importância do "cinismo" maffesoliano, do "resto" baudrillardiano, do "relativismo" simmeliano, do "resíduo" paretiano, do pleno uso da filosofia hegeliana e kantiana nas suas divisões recíprocas. Em pleno exercício da "parte maldita"[17] de Bataille, que descobri aos 16 anos, no bricabraque de Bayonne.

Volto aqui à questão do cinismo, assim como darei mais tarde alguns elementos para reflexão sobre o relativismo já mencionado.

Em 1979, saiu *A violência totalitária*[18], terceiro livro de Michel Maffesoli, depois de *Lógica da dominação*[19] (1976) e *Ensaio sobre a violência banal e fundadora*[20] (1978). O autor tem ainda 35 anos e é professor assistente na Universidade de Estrasburgo. Pierre Sansot, professor de sociologia na Universidade de Grenoble (atuaria na Universidade Paul Valéry, Montpellier 3 a partir de 1986), escreveu um belo, curto e eficaz prefácio já evocando a amplitude prospectiva de uma obra sem paralelo, no mínimo parecida, de modo diferente, com aquelas de precursores de prestígio. Cito-o: "Vejo prontamente um pensador político pela qualidade singular do seu gênio (os diferentes cinismos de Maquiavel, Montesquieu, Hegel, Marx). Michel Maffesoli também é cínico e, além disso, o seu cinismo, que um dia terá de ser analisado, não se assemelha a nenhum dos cinismos dos pensadores que acabo de mencionar".[21]

---

[17] Bataille, Georges. *La part maudite*: essai d'économie générale. Paris: Éditions de Minuit, 1949. Coll. L'usage des richesses.

[18] Maffesoli, Michel. *La violence totalitaire, op. cit.*

[19] Maffesoli, Michel. *Logique de la domination*. Paris: Puf, 1976.

[20] Maffesoli, Michel. *La violence fondatrice, op. cit.* [N.T.: publicado no Brasil como *A Dinâmica da violência*. São Paulo: Vértice, 1987].

[21] Sansot, Pierre. Préface à Michel Maffesoli, *La violence totalitaire*. Paris: Puf, 1979. p. 10. Coll. Sociologie d'aujourd'hui.

Questionamentos afirmativos pendentes, em suspenso. Que grande homenagem para um intelectual em início de carreira. Aqui, o cinismo em questão, na sua origem filosófica grega, inspirado em Antístenes e no seu discípulo Diógenes de Sinope, refere-se às noções postas em prática de subversão, transgressão, anticonformismo, defendendo a busca da virtude e da sabedoria na expressão incondicional da liberdade, desejada a todo custo. De acordo com essa aceitação, o cinismo de que Pierre Sansot fala sobre Michel Maffesoli é ao mesmo tempo teórico, experiencial e também metodológico. É teórico e experiencial porque faz parte da sua pessoa, do seu personagem (*persona*, máscara), da sua acuidade meticulosa em relação às nossas situações de vida partilhadas, do lugar que ele ocupa provisoriamente sob o olhar perspicaz do seu sociólogo; mas é ainda metodológico porque dá o tom (tal como a dúvida cartesiana) da sua relação privilegiada com os dois objetos de estudo ou campos de investigação em que deixou a sua marca ou a sua impressão digital, após outros, mas segundo rearranjos originais: o imaginário e o cotidiano, fundidos, inseparáveis como a energia e a matéria, que também não estão isentos de cinismo, portanto, de paradoxos e conflitos. Sem dúvida, a sombra iluminadora de Gilbert Durand o acompanha.

Às vezes ouvi Michel Maffesoli dizer que não tem nada a ver, em nível pessoal, com o que escreveu e analisou. Descrever sem prescrever, sem impor o que pensar ou fazer. Com objetividade. Isto é sem dúvida verdade em muitos aspectos. Atrevo-me a não crer muito em relação a outros. Talvez seja, em última análise, desde o início da obra, um estratagema bastante clássico de "neutralidade axiológica" (Max Weber), acadêmico, para contrabalançar polêmicas ou críticas. Ou para provocá-las. Cinismo no desejo de osmose ou continuidade com a vida social que não é dele desprovida. Com consequências óbvias e previsíveis para quem está por trás disso e para aqueles que nele confiam. Redes sociais dando o troco em moedas ou notas de grande valor.

A vida cotidiana nos impõe modos de pensar e de fazer, posturas, atitudes, estratégias de sobrevivência, projeções e fingimentos. Estamos ligados a um reservatório de conhecimentos, ações, procedimentos compartilhados, imaginários conversíveis em arrependimentos ou esperanças. Ela nos impõe e nos propõe. É o que fazemos dela enquanto nos fazemos. Pierre Bourdieu, nesse sentido, não se enganou na sua visão das "coisas sociais". Repetição: "exteriorização da interioridade", "interiorização da exterioridade". Capital cultural incorporado. *Habitus*, segundo Santo Tomás de Aquino, usando o termo grego *Hexis*. Velha história de um arsenal de conceitos e noções que passam, parecem estrebuchar e depois voltam com clivagens de interpretação relativas à marcação de território, manipulação, sedução, egoísmo, ódio em relação ao que parece completamente diferente. Mais uma vez, é tudo uma questão de aparências. *De fonte segura*[22], no tumulto de rumores que fazem disso seu refrão, basta aparecer para se estar convencido de um semblante de existência. Pretensão falsa. Ninguém se engana, todos jogam e entram no jogo.

Surge então o problema do relativismo, aliado ao do cinismo epistemológico de Michel Maffesoli já citado. Aqui, os ensinamentos de Georg Simmel impõem-se, lançando os pilares, entre outras fontes, da sociologia maffesoliana. Ele não esconde, até tem muito orgulho disso. Como doutrina filosófica, o relativismo pressupõe o fato de que o conhecimento não pode ser absoluto. Contudo, Georg Simmel insiste na necessidade de um absoluto nas nossas possibilidades de enunciar a realidade, pelo menos na sua investigação. Qualquer conceito, qualquer noção, qualquer perspectiva abordada deve ir ao fundo das coisas, dentro dos limites que o conhecimento e a realidade impõem. Precisamos, portanto, de rigor na enunciação, isto é, nos nossos modos de representação acadêmica da realidade. Também é verdade, diz-nos Simmel, que uma única perspectiva, um único ângulo de abordagem não pode abranger a totalidade da realidade, uma vez que ela é multiforme e só parcialmente acessível através da subjetividade do observador.

---

[22] Campion-Vincent, Véronique; Renard, Bruno. *De source sûre*. Paris: Petite Bibliothèque Payot, 2005.

É neste nível que se situa o relativismo de Simmel: "No sentido de que a existência não é cognoscível em si mesma, absolutamente, mas apenas nos seus modos ou fenômenos: por outras palavras, não podemos conhecer as coisas, mas apenas as relações".[23] Esse relativismo simmeliano diz respeito, portanto, "ao entrelaçamento recíproco de pontos de vista heterogêneos".[24] Interpretação maffesoliana, soberana por herança: "harmonia conflitual". Ainda e sempre.

Assim, entre outras referências importantes, senão essenciais, o trabalho de Georg Simmel foi e ainda é essencial na formação inicial da obra de Maffesoli. Ao mesmo tempo, a noção de vitalismo, em grande parte triturada e aperfeiçoada (posta em latas de conserva "Parfait" abertas à comensalidade compartilhada), sem finitude por Georg Simmel, associada à de élan vital[25] impulsionada por Henri Bergson, construiu as "margens centrais" da sociologia de Michel Maffesoli.

Sociologia formista e vitalista.

Falo de sociologia em conhecimento de causa, por experiências próprias, por sugestões repetidas e perguntas malfeitas. Com minha falta de jeito. Por herança, circunstâncias, sorte, dor e estratégia de vida. Depois, no exercício acadêmico da matéria, para nossos estudantes. Com responsabilidade. Pelo que são, imaginam e serão, enfrentando os grandes desafios da renovação da nossa formação universitária. Por isso e por eles, tive por vezes a oportunidade de perguntar a Michel Maffesoli se ele se considerava um "sociólogo", especialmente durante uma entrevista, diálogo que Fabio La Rocca e eu havíamos provocado para uma edição da revista *Sociétés*. Sociólogo? Corte? Posição de defesa! Joga para baixo do tapete. A pergunta era uma armadilha sincera e a respos-

---

23 Lalande, André. *Vocabulaire technique et critique de la philosophie*. Paris: Puf, 1962, p. 914-915.

24 Lukács, Georg. *Introduction à Georg Simmel. Philosophie de l'amour. Op. cit.*, p. 192.

25 Bergson, Henri. *L'évolution créatrice*. Paris: Puf, 1947.

ta, nas suas adaptações às trocas preliminares, emergiu do fundo de uma gaveta aberta, sinuosa, cheia de amor pela vida social.

Se essa resposta se afirmava no espectro do "arco-íris" da colocação modal do interessado, não deixava de ser uma bela projeção do seu ser, "no vazio das aparências" de que ele tanto gosta, em todos os sentidos da fórmula. Assim: "Quando se é sociólogo e, como dizem alguns, eu o sou porque outros dizem que sou, o que é importante entender não é tanto o comportamento individual, mas o que constitui um vínculo social e o que impulsiona as interações sociais".[26] O dito sociólogo, que é porque eu o digo, porque sou um "outro", um "certo", porque sei intimamente que ele é, termina dizendo, no caminho de pavimentação das nossas verdades: "E assim, muitas vezes me acontece, quando saio de casa, perceber que no fundo o que vejo lá fora corresponde ao que está escrito nos meus livros".[27] Dito de outra forma: o que é descrito nos livros de Michel Maffesoli corresponde muito bem à vida cotidiana... Qualquer colocação existencial é o resultado de um deslocamento. Procurado, consentido, forçado ou aleatório. O mesmo acontece com definições e identificações que correspondem, na sinuosidade da semiologia social, a imagens. Mais ou menos. Estes últimos certamente não valem o que pretendem ser e representam, mas ao contrário o que provocam pela difração material ou digital. Uma imagem nunca é outra coisa senão aquilo que não mostra.

Assim, Michel Maffesoli se apresenta como um homem "de chapéu". Cobrir-se. Exposto à luz, como bom sulista, procura a sombra. Como outros, na diferença de tempo e cultura. Ele também se destaca como um homem de "gravata borboleta". Estrangulamento e libertação. Como outros. Mas também como homem de capa, encapotado, que permite ao usuário estar arrumado com estilo e incomodar quem se incomoda ou que a considera

---

[26] Maffesoli, Michel. L'émotionnel. Dialogue avec Michel Maffesoli. *Sociétés*, Paris, n. 160, De Boeck Supérieur, 2023/2, p. 6.

[27] *Ibidem*, p. 10.

ultrapassada. Reversão, ciclo em espiral. Provocação. Como outros, como muitos de nós em busca de afirmação na multidão. O conjunto modal dá uma forma de dandismo aéreo e ctônico, que alguns de seu rebanho tentam imitar no estilo de vestir e na postura acadêmica. Porém, ao contrário do que pensam os usuários da imitação (mimese), desejando dela obter alguns benefícios, ela apenas reforça a "persona" de quem provoca as aparências em seu proveito, tendo como consequências chuvas e lágrimas daqueles que, em desejo de filiação por necessidade de existência, buscam seu unguento no chuveiro. Deslizamento.

Desexistir[28]. Afirmar, sem covardia, o que precisa ser dito daqui para frente. Com palavras, se ainda puderem ser suficientes para o uso que lhes pretendemos. Com ações, acima de tudo. Alimentados por essas mesmas palavras e pelos pensamentos que as movem, que as combinam.

Já o dissemos: qualquer colocação, por mais importante ou pequena que seja, pressupõe formas de movimento igualmente essenciais para a obtenção do resultado "situado e datado"[29] e suas transmutações no início. Trauma a montante, consequências a jusante.

Do racional ao emocional. Esta é, portanto, a passagem em que estamos incidentalmente envolvidos, à qual Michel Maffesoli nos fez ficar atentos desde os seus primeiros livros. O noticiário explora sem a sua autorização toda a excelência e sinceridade do seu "cardápio" e do seu "prato do dia". Imperturbável na sua missão de sociólogo, de "filósofo social", passa-nos os pratos que provamos. À mesa, reza-se a missa para comemorar a Epifania, a anunciação do nascimento de Jesus revelado aos reis magos.

---

[28] Frederico Barbosa, *Desexistir*: "Quando eu desisti de me matar, já era tarde. Desexistir já era um hábito…", *in*: *Contracorrente*. São Paulo: Iluminuras, 2000, p. 13.

[29] Monnerot, Jules. *Les faits sociaux ne sont pas des choses*. Paris: Les Éditions de minuit, 1946, p. 75. Ver também Philippe Joron, "Comment la sociologie est-elle possible", in *Sociétés*, n° 127, Paris, De Boeck Supérieur, 2015/1, p. 13-24; Philippe Joron, "Sociologia da diferença não explicável", *in:* Breno Silva (org.), *Extracampo*, Belo Horizonte, Editoras Impressões de Minas, Fabrica de Letras, 2024, p. 32-53.

Debaixo da mesa, alguém diz: "A primeira parte é de Deus. Para quem é a próxima?". Duas panelas no fogo. Se uma queima, ainda resta a outra para imaginar algo para comer.

Da "razão blindada"[30] à "razão sensível"[31]. Não se trata de forma alguma de uma evolução ou de uma involução, mas muito mais simplesmente de uma mudança, de uma mudança no trabalho cujos turbilhões são semelhantes a momentos de crise. Crise dos valores morais, da política, dos sistemas financeiros e econômicos, do conhecimento acadêmico, da vida cotidiana e de sua "gente humilde"[32] que, quer queira quer não, procura e encontra formas de adaptação e de contornar os problemas que surgem na prática. Crise de identidade, de alteridade cultural, de relações consigo mesmo, com os outros e com o Estado-nação. Crise da nossa arrogância perante um mundo que se deformou com ecossistemas maltratados, para não dizer desfigurados ou irremediavelmente aniquilados. Um feixe de múltiplas crises que mostra claramente que algo está mudando, que os modelos sociais aos quais ainda nos agarramos por hábito estão um passo atrás dos nossos modos de viver e habitar num mundo em que a distância e a duração se transformam cada vez mais em proximidade e imediatismo.

Distopia na vida real.

Com uma acuidade prospectiva mais abrangente, a obra de Michel Maffesoli há muito que chama a atenção para esse movimento societal. Segundo ele, os pontos de acesso deste tipo de pós-modernidade definível são múltiplos: presenteísmo, hedonismo, vida cotidiana, socialidade, *ludicidez* e vitalismo ambiental, reencantamento e feminização do mundo, sensibilidade ecológica, tribalismo, nomadismo de pensar e agir, etc., noções que estabelecem a observação de uma "razão sensível" em ação, uma "revolta contra a concepção estática do indivíduo", versátil e plural

---

[30] Fourastié, Brigitte. Raison gardée. *Sociétés*, Paris, n. 38, Ed. Dunod, 1992, p. 395-404.

[31] Maffesoli, Michel. Éloge de la raison sensible. Paris: Grasset, 1996.

[32] Sansot, Pierre. *Les gens de peu*. Paris: Puf, 2002. Coll. Sociologie d'aujourd'hui.

em si mesma.[33] Se todas essas noções já são referência na matéria nos meios acadêmicos, onde as paixões por vezes encobrem a razão, algumas já estão consolidadas nos vários dialetos da política, dos meios de comunicação e do pensamento atual. Depois e com outros observadores contemporâneos da vida social, Michel Maffesoli continua a mergulhar a sua pena na fertilidade e nas incredulidades da era pós-moderna para traçar repetidamente as linhas de fraturas e os pontos de apoio de uma época cuja observação intelectual requer tanto audácia quanto humildade, provocação e convocação do olhar. Entre tantas noções, as de razão sensível, relativismo e duplicidade são de particular importância para o que aqui nos interessa.

Estas últimas servem, de fato, como receptáculos interpretativos para todo um conjunto de lógicas de convivência até então desacreditadas ou combatidas pelos dogmas performativos de uma modernidade monovalente, de crescimento disfarçado de progresso, de um humanismo beato e de uma razão securitária. Fazem assim eco às nossas formas de conceber e vivenciar, por exemplo, a sexualidade em todas as suas formas, mas também a solidão e o encontro com os outros, a espiritualidade e a expressão do corpo, a parentalidade mono ou homo, o trabalho e o lazer na sua distribuição espaço-temporal e na sua intensidade, a morte e o seu acesso terapêutico, a natureza colocada sob e em reserva, direito à habitação e ao nomadismo, comunitarismo e secularismo, direito à ingerência, participação cidadã, etc. Todas essas questões sociais, às vezes, em estado de contradição, não são, porém, incompatíveis entre si para aqueles que com elas se confrontam diariamente. É o seu quinhão, a sua "parte maldita" (Georges Bataille), a sua "parte do diabo" (Michel Maffesoli), o seu inferno que pode dar acesso a pedaços de paraíso ou a pequenos momentos de felicidade ("instante eterno"). Devemos contentar-nos com tudo isso para aproveitar a oportunidade de uma possível liberta-

33 Maffesoli, Michel. Éloge de la raison sensible. Paris: Grasset, 1996; *La part du diable*: précis de subversion postmoderne. Paris: Flammarion, 2002, p. 146.

ção de múltiplos limites que, paradoxalmente, contudo também logicamente, são transformados em zonas de conforto. Nós somos eles. Estamos juntos, por uso e interesse, mas também "sem utilidade" (George Bataille).

Bricolagem que nos torna arquitetos das nossas formas de convivência, plurais, singulares, em sintonia com formas de confinamento que, no entanto, nos tranquilizam. A liberdade tem esse preço. O relativismo e a duplicidade são, portanto, chamados a todo momento a conectar perspectivas diferentes ou a assumir plenamente posições aparentemente contraditórias. Cinismo metodológico, testado pelo objeto de análise (o societal e não mais apenas o social) que o coloca em uso em todas as latitudes. Usar. Usar e fabricar. Ajustar de acordo com as imperfeições do material a ser tratado.

Os contadores e burocratas de sociologia afirmaram que Michel Maffesoli não havia feito nenhuma pesquisa de campo. Talvez, como muitos dos mais eminentes sociólogos, como Émile Durkheim ou Marcel Mauss. Sem falar de outros, mais contemporâneos, que se sentiriam pegos em flagrante, embora isso possa fornecer belos *insights* através de enfoques apropriados na exploração sociológica de nossa contemporaneidade. Sociologia de gabinete que, considerando tudo, às vezes é melhor do que as sociologias de corredor que obstruem a passagem e tentam impedir manobras de que não estão na origem. Marcação de território clássica. A terra de Michel Maffesoli é a vida.

Vitalismo. Em toda a sua complexidade. Em plena concordância com as análises de Edgar Morin[34] sobre os nossos procedimentos de apreensão do mundo, podemos aqui afirmar que o pensamento desta época é resolutamente complexo, mas também singularmente sem complexos. Cinismo epistemológico. Essencial para manter as agitações reflexivas dos nossos mundinhos.

---

[34] Abdelmalek, Ali Aït. *Edgar Morin, sociologue de la complexité.* Préface d'Edgar Morin. Paris; Apogée, 2010. Coll. Les panseurs sociaux.

Se não for pelo pensamento. O ato nunca está muito longe, assim como o real não pode estar longe do imaginário.

Para terminar pelo começo, podemos contar com a obra já referida de Jean-Ferdinand Destouches, em que este último se coloca no palco sob o seu nome falso, "Céline", explicando o motivo de uma entrevista fortemente estimulada por Gaston Gallimard: fazer falar da obra. Nessa entrevista autoatribuída, imaginada e realista, completamente louca na sua expressão literária, o autor defende duas teses das quais considera estar na origem. Primeira: "O grande libertador do estilo? Toda a emoção de falar através da escrita? Sou eu".[35] Em outras palavras: "A emoção da linguagem falada através da escrita".[36] Esta primeira tese faz sentido. Não é negociável, exceto na medida dos seus exageros. Tem impacto na literatura e na ciência. O nosso "eu acadêmico" já mencionou a teoria dos dois pontos aplicáveis à ciência: definir, dedicar-nos a dar sentido, com a maior precisão possível, para melhor compreender e explicar. Para nos situarmos melhor.

Para o segundo: Abertura. Émile Durkheim escreveu no seu segundo prefácio à edição das *Regras do Método Sociológico*: "Além disso, em termos de método, só se pode fazer algo provisório".[37]

Esta segunda tese é essencial, tanto ou até mais que a primeira. Situa-nos e transporta-nos, em modo liberdade, para regiões que estimulam os nossos medos e afirmam a nossa coragem face aos perigos que anuncia. Teoria dos três pontinhos...

25 de abril a 6 de junho de 2024
Montpellier – Rio de Janeiro – Porto Alegre

---

[35] Destouches, Loius-Ferdinand. *Entretiens avec le professeur X*. Paris: Gallimard, 1983 (1955), p. 34.

[36] *Ibid*. p. 21.

[37] Durkheim, Émile. *Les règles de la métode sociologique*. Paris: Félix Alcan, 1895.

OS NÓS E OS LAÇOS DA SOCIEDADE CONTEMPORÂNEA EM MICHEL MAFFESOLI: PENSAMENTO, VENTO E SOPRO

Moisés de Lemos Martins

O meu propósito é o de apresentar algumas das ideias-força do pensamento de Michel Maffesoli, o sociólogo que escolheu o pensamento de uma largueza e liberdade irrestritas, o pensamento que é apanágio de uma verdadeira *Universitas*, contra a "langue de bois" [língua de pau] do pensamento único, que se basta em clichês, estereótipos, dogmatismos, teorias de conveniência e jargão instituído. E, por outro lado, gostaria de mostrar, também, a valorização que este sociólogo tem feito das possibilidades do humano, contra o horizonte sombrio de uma sociedade logocêntrica, falocrata e prometeica, uma sociedade que permanece equivocada nas finalidades que persegue.

1. O pensamento

Michel Maffesoli inscreve-se na tradição europeia da sociologia compreensiva, de Georg Simmel e Max Weber, e também na antropologia simbólica de Henry Corbin e Gilbert Durand. Trata-se de um pensamento que acentua a socialidade irredutível do estarmos-juntos (afinal, do permanente desejo de comunidade); um pensamento que sublinha, também, a importância do imaginário na estruturação da vida social; e um pensamento que reflete, ainda, sobre a atual condição humana, uma condição marcada pelo ressurgimento do tribalismo, do primitivismo e da remitologização, da aceitação do destino e do assentimento, em que o tempo é todo mobilizado para o presente e o quotidiano e vivido na banalidade, na aparência, na heterogeneidade e na tragédia das contradições que não têm uma síntese redentora (Maffesoli, 1979, 2023).

Há muito tempo que Michel Maffesoli imprimiu uma marca própria às Ciências Sociais, exercendo uma forte influência acadêmica em todo o mundo, principalmente na Europa, América Latina e Extremo Oriente. Praticamente todos os livros de Michel Maffesoli estão traduzidos em língua portuguesa, em edição brasileira. Mas são muitos os que estão traduzidos em edição portuguesa, designadamente: nas Edições Piaget, *A Violência Totalitária*; *Eterno Instante - O Retorno do Trágico nas Sociedades Pós-Modernas*; *A Transfiguração do Político - A Tribalização do Mundo Pós-Moderno*; *Entre o Bem e o Mal*; e nas Edições Vega, *O Conhecimento do Quotidiano*.

De Michel Foucault a Gilles Deleuze, de Daniel Bell a Francis Fukuyama, de Mario Perniola a Giorgio Agamben, e de Jean-François Lyotard a Jean Baudrillard e a Zygmunt Bauman, autores que emparceiram com Michel Maffesoli, o humano é figurado sem gênese nem apocalipse, ou seja, sem fundamento e sem futuro redentor, estando-lhe vedada uma história da salvação. O nosso tempo é, pois, melancólico. Tem o caráter de um exílio, fazendo-se acompanhar pelo sentimento de perda daquilo que nunca se teve e pelo sentimento de espera daquilo que nunca se terá. No entanto, aquilo em que Michel Maffesoli insiste é no paradoxal movimento que as comunidades humanas realizam, de uma reintegração festiva, poética e jubilosa, feita através de um enraizamento na mobilidade e na errância (Maffesoli, 1979, 1997).

Cultor da sociologia compreensiva, Michel Maffesoli percorre o caminho que assinala a condição paradoxal do humano. As figuras de "coincidentia oppositorum" ou "conciliação de contrários", "harmonia contraditorial", "mistério da conjunção", "universal concreto" assinalam o trabalho de um pensamento em confronto com aquilo que não se dá mais como uma aquisição simples, finalizada, monoteísta, ou monocausal, mas que se revê, antes, num trajeto complexo, a que tanto convêm os ritmos breves, como as cadências aceleradas e as intensidades, em que se exprimem elementos heterogêneos, em instabilidade constante, que reativam em permanência a estrutura comunitária e a necessidade de estarmos juntos, no solidário esforço de enfrentar a incerteza.

É assim o humano. Identificam-no um caráter instável, sinuoso, viscoso, titubeante e labiríntico. Nestas circunstâncias, sendo viscosa a trama humana e inesperados os efeitos da ação individual e coletiva, as trajetórias individuais e os processos sociais têm sempre uma parte de sombra, ou seja, uma parte de opacidade e de engano. A compreensão da ambivalência do humano é, todavia, esclarecida por Michel Maffesoli com o recurso à figura de "reliance" (Maffesoli, 1988, 1992, 1993). As "reliances" são alianças que nos ligam a outros, ou seja, são errâncias que nos enraízam, errâncias que são caminho, que são partilha de solidões que se aceitam e troca de diferenças que se respeitam. Numa palavra, as "reliances" são alianças que se fundam no movimento, na mudança, na atração da fronteira e na novidade que esta suscita. Retomando uma das expressões de Michel Maffesoli e jogando com a eufonia das palavras, podemos dizer que as "reliances" são experiências em que "les lieux font liens" (os lugares fazem laços, relações), com os lugares da relação a constituírem-se como laços simbólicos que nos mantêm em comunidade.

Em Michel Maffesoli existe sobretudo pensamento. Dir-se-á, todavia, que o pensamento "pode ver, mas não anda", pois foi esse o destino que condenou o paralítico do Evangelho. E também é tudo o que a ciência profilática, terapêutica e edificante do nosso tempo vê na ciência compreensiva, um paralítico. De fato, nas últimas décadas assistimos, por todo o lado, na Academia, à instalação e à entronização de procedimentos corretivos e ortopédicos, que certificam no ensino e na investigação rotinas e conformidades, eficiências e utilidades, que esquadrinham o quotidiano acadêmico e o envolvem em saber positivo, um saber administrativo e burocrático, que gela todo o sopro de vida e de imaginação.

2. A razão sensível e o imaginário social

Em Michel Maffesoli existe, todavia, a rememoração do essencial de que depende a nossa sobrevivência: uma "razão sensível", que se ergue contra a razão monológica da tecnociência (Maffesoli, 2005); e o "imaginário social", brandido em defesa das possibilidades do humano (Maffesoli, 1993; Maffesoli; Martins, 2011).

Convocando uma imagem habitualmente utilizada por Michel Maffesoli, relembro que o ídolo (*eidolon*), que é a causa e o efeito dos cultos à "terra mãe", não faz apelo à razão, mas ao ventre. E no ventre é o *uterus* que é solicitado. E que outra coisa é o ventre senão o símbolo dos sentidos na sua diversidade? O ventre, na sua posição central, é o signo da inteireza do ser e é o vetor de uma razão sensível que alia os contrários, fazendo-os entrar em interação, ou seja, em coincidência.

Ao declinarmos as atuais vertigens da cultura contemporânea, em concomitância com o atual movimento de civilização de translação para o número, a imagem, a emoção e o múltiplo, não podemos deixar de assinalar o que a compreensão deste movimento é tributária da obra de Michel Maffesoli. Toda a história da cultura ocidental é um percurso organizado pelo *logos*, uma palavra que é também razão, e pelo *simbólico*, uma fala que reúne o que se encontra estruturalmente disperso. No entanto, a revolução das imagens, iniciada com as máquinas óticas no século XIX e concluída com as máquinas informáticas e eletrônicas no século XX, tem deslocado a nossa civilização, da palavra para a imagem, de um território reunido em unidade pelo *sun/bole*, para um mundo separado e disperso numa multiplicidade pela *dia/bole*. O humano terá deixado de ser "animal de promessa", como o havia definido Nietzsche, porque a sua palavra já não parece capaz de prometer. Rever-se-á hoje, sobretudo, nas figuras que acentuam a sua condição transitória, contingente, fragmentária, múltipla, imponderável, nomádica e tateante, onde, todavia, uma socialidade de base reativa, em permanência, a estrutura comunitária, representa o desejo de uma casa comum.

Diz-nos a experiência contemporânea, em permanência relembrada por Michel Maffesoli, que se encontram saturadas as figuras sobre as quais foi constituído o Ocidente e que dão forma à modernidade. Refiro-me às figuras de política, democracia, cidadania, emancipação, trabalho, economia, moral do dever-ser, assim como as várias declinações de futuro: mundo melhor, progresso, projeto, programa, prospectiva, propósito, promessa.

O prometeísmo moderno, de cariz economicista, fautor da nossa civilização técnica, apoia-se na velocidade do todo-poderoso sistema das redes eletrônicas, e mobiliza-nos, total e infinitamente, para o mercado global. É orquestrado por especuladores e usurários e os seus *dictats* são eufemisticamente chamados de "sensibilidades" (é a famigerada "sensibilidade dos mercados").

Equivocamo-nos, todavia, ao decretar a exclusiva natureza instrumental e antropológica da técnica, como se ela estivesse simplesmente à nossa disposição, à mão, sendo por nós controlada. De modo nenhum é isso que está a acontecer. Pelo contrário, acentua Michel Maffesoli, há muito tempo que a tecnologia não apenas deixou de estar sob o nosso controle, como nos descontrola, pela sua imersão na história e nos corpos, assediando-nos, alucinando-nos, esgazeando-nos.

O prometeísmo tecnológico convive, hoje, com a figura mais complexa de *Dionisos*. Refiro-me ao hedonismo ambiente das redes sociais, dos jogos eletrônicos, dos fóruns de discussão, dos blogues e das *homepages*, dos "investimentos improdutivos", que ocorrem nos *chats* conviviais da internet, enfim, refiro-me ao hedonismo da realidade digital e virtual, em que os fantasmas e a fantasia constituem o seu aspeto essencial. Entretanto, como Michel Maffesoli não deixa de salientar, o *homo economicus*, que gera um mundo baço e sem criatividade, convive com o *homo digitalis e aesteticus*, sensitivo, emocional, hedonista.

3. Um imaginário de formas barrocas, trágicas e grotescas

Como é que passamos da ideia de harmonia em Aristóteles, que presidia, por um lado, à teoria da identidade (harmonia do indivíduo) e, por outro, à ideia de cidadania (harmonia cívica), à concepção de um ente múltiplo (híbrido), fragmentado, um ente com identificações várias, e não definitivas, instável, viscoso, labiríntico, enigmático? Esta é uma das grandes questões a que responde a obra de Michel Maffesoli. A ideia de harmonia em Aristóteles tinha um *logos*, de ideias ditas em verdade, um *pathos* ordenado pela síntese redentora do *logos*, e um *ethos* que orientava a ação, *ethos* esse de formas elevadas e de valores superiores, definidos pelo *logos*. Por sua vez, o tempo que é o nosso, do *homo aestheticus* e da hibridez, tem um *pathos* dominante, onde sensações, emoções e paixões desativaram a centralidade do *logos* e do *ethos*.

3.1. Na modernidade o *logos* identifica-se com o *estilo clássico* das formas de pensamento, que são superfícies lisas – formas lógicas, de premissas claras que concluem o certo e o verdadeiro. Predomina na modernidade a ideia de tempo como linha reta, decorrente do princípio teleológico, de orientação para um fim, pelo que a história se desenvolve entre uma gênese e um apocalipse, que nos garante um fundamento sólido, um território conhecido e uma identidade estável. O *logos* totaliza a existência e cria a unidade. A imaginação é a "folle du logis" [a louca da casa], que nos desordena, como se lhe referiam Descartes e Malebranche.

Na contemporaneidade, o *logos* é *barroco*. As formas são exuberantes, confusas e rugosas, conformes à natureza de um ente híbrido, ambivalente e desassossegado. Predominam na contemporaneidade as linhas curvas do tempo, as suas dobras e as superfícies côncavas, preenchidas por sombras. O barroco instaura um regime de fluxos, que exprime a fragmentação da existência, a multiplicidade do humano e a sua ambivalência. A imaginação é agora a "fée du logis" [a fada da casa], que nos reencanta, como dela disse Gilbert Durand, e Michel Maffesoli não se cansa de no-lo lembrar (Maffesoli, 2018).

3.2. Na modernidade, o *pathos* é *dramático* – supõe uma síntese redentora. Ou seja, a modernidade tem o *logos*, que é a instância última e soberana de decisão, a controlar e a orientar o *pathos* para um fim feliz.

Nos nossos dias o *pathos* é *trágico*. Com efeito, o trágico é agora a forma dominante do imaginário, com a existência a ser convertida em sensação, emoção e paixão. Mas esta dialética, que é passional, é meramente tensional, pois nenhuma síntese a redime. Também não existe aqui identidade; a dialética tensional convoca identificações várias. E porque é a irrupção do não lógico no humano, a forma trágica desconsidera o *logos*.

3.3. Na modernidade, o *ethos* casa com *formas clássicas, sublimes*: apela para valores elevados, superiores, coloca-se a serviço de um absoluto, do dever-ser. Na modernidade a ética da cidadania serve, com efeito, o *contrato social*. Não podemos, no entanto, esquecer que a racionalização generalizada da existência, apoiada num conceito de Verdade, una e eterna, é a fonte de todas as intolerâncias.

Em contrapartida, nos nossos dias, o *ethos* é *grotesco*: inverte a hierarquia de valores, rebaixa os valores tradicionais, fazendo equivaler todas as categorias – impõe um "relativismo humanista" (colocar em relação o que é contraditório é também um laço simbólico que faz comunidade). Numa palavra, o *ethos* grotesco exprime o "politeísmo dos valores" (Max Weber), um regime de verdades provisórias e aproximativas, contra o dogmatismo do dever-ser (o regime do caminho único).

Em síntese, na contemporaneidade, o *ethos* é governado pelo *pathos* – pela sensação, pela emoção e pela paixão. Ou seja, impõe-se nos nossos dias a "ética da estética" (*aesthesis* significa sensação), como assinala Michel Maffesoli, e impõe-se o tribalismo, que é uma comunidade emocional (Maffesoli, 1988). O presente, ou seja, o quotidiano, é deste modo o lugar onde se decide o humano. Neste sentido, o instante é a eternidade realizada, para retomar mais uma bela fórmula de Maffesoli (2003, 2014).

Compreender a sociedade atual é, deste modo, ler-lhe os sonhos, o imaginário coletivo, sabendo nós, desde Gaston Bachelard, em *L'eau et les rêves*, que as coisas sonhadas são mais importantes do que as calculadas. Por outro lado, compreender a sociedade atual é, também, identificar as formas que a organizam e lhe permitem sobreviver, por nelas se exprimir o desejo de um irredutível estarmos-juntos, que dá forma à comunidade.

Notas conclusivas – o vento e o sopro

Equivoca-se, pois, quem na obra de Michel Maffesoli quer fundar uma ética de "partisan". Nesse equívoco caíram aqueles que a leram como mera acomodação ao que existe, como uma homologação do estado do mundo, um estado miserável, e mesmo como a sua canonização, afinal como uma capitulação e uma derrota do pensamento. Aquilo de que Michel Maffesoli dá conta, todavia, é da deslocação da sensibilidade ocidental do *logos* para o *pathos*. O *pathos* exprime a atenção dada ao próximo; exprime a comunidade emocional, erguida contra o logocentrismo e os seus diversos dogmatismos, política, teórica e moralmente corretos, erguida enfim pelo "imaginário social" contra o dogmatismo iconoclástico.

O *pathos* anda associado a um conjunto de metáforas meteorológicas, que se reportam à nossa condição animal, uma condição instável, como é sabido, mas em que é possível viver com serenidade. As figuras de "razão sensível" e de "comunidade emocional" vão, pois, a par com as figuras de clima, atmosfera e temperatura, assinalando a possibilidade de uma boa respiração. E deslocando-se para o *pathos*, o indivíduo do logocentrismo ocidental, um ser abstrato, autônomo e definitivo, é substituído pelo ser infinitivo, instável, a fazer-se. Um ser do presente, que se decide aqui e agora. E o seu olhar abstrato, um olhar esquemático, dá lugar ao enraizamento dinâmico do humano, o enraizamento viscoso do animal que somos, encharcado no húmus da terra.

Em conclusão, o olhar paranoico do logocentrismo (*paranoia*, um conhecimento de fora e de cima) instalou na comunidade humana o regime do pensamento único. Vemos, por exemplo, o progressismo judaico-cristão fazer da nossa vida uma epopeia, inscrevendo-a numa história da salvação, voltando-nos para o futuro, de onde tudo havia a esperar. E o progressismo iluminista, por sua vez, dessacralizou a nossa vida, desencantando-a, retirando-lhe o mistério, escorraçando as sombras que a povoavam, mas continuou a mobilizar-nos para o futuro, através de toda a espécie de ideologias de emancipação. De fato, o logocentrismo ocidental sempre se apoiou na ideia de futuro, tendo no progressismo escatológico o seu cânone. Em contrapartida, toda a obra de Michel Maffesoli vem contrariar este regime paranoico de um olhar logocêntrico e progressivo. Fá-lo, contrapondo-lhe o olhar horizontal e múltiplo daqueles que estão a nosso lado, na base, em comunhão.

A nossa civilização tecnocientífica continua, impante, é um fato, mobilizada para diante, de acordo com a sua natureza logocêntrica, falocrata e prometeica. Movido, todavia, pela força do imaginário, Michel Maffesoli (2019) figura o nosso tempo pela fusão de *techne* e *arche* – um híbrido de razão e arcaísmo. Partindo à descoberta da comunidade humana, Michel Maffesoli prefere sublinhar na sociedade atual o seu caráter festivo, onírico e poético, o do quotidiano da nossa casa comum, reencantado por sermos animais de fala mítica, animais que pulsam ao "ritmo da vida" (Maffesoli, 2011) e se deixam conduzir pela "ética da estética", à procura do "instante eterno" da comunhão (Maffesoli, 2007).

Referências

Maffesoli, Michel. *Logique de l'assentiment*: dire oui à la vie. Paris: Cerf, 2023.

Maffesoli, Michel. *La force de l'imaginaire*: contre les bien-pensants. Montréal: Liber, 2019.

Maffesoli, Michel. *Être postmoderne*. Paris: Cerf, 2018.

Maffesoli, Michel. *L'ordre des choses*: penser la postmodernité. Paris: CNRS Éditions, 2014.

Maffesoli, Michel. *Le rythme de la vie*: variations sur l'imaginaire postmoderne. Paris: La Table Ronde, 2011.

Maffesoli, Michel; Martins, Moisés. L'imaginaire des médias, *Sociétés*, n. 111. De Boeck, 2011. Disponível em: https://hdl.handle.net/1822/23797.

Maffesoli, Michel. *Au creux des apparences*: pour une éthique de l'esthétique. Paris: La Table Ronde, 2007.

Maffesoli, Michel. *Éloge de la raison sensible*. Paris: La Table Ronde, 2005.

Maffesoli, Michel. *L'instant éternel*: le retour du tragique dans les sociétés postmodernes. Paris: La Table Ronde, 2003.

Maffesoli, Michel. *Du nomadisme*: vagabondages initiatiques. Paris: Le Livre de Poche, 1997.

Maffesoli, Michel. *La contemplation du monde*. Paris: Grasset, 1993.

Maffesoli, Michel. *La transfiguration du politique*: la tribalisation du monde. Paris: Grasset, 1992.

Maffesoli, Michel. *Le temps des tribus*: le déclin de l'individualisme dans les sociétés de masse. Paris: Méridiens-Klincksieck, 1988.

Maffesoli, Michel. *La conquête du présent*: pour une sociologique de la vie quotidienne. Paris: PUF, 1979.

MICHEL MAFFESOLI, PENSADOR DA COMUNICAÇÃO COMO LAÇO SOCIAL

Juremir Machado da Silva

1. Uma hipótese

O sociólogo francês Michel Maffesoli nasceu em 1944. Oitenta anos em 14 de novembro de 2024. Parece mais do que justificado examinar a sua obra de um ponto de vista, entre tantos outros possíveis, que pode ser considerado o mais singular e prospectivo de sua produção: a comunicação como laço social. Maffesoli exerce grande influência sobre pesquisadores dos programas de pós-graduação em Comunicação do Brasil. Vários dos seus ex-orientandos de doutorado estão distribuídos por universidades brasileiras: Cristiane Freitas Gutfreind (Pontifícia Universidade Católica do Rio Grande do Sul), André Lemos (Universidade Federal da Bahia), Cláudio Paiva (Universidade Federal da Paraíba), Vera França (Universidade Federal de Minas Gerais), Ricardo Ferreira Freitas (Universidade do Estado do Rio de Janeiro), Luiz Martino (Universidade de Brasília), Solange Wajnman (Universidade Paulista), etc., além do saudoso Wellington Pereira (Universidade Federal da Paraíba), levado pela Covid-19. Sem contar os brasileiros que fizeram doutorado "sanduíche" com ele e os pós-doutorados. Por que essa tamanha atração? O que nos livros e nas ideias de Michel Maffesoli fascina tanto os intelectuais brasileiros da área da comunicação social?

O mote deste texto, portanto, é o interesse de profissionais brasileiros do campo da Comunicação pela obra de Michel Maffesoli. A hipótese evidente é que a produção bibliográfica de Michel Maffesoli é perpassada do começo ao fim pela ideia de comunicação como fator criador de laço social. Quando se decidiu organizar um Dicionário Michel Maffesoli, com as noções que ele usa de modo recorrente nos seus livros, aulas e palestras, pediu-se a ele mesmo que escolhesse o seu termo predileto em sua colorida palheta "conceitual"[1]. Certamente não por acaso ele optou por "socialidade". Esse termo poderia ser traduzido, no sentido de explicitado, como comunicação orgânica, comunicação em ato, comunicação como cola social natural, relação social prazerosa e intensa por meio de comunicação verbal, gestual, artística, cultural, antropologicamente falando, cotidiana, visceral.

No verbete que enviou para o Dicionário referido, pensado pelos organizadores como uma piscadela para os leitores e admiradores do sociólogo, Maffesoli definiu socialidade no seu melhor estilo:

> Uma ênfase demasiadamente longa no indivíduo e depois no "indivíduo social" pode ter-nos levado a esquecer o que, para o homem, é precisamente primordial. O que comumente se chama: "estar-junto". Devemos, portanto, pensar neste "todo" de forma consistente. Assim, para além do social, em que se expressa a solidariedade mecânica, podemos observar que a socialidade se refere a uma solidariedade orgânica, na qual a relação com o cosmos e a relação com o outro do grupo se correspondem num movimento sem fim. O que chamo de "mistério dionisíaco" é, muito simplesmente, a manifestação de tal sentido do coletivo realizado. A socialidade pós-moderna é, portanto, a forma contemporânea da "comunhão dos santos" de antiga memória. Isso quer dizer que através dos meios tecnológicos, como a internet, as redes sociais, etc., estamos misteriosamente unidos a outros para além do espa-

---

[1] Vale lembrar que Maffesoli prefere o termo noção a conceito. Para ele o conceito fecha, exclui, reduz: "Determina a verdade, o que deve ser a verdade", estabelecendo uma lógica pela qual "tudo o que escapa ao seu domínio incide em erro e perde direito de existência" (Maffesoli, 2007, p. 63).

ço e do tempo. Estamos muito longe do individualismo epistemológico que caracterizou os tempos modernos. Isso uniu os indivíduos por meio de um contrato econômico e jurídico. A socialidade pós-moderna, ao contrário, enfatiza não as características específicas de cada indivíduo, mas às situações vividas com os outros. O *primum relationis* é a base do estar junto.

Para Maffesoli, como se sabe, a sociabilidade é mecânica. O neologismo "socialidade" é que encarna a intensidade orgânica. A entrada retumbante nessa perspectiva pode se dar pelo livro *A conquista do presente*, publicado no Brasil em 1984. O que se encontra nessa obra de surpreendente? A defesa inspirada de uma sociologia do cotidiano, do vivido, do "aqui e agora", da vida em tom menor, das astúcias das pessoas sem poder para sobreviver, viver e gozar, pois, para o autor, um vitalismo transbordante exige o seu lugar: quer-se viver apesar das misérias do mundo, das dificuldades pessoais e das limitações sociais. Não se trata, porém, de justificar o que quer que seja ou de ignorar abusos de poder, dominações espúrias ou imposições de cima para baixo. Mostra-se esse querer viver como uma força constitutiva do ser humano no mundo. Um querer viver apesar de tudo, de todos os pesares, restrições, normas, impossibilidades e regras.

O papel do intelectual costuma ser o da negação: dizer, em nome de um futuro primoroso e inalcançável, não ao que está aí. Essa perspectiva tem certo sentido, embora possa se transformar numa espécie de mandamento pelo qual um pensador pensa o mundo sem considerar como esse mundo se pensa. Maffesoli parece dizer o tempo todo que enquanto o futuro não chega, o presente precisa ser vivido do jeito que der. Essa positividade nada tem de ingênua nem de conformista. Ao contrário, tenta mostrar, mais do que indicar caminhos, como se faz no dia a dia para driblar a adversidade e encontrar o prazer possível e fundamental que justifica o existir. Em *A conquista do presente* ele trata da "socialidade em jogo", do "fantástico do cotidiano", da "vida trágica", do jogo duplo das pessoas ditas comuns, da teatralidade do dispositivo existencial, do concreto em oposição aos conceitos ideais e do valor das insignificâncias da vida como fundamento vital, razão de ser.

É possível que essa valorização do simples e, ao mesmo tempo, astuto não seja compreendida por muitos. Quando se tem solução para tudo, é difícil ver sabedoria que não esteja contida no manual de construção do futuro perfeito. Maffesoli sugere com profusão de exemplos que a vida pulsa mesmo onde por alguma razão se poderia imaginar o contrário. Entender essa pulsação demanda uma atitude descritiva antes de qualquer julgamento ou profecia. A sociologia do cotidiano não deixa de ser uma espécie de etnografia ou de grande reportagem por meio do que se conta o que se vê, coisas que mesmo estando muito próximas podem surpreender pelo que revelam de intensidade, passionalidade, emoção e significado para os atores sociais, os protagonistas, não raro anônimos, desse jogo da vida.

2. Tudo comunica, tudo é relação

A vasta produção bibliográfica de Michel Maffesoli remete ao trabalho de um músico ou de um pintor explorando a cada vez uma singularidade de um mesmo e fascinante tema. No caso, o cotidiano. Erudito, Maffesoli produz desvelamentos originais das práticas sociais por meio, por exemplo, do recurso à etimologia das palavras. Não é de duvidar que, atento como é às expressões populares, tenha percebido a radicalidade da vida cotidiana nessa fórmula deliciosa da língua francesa: "Et pourtant ça vit". Vive porque se relaciona. Mas se relaciona por se alimentar de comunicação, esse gozo no estar-junto por nada, "jogar conversa fora", falar por falar, mesmo que seja sobre o tempo que faz ou não faz, aquecendo a função relacional do ato comunicativo. Quem conta um conto, ou uma anedota, aumenta um ponto na cadeia relacional que faz o "cimento social" comunitário.

Diante da velha pergunta – o que faz com que uma sociedade não se desagregue? –, a resposta subjacente da obra de Michel

Maffesoli é: a comunicação, a relação, a socialidade. Dito de outro modo: a socialidade cria laço social por manter viva a relação que se nutre de pequenos rituais cotidianos: as brincadeiras entre torcedores de futebol, ou qualquer outro esporte de massa, depois de um jogo importante, as piadas, os memes, as lendas, as fábulas, os mitos, as narrativas populares, as histórias que cada lugar conta para si mesmo e para os estrangeiros de modo a se sentir singular e se orgulhar dos seus pequenos nadas e dos seus grandes feitos na escala do possível.

O olhar desencantado, que frequentemente é o do intelectual crítico, não pode ver esse fantástico do cotidiano: suas festas, brincadeiras, danças, crenças, jogos, ditados, frases em para-choques de caminhão, cantigas de roda, "causos", profecias, rezas, tudo o que comunica e liga numa comunhão sem demonstração cuja credibilidade se baseia no próprio ato de contar, recontar, aumentar, surpreender-se com o conhecido, que parece ter sempre uma parte de sombra, reavivando o mistério da existência como parte de uma necessidade de fantasia. Se todo imaginário é real e todo real é imaginário, a parte imaginária da vida jamais se apresenta como falsa, prescindindo, contudo, das provas de uma verdade útil, calculista e calculada.

A perspectiva comunicacional da sociologia do cotidiano de Michel Maffesoli surge inteira em passagens como esta: "De fato, o politeísmo dos valores é um verdadeiro conservatório de atos e discursos que, ao relativizarem uns aos outros, asseguram um poderoso equilíbrio conflitual" (*O conhecimento comum*, 2007, p. 66). Tudo está aí nessa bela antinomia: equilíbrio conflitual. Tudo fala. Um equilíbrio conflitual só se pode fazer por aproximações e afastamentos sucessivos. Um jogo de comunicação em que cada lance vale um argumento ou gesto de sedução, provocação, engajamento. Politeísmo de valores que remete a vários deuses, várias narrativas fundadoras, diferentes mitos, estruturas que permanecem juntas embora sejam intrinsecamente diferentes. O uno esteriliza. A diversidade fundamenta o jogo relacional pelo qual atração e repulsão nunca cessam, reacendendo o fogo da comunicação.

Por que os homens cantam? Certamente não por instinto. Ainda que a música se tenha tornado mercadoria, o ser humano, nas suas vagabundagens e andanças, canta pelo prazer de cantar. Afinal, "quem canta seus males espanta" e pode fazer amigos com os quais fixar um nós revigorante. Até mesmo do ponto de vista negativo, o do "nós contra eles", pode-se ver essa vontade de pertencimento que comunica um desejo de fusão e mesmo de confusão. Enquanto de todos os lados especialistas denunciam a hiperindividualização da sociedade contemporânea, Michel Maffesoli mostra a gama de manifestações "tribais", essa vontade de convivência e vibração comum marcada mais por identificações do que por identidades rígidas: torcidas organizadas ou não de futebol, confrarias de aposentados ou de profissionais na ativa, clubes de fãs, associações de todo tipo, manifestações políticas embandeiradas, diluições do indivíduo no coletivo transitório efervescente de um show de Madonna na praia de Copacabana, no Rio de Janeiro, redes sociais, virtuais e mesmo presenciais, encontros de toda ordem, compartilhamento de emoções em bares, cafés, casas noturnas, praias, viagens e relacionamentos.

Tudo comunica, tudo se comunica, cada camiseta com sua estampa, cada corpo com suas tatuagens, cada pessoa com seu estilo de vestir, cada lugar com suas marcas, cada cultura com suas singularidades. Comunicar é palavra de ordem desse mundo pós-moderno descrito por Michel Maffesoli no qual a fixidez dos valores morais ou religiosos cede lugar aos movimentos ondulatórios incessantes de jovens e não jovens, movidos pela indústria do turismo ou não, em busca do outro, do outro lugar, do novo, do exótico, do diferente, do inusitado. A prova de que tudo e todos comunicam aparece nos números de perfis e contas de plataformas como Facebook, X, Instagram, TikTok e tantas outras. Todos querem se exprimir, compartilhar sentimentos e profundamente projetar o próprio cotidiano: mostrar o que se vive, como se vive, com algum humor e sinceridade, em dó menor. Multiplicam-se os perfis que mostram a vida do dono da conta na roça, no seu bairro, na sua pequena cidade, no seu delicioso "mundinho".

Michel Maffesoli já dizia em *A conquista do presente* (1984, p. 154): "É uma poesia do cotidiano que supera e engloba o domínio estético. Trata-se de uma 'poética' totalmente imersa nos costumes de todos os dias". Arte de rua, hip-hop, funk e culturas de periferias integram um quadro em pontilhado composto também pelos mais diversos tradicionalismos "tribais", em que se vestir como no passado e compartilhar uma maneira de falar, de dançar e de se comportar comunica um modo de estar no mundo, no cotidiano, na vida. É o que acontece, por exemplo, no Rio Grande, esse canto sul do Brasil, onde o tradicionalismo gaúcho faz pessoas urbanas conviverem num estar-junto intenso em torno de um ideal de vida agropastoril em desaparecimento. Tudo que comunica faz cola social. Dá liga.

3. Opinião pública, opinião publicada

Se todos os livros de Michel Maffesoli remetem ao tema da comunicação como o principal "cimento social" a ligar os seres humanos aos outros, o seu libelo *Apocalipse: opinião pública e opinião publicada* (2010) aborda a temática da comunicação como processo midiático. Nesse texto fulgurante, Maffesoli desnuda o sistema de hierarquia social constituído pelo exercício da opinião. A opinião publicada, privilégio de poucos no regime dos emissores restritos do jornalismo tradicional, tende a se fazer passar pela opinião pública. Depois do surgimento da internet e das redes sociais, surge um novo regime, no qual toda opinião, salvo as que infringem as leis, pode ser publicada, mas isso, em certo sentido, pode levar a uma desvalorização da opinião publicada, aquela que, antes dessa revolução tecnológica, reinava absoluta com base na exclusão dos heréticos, dos incômodos, dos divergentes, tentando impor um monoteísmo de valores sobre o politeísmo do cotidiano.

A força da expressão, o verbo como gênese da convivência no cotidiano contraditorial (conciliação de inconciliáveis) e complexo, não escapa ao olhar arguto de Michel Maffesoli (2010, p. 5):

> A confusão das palavras acaba sempre acarretando a das coisas. A literatura e a experiência cotidiana mostram como tudo acaba, rapidamente, na confusão dos sentimentos, ou seja, dos modos de vida. Assim, nos períodos de mudança é urgente encontrar palavras, senão absolutamente precisas, ao menos o menos falsas possível. Palavras que, pouco a pouco, (re)tornam-se expressões fundadoras: ou seja, asseguram a base do "estar-junto" emergente.

A palavra funda, o verbo cria, a imagem fixa, a expressão insemina, nominar faz germinar ou desabrochar, dialogar aquece socialmente, uma transição não se faz sem novas denominações. O bom narrador não toma o lugar de Deus. Não lhe cabe criar pelo poder de dar nome, mas saber ouvir a planta que cresce, espichar o ouvido para a musicalidade polifônica do vivido na sua intensidade sem controle. Saber descrever, saber praticar a arte da descrição, do mostrar, requer a palavra justa, aquela que pinta o cenário, capta a música de fundo, dá vazão ao rio que corre por entre as pedras do dia a dia.

Os velhos discursos agonizam e morrem, novas narrativas reclamam espaço, o som e a fúria do novo exigem uma nova forma. Michel Maffesoli (2010, p. 5) exprime essa demanda de renovação:

> Entre todas as banalidades que devem ser lembradas, está a de que estamos às portas de uma nova era. E é inútil querer remendar as ideologias elaboradas nos séculos XVIII e XIX e pelas quais fomos contaminados. Sim, é preciso mexer nas ideias ranzinzas, rejeitar as análises prontas e um tanto sem graça. Em resumo, abrir os olhos.

O vicejar das expressões nascentes, que encarnam os novos tempos sem enterrar o húmus do passado capaz de sempre produzir vinculações orgânicas entre humanos e seus ambientes, encontra inimigos dispostos a salgar os solos e tornar deserto o que fervilha. Michel Maffesoli (2010, p. 6) fala de "silenciadores", o que não deixa de fazer pensar nos "canceladores" dos tempos atuais, portadores de verdades dogmáticas determinados a solidificar um novo "moralismo ambiente" como palavra final de um eterno dever-ser.

> Na corte dos imperadores bizantinos existiam os *silenciadores* oficiais. Eles tinham por função calar os perturbadores da ordem a fim de fazer reinar o pensamento único estabelecido. Traduzindo para termos contemporâneos, trata-se da conspiração do silêncio, que descarta, furtivamente, todas as análises que lembram que não saberíamos reduzir o grande *desejo* de viver, em seu aspecto qualitativo, à mesquinha *necessidade,* em seus limites quantitativos.

A socialidade, comunicação em ato, não aflora sem entropia, fusão, confusão, desordem, incontinência, verborragia, falação, gestual ou verbal, erotismo singular, todas essas expressões do querer tocar, querer encontrar, querer viver, querer estar em sinergia. Michel Maffesoli aponta em cada um dos seus livros, deslocando o foco de um elemento a outro, o quanto essa vontade de potência, tão intensa no cotidiano, alimenta-se, ao mesmo tempo que alimenta, de um continuado gozo na comunicação das relações triviais de todos os dias, essa proximidade feita de provocações sobre futebol, de conversas sobre o clima, de anedotas, brincadeiras, desafios, fofocas, tudo, enfim, que renova o desejo de estar em contato, de trocar por trocar, de consumir-se num diálogo sem meta, sem objetivo, sem algo a ganhar ou negócio a concluir.

O que se esconde por trás dessa libido comunicacional? Na ótica de Maffesoli, o prazer do compartilhamento, o êxtase do estar-junto. Sempre neste improvável *Apocalipse* (2010, p. 8), em que apresenta a potência da opinião pública irrefreável contra as manipulações da opinião publicada como poder de elite, o sociólogo faz emergir o pequeno grande mistério da conjunção como erótica social:

> É assim que se deve compreender o apocalipse: o que revela o oculto. O que torna aparente o segredo do estar-junto. O que, além das representações às quais nós estamos habituados demais, presentifica, *apresenta* o que está lá, indubitável, irrefutável, intangível. Podem ser *os arquétipos* de C. G. Jung, os *resíduos* de Vilfredo Pareto, as *estruturas* de Lévi-Strauss, as *características essenciais* de Durkheim, pouco importam as noções, basta que estejamos atentos aos códigos que servem de base a toda vida social. É isso, estritamente, um *pensamento apocalíptico,* revelador do que está aí, mas que tendíamos a esquecer. Estar aí. Simplesmente estar.

Pode uma sociologia dedicar-se a compreender essa força do "simplesmente estar"? Essa é a ousada contribuição da sociologia do presente e do cotidiano de Michel Maffesoli. Em lugar de estabelecer diagnósticos para receitar a cura, ele se ocupa de mostrar a resiliência dessa cola social, desse hedonismo que, em princípio, não deveria existir, dados os problemas que os "homens sem qualidades" enfrentam em suas rotinas, mas que, contra todas as previsões bem-pensantes, explode a cada momento como um discurso sobre o vitalismo dionisíaco que atropela análises quantitativas e faz valer a vontade de viver num aqui e agora sem culpa nem derrogações. Comunicação poderosa e múltipla que se apresenta sob a forma de canções populares, de fábulas, de novos gêneros e ritmos musicais, de histórias passadas adiante pelo simples prazer de contar, pois, sim, quem conta um conto aumenta um ponto e assim nunca se para de contar, de aumentar pontos, de tecer histórias e de silenciar os silenciadores. Estética do cotidiano (Maffesoli, 2010, p. 34):

> Eu já analisei o *presenteísmo* há muito tempo, reatualizando o *carpe diem* de antiga memória e traduzindo um hedonismo difuso fácil de condenar, esquecendo que ele fez nascer grandes culturas. Mas é certo que privilegiar o presente, o que é próprio da experiência vivida, em par-

ticular para as novas gerações, tem pouco a ver com a ideologia do projeto que continua a ser o sésamo das mais diversas instituições sociais. É tendo em mente a predominância do instante, de um *instante eterno*, que nós podemos entender uma outra germinação importante, que privilegia o estético.

Nesse instante eterno, a opinião publicada pouco pode contra a força da opinião pública plural, indomável, selvagem, vertiginosa. Se o projeto dos controladores da emissão era fazer cada um no anonimato da vida pensar o pensado por eles mesmos, como forma de eliminar os perigos da liberdade de pensar por conta própria, algo deu errado. Por mais que se denuncie a uniformização imposta pela mídia, algo lhe escapa no espetacular da sociedade, customizando, para usar uma palavra da moda, a dimensão industrial da cultura. Maffesoli (2010, p. 13) pode concluir que a opinião publicada anda sempre um passo atrás:

> Assim, quando os costumes livres e hedonistas são públicos, não se deve hesitar em dizê-lo, em apresentá-lo, em analisá-lo. Porque, como foi o caso em outros momentos, a leveza, a frivolidade, os jogos de aparências exprimem a sociedade. Isso pode parecer em contradição com o que é oficial no seu tempo. A menos que não esteja, simplesmente, avançado. É o que Cocteau lembrava quando ressaltava que "quando uma obra parece avançada em relação à sua época, é simplesmente porque sua época está retardada em relação a ela". Ou, mais precisamente, é porque aqueles que pretendem representar a época estão uma guerra atrasados.

Citar fartamente um autor pode parecer economia de paráfrase. Porém, quando se trata de replicar a vitalidade de uma palavra que descobre a relevância do expressado em atos de vitalidade existencial, fazer isso é dizer sim à potência enunciadora de algo vivido todo dia, por todo mundo, porém mantido em forclusão.

4. Metamorfoses da comunicação

Não é difícil multiplicar as citações de trechos em que Michel Maffesoli consagra a comunicação como elemento fundante do estar-junto cotidiano. Em algumas passagens ele é direto, principalmente quando se trata de destacar o papel da imagem no societal contemporâneo, ícone de um modo de socialização efervescente. Em *A conquista do presente* (1984, p. 158), ele condensa num parágrafo uma profusão de aspectos comunicacionais determinantes para o *carpe diem* que, contra todas as profecias, continua a impor-se como realidade:

> O concreto e a retórica, a imagem e o verbo, são expressões do barroco cotidiano onde o menor fato anódino se torna suntuoso e teatral. Também aí encontramos a predominância da imagem, da aparência, do insignificante. O ritual social culmina nessa retórica pictural que exprime, resumidamente, o trajeto da gesta humana. O jogo teatral que se esgota em seu próprio ato. É nesse sentido, pelo seu afrontamento da finitude, que ele é trágico. No entanto, trata-se de um trágico visual, um trágico de ópera, onde, numa conjunção de imagens e palavras, todo um espaço público se desenha, espaço de troca, espaço da circulação sem fim dos afetos e paixões.

Tecnologias do imaginário a serviço do emocional. Reduzir a comunicação ao midiático mutila os processos de interação entre as pessoas. Maffesoli vê jogo, interpretação, representação e comunicação em cada elo da cadeia societal. Vale dizer que para ele as terminações em "al" expressam o aspecto orgânico de uma relação. Não pode haver societal sem organicidade, ou seja, sem trocas simbólicas efetivas. A comunicação atua como elo. Engana-se quem pensa que isso se esgota no inevitável intercâmbio humano não mediado por tecnologias ou mídias. Do espontâneo ao embalado midiaticamente, tudo se estrutura como contato. Comunicar é fazer vibrar em comum.

Comunicação política, social, esportiva, religiosa, comercial, coloquial, qualquer que seja a etiqueta ou a intenção, uma sobra se impõe como marca do humano, desse humano indissolúvel na medida em que se atualiza a cada ato relacional. Em 2024, uma empresa chinesa demitiu o seu principal executivo e colocou no seu lugar um *chatbot*, uma Inteligência Artificial[2]. Para além do anedótico de uma época tecnológica, compreende-se que o objetivo era livrar-se da subjetividade humana, apartar-se desse dado humano, essencialmente humano, que é a sobra em atos comunicacionais, a parte "inútil" do processo comunicativo, aquela que envolve empatia, simpatia, afetividade, sentimentos, preferências e inclinações pessoais. A obra de Michel Maffesoli mostra sobejamente que o humano sempre acaba por se apropriar das tecnologias para seus fins arquetipais. A internet, tecnologia de ponta, serve aos mais arcaicos fundamentos do humano: jogo, lúdico, namoro, corte, sexo, amor, ódio, expressão de desejos.

As chamadas mídias, antes conhecidas como meios de comunicação de massa, não escapam aos usos do humano em prol do humano. Em *A transfiguração do político* (1997, p. 161), Maffesoli contextualiza:

> Não foi somente o rádio, como no caso de Hitler, a favorecer os transes coletivos, mas muitos outros "novos meios". Graças a estes, toda uma série de arcaísmos, em princípio superados, irrompeu na vida social. O rock, o jazz e outras músicas "bárbaras", o consumo frenético de objetos, as histerias esportivas, as grandes paradas políticas ou religiosas, tudo o que exprime, com estardalhaço, a nostalgia e o retorno da comunidade recebe ajuda do desenvolvimento tecnológico. Penso que aí se acha o ponto nodal da pós-modernidade: a sinergia do arcaísmo, essencialmente a nostalgia do "nós", com tecnologia.

[2] Cf. https://tecnologia.ig.com.br/2024-05-29/empresa-contrata-inteligencia-artificial-para-ser-ceo.html.

Tudo que comunica organicamente faz comunidade. Tudo que faz comunidade comunica. Não se trata de comunicação de mensagem, mas de renovação do vínculo pelo contágio ou disseminação da expressão verbal ou imagética. Fotógrafos diziam que uma imagem vale mais do que mil palavras. Comentaristas irônicos dessa máxima pediam que sua mensagem fosse reduzida a uma imagem. Jogos de palavras à parte, a comunicação pelas imagens funciona como um totem em torno do qual os membros de uma tribo podem comungar e compartilhar emoções e valores. A obra de Michel Maffesoli parece insistir a cada novo título numa mensagem suave: a vida da maioria das pessoas acontece num cotidiano de comunicações recorrentes que unem o antigo e novo numa vibração comum. A comunicação é o combustível da potência que dribla o poder, neutraliza, até onde pode, a inclinação autoritária das elites e torna o vivido não apenas suportável, mas digno de ser renovado.

Louvar a obra de Michel Maffesoli pelo ângulo da comunicação não é aqui um modo corporativo de valorizar um campo de atuação, no caso, o campo da comunicação como objeto de estudos acadêmicos, mas uma maneira de mostrar o quanto a comunicação como fundamento relacional do humano encontra formas de expressão nem sempre enfatizadas ou percebidas no espaço intelectual. O sociólogo da pós-modernidade como encontro da tecnologia de ponta com o arcaico existencial, o emocional, revela-se pensador da comunicação ao fazer dos atos comunicacionais mais diversos a base do vitalismo humano. Quando a comunicação silencia, instala-se a depressão. Quando o utilitarismo suprime as despesas excedentes de comunicação, a aridez devasta a paisagem societal, tornando mecânica a convivência social.

Muito já se estudou a comunicação pelo poder do emissor (teorias da manipulação), do receptor (teorias da recepção), do canal, dos códigos, dos meios e até dos ruídos. Também já se estudou a comunicação por suas funções. Michel Maffesoli pensa a comunicação pela comunicação. O que comunicar quer dizer a partir do que ele diz? Que comunicar liga. Pode-se arriscar uma tese: quanto mais "inútil" a comunicação, maior o seu poder de ligação. Comunicação sem outro fim que o de comunicar, satisfazendo-se com a prática da prática. No Brasil, a expressão "jogar conversa fora" remete a um ato comunicativo realizado só pelo prazer de comunicar. Grau zero da utilidade educativa, comercial, performativa. Grau máximo da satisfação no encontro, na troca, no jogo. Jogar conversa fora é como um jogo amistoso feito sem nem mesmo o objetivo de treinar. Michel Maffesoli inventaria o valor das coisas sem preço, a utilidade do pretensamente inútil, a poesia do cotidiano feita de prosa e verso.

Captar essa poesia do cotidiano não se resume a um gesto aleatório de coleção de excentricidades. Ao contrário, significa compreender o vivido pelo que ele é e entender que nesse modo de ser há resistência, autenticidade, espontaneidade, complexidade, criatividade e sobrevivência. Contudo, não se trata de sobrevivência como vida reduzida ao mínimo possível para a não extinção. Há nessa dinâmica societal uma potência que confunde os esquemas lineares de interpretação dos fenômenos sociais. O vivido no cotidiano não é um ponto morto à espera da redenção. Tem mais a ver com uma comunhão comunicacional por meio da qual se pode jogar e gozar. A obra de Michel Maffesoli tem escutado o sussurro da erva que cresce.

Referências

Maffesoli, Michel. *A conquista do presente*. Rio de Janeiro: Rocco, 1984.

Maffesoli, Michel. *Apocalipse*: opinião pública e opinião publicada. Porto Alegre: Sulina, 2010.

Maffesoli, Michel. *A transfiguração do político*: a tribalização do mundo. Porto Alegre: Sulina, 1997.

Maffesoli, Michel. *O conhecimento comum*: introdução à sociologia compreensiva. Porto Alegre: Sulina, 2007.

VERBETES

MAFFESOLI DE A a Z

– A –

A-dogmática (sensibilidade) – Preza pela compreensão multifacetada dos fenômenos, relacionando todos os diferentes elementos implicados. É a percepção norteadora da reflexão genuína do discernimento, para encontrar as fundações do pensar autônomo. A heterodoxia moderna centrada no racionalismo – corporificado no esclarecimento educacional – e na crença do progresso salvacionista e eterno fatigou, esmoreceu em meio às metamorfoses inerentes à vida humana. Faz-se necessária outra forma de detectar as demandas do existente e não apenas do idealizado. A sensibilidade a-dogmática pressupõe a suscetibilidade em agregar o disperso, o estímulo da inteligência com a pluralidade dos conhecimentos, a habilidade em incomodar convencionalismos e comodismos intelectuais. "Esta sensibilidade 'a-dogmática' corresponde bem à abordagem iniciática, sensibilidade relativista, tendo em vista que relaciona diversos elementos de um dado plural, se dirige a um leitor imaginativo, não aprisionado nas certezas baratas do conformismo oficial." (Maffesoli, 2019, p. 21).

O pensador francês acentua ainda a existência das "fés sem dogma", expressões reconhecíveis do reencantamento do mundo, nos sentimentos de pertença, nos ideários imaginal e comunitário e da religação com o outro por meio da comunhão de imagens, ideias, partilhas. Distanciadas das doutrinas e cânones, seguem a crença no aberto, a religiosidade em novas perspectivas: "De fato, o que está em causa não é mais o domínio religioso, *stricto sensu*, mas muitas outras religiões 'por analogia', que poderão ser o esporte, os concertos musicais, as reuniões patrióticas ou mesmo as ocasiões de consumo" (Maffesoli, 1995, p. 107). A distinção e o persecutório dão lugar à atração e empatia, ao revigoramento do corpo social, à percepção do ininterrupto fluxo da finitude e mutação das estruturas sociais. "É tempo de acordarmos de nossas sonolências dogmáticas", propõe Michel Maffesoli (2005, p. 67), sonolência esta da refutação a tudo aquilo desconsiderado pela racionalidade moderna, especialmente da imposição do que deveria ser ao que é (Maffesoli; Strohl, 2015, p. 43). Ver: *O tesouro escondido*: carta aberta aos franco-maçons e a outros. Porto Alegre: Sulina, 2019; *A contemplação do mundo*. Porto Alegre: Artes e Ofícios, 1995; *A transfiguração do político*: a tribalização do mundo. 3. ed. Porto Alegre: Sulina, 2005; Maffesoli, Michel; Strohl, Hélène. *O conformismo dos intelectuais*. Porto Alegre: Sulina, 2015. **(Álvaro Nunes Larangeira/GTI)**

Alquimia cotidiana – "Acomodar-se ao que é estranho até torná-lo familiar" é uma das frases que Michel Maffesoli utiliza para descrever a alquimia cotidiana. Segundo o autor, hábitos sociais que vão ser incorporados a uma cultura passam por uma hostilidade inicial, até que se adaptem ao cotidiano. De acordo com Maffesoli, esse processo assemelha-se ao que os alquimistas empregavam em seus experimentos, e até mesmo buscavam, a "coincidentia oppositorum". Aqui, o autor retoma o conceito antes apresentando de enraizamento errante. Ainda de acordo com Maffesoli, o olhar externo desse sujeito estrangeiro contribui para o desenvolvimento das culturas, já que traz uma visão diferente daqueles já habituados com o cotidiano que vivem. Assim, dessa forma, a alquimia cotidiana se dá a partir da composição de elementos heterogêneos que levam a uma unicidade – ou à pedra filosofal, no contexto alquimista. Ver: *Sobre o nomadismo*: vagabundagens pós-modernas. Rio de Janeiro: Record, 2001, p. 100-102. **(Ana Lua Bacelar de Souza/Comcime)**

Alteridade – Necessidade de compor com o Outro, de permitir em si, os atravessamentos socioculturais, na tentativa de comungar, extravasando o gozo na comunicação interpessoal. Aceitar o desafio de se despir de opiniões engessadas e se permitir traduzir-se pela linguagem do Outro, na justaposição de valores. Abandonar compreensões individualistas e construir laços afetivos e coletivos, estruturando assim o "estar-junto", pois é "[...] a partir de paixões e emoções específicas que se constitui o cimento próprio do estar-junto. Saturação da moral-política e revivescência da ética-estética" (Maffesoli, 2014, p. 37). Na pós-modernidade, as mensagens não servem para informar, mas para comunicar e para comungar com o Outro, significantes tantos, construindo laços de alteridade. A comunicação digital pós-moderna permite um escambo de emoções plurais, entre *personas* pluriculturais. É pela alteridade que se configura a estética, pois assim nos permitimos conhecer a nós mesmos pelo olhar do Outro. A alteridade é impulsionada pela ânsia de se reformular, de se completar na extensão do Outro e, no "[...] desejo de infinitude tentando encontrar, viver outra coisa além da 'Inteireza do ser', do simples enquadramento identitário" (Maffesoli, 2014, p. 118). Ver: *A parte do diabo*: resumo da subversão pós-moderna. Rio de Janeiro: Record, 2014; *O tempo retorna*: formas elementares da pós-modernidade. Rio de Janeiro: Forense Universitária, 2012. **(Elizandra Nazario Silva/ Memória, Afeto e Redes Convergentes)**

Ambiência – Característica essencial da vida pós-moderna, é entendida como um "espírito do tempo"; algo que embora atravesse o percurso cronológico permanece como característica física, nos espaços socioemocionais. Desdobramentos que as influências do meio deixam em nós; performances que o nosso ser coletivo expressa, no meio físico. A maneira com que o ambiente afeta nossas historicidades, bem como a influência do meio na constituição do ser-social, do "estar-junto". Meio líquido que se infiltra nas relações e cose o ser sócio-histórico a um universo de comunicações amplas. A ambiência está relacionada à climatologia a qual "[...]

nos lembra que existe o 'mais que um' no ar, mais que o indivíduo, inscrito em um 'inter-ser'" (Maffesoli, 2014, p. 30). A ambiência apresenta como elementos fundantes e basilares os aspectos afetivos e emocionais, configurando também a dimensão climatológica. Vivemos emaranhados a um "imperativo atmosférico": o ambiente, o qual nos atravessa e nos configura: a ambiência. Ver: *A parte do diabo*: resumo da subversão pós-moderna. Rio de Janeiro: Record, 2014; *O tempo retorna*: formas elementares da pós-modernidade. Rio de Janeiro: Forense Universitária, 2012. **(Elizandra Nazario Silva/Memória, Afeto e Redes Convergentes)**

Ambiência (corpo coletivo) – "O sentimento é tudo, a palavra, som e fumaça." Assim Michel Maffesoli inicia sua fala sobre ambiência. De acordo com o autor, este termo descreve algo que não podemos tocar, que é imaterial e que, paradoxalmente, não se pode fazer mas se deve, de toda forma sofrer. De acordo com Maffesoli, a ambiência é a condição de toda vida em sociedade, a compreensão de determinado espaço civilizacional e os questionamentos sobre a atmosfera que banha e permite que o indivíduo seja quem ele é. Segundo o autor a "ambiência englobante" determina profundamente as atitudes individuais, os modos de vida, as maneiras de pensar e as diversas inter-relações sociais, econômicas, políticas, ideológicas e religiosas, constituindo a vida em sociedade. A ambiência tem, portanto, uma eficácia: gerar um corpo coletivo, engendrar um *ethos*. Na contemporaneidade, basta pensar nas aglomerações musicais, esportivas ou consumistas para medir sua eficácia: "o *feeling* de uma relação, de um sentimento induzido por um lugar ou de outras categorias não menos vaporosas para descrever um situacionismo amoroso, profissional ou cotidiano de consequências nada desconsideráveis na criação, na sua acepção mais ampla, de determinado período". Ver: *A transfiguração do político*: a tribalização do mundo. 3. ed. Porto Alegre: Sulina, 2005, p. 105-115. **(Talita Magnolo/Comcime)**

Amor fati – Quem ouve Michel Maffesoli com atenção e admiração sabe o quanto ele recorre a essa expressão. Em *A parte do diabo* (2004), ele fala desse "amor do mundo" ao qual Nietzsche se referia. Amor do mundo com suas imperfeições, contradições, derivas, bifurcações. Maffesoli lembra a importância da aceitação do mal, da existência do mal, o que remete à admissão de que o paraíso, a sociedade sem mal, não existe. Só admitindo que é assim, pode-se experimentar "certa alegria de viver". De certo modo, trata-se de mais uma maneira de dizer que a vida deve ser vivida apesar de não corresponder aos ideais abstratos de um mundo sem contradições. Amar o que é, o que se tem, sem deixar de sonhar, de inventar o mundo, mas tampouco sem abandonar a força do desejo imediato por não existirem as condições ideais de gozo. **(Juremir Machado da Silva/ GTI)**

Antagonismo harmônico – Um desses oximoros que tanto agradam à sensibilidade pluralista de Michel Maffesoli, para quem viver é conectar-se permanentemente com antagonismos completares numa autorregulação feita de tensão e equilíbrio. Em *A conquista do presente* (1984, p. 105), Maffesoli precisa: "Como já disse, essa autorregulação é tensional; estamos na presença de um antagonismo harmônico, no sentido que G. Durand dá a essa expressão e que é, para retomarmos a metáfora musical, o arranjo conveniente das diferenças e dos contrários". Se o Uno quer eliminar o diverso, o antagonismo harmônico, para bem ou mal, permite a convivência dos opostos, "mas como esse arranjo é aquele das paixões, sempre se produz na dor e na violência, possuindo a crueldade do limite, isto é, do humano". Em *A transfiguração do político: a tribalização do mundo* (1997, p. 266), Maffesoli, falando de outro aspecto, permite compreender que "cada um não pode reduzir-se à unidade, nem responder somente ao princípio de identidade", pois "a pessoa sempre supera os limites nos quais se quer encerrá-la". Uma atração dos contrários força as barreiras da coerência abstrata. A vida no cotidiano se dá na complexidade das conjunções improváveis, dos encontros tidos por impossíveis e das fusões imprevisíveis. **(Juremir Machado da Silva/GTI)**

Aparência – Na pós-modernidade, a aparência transcende a mera estética superficial, assumindo um papel fundamental na construção da identidade individual e social, influenciando diretamente as relações sociais e a dinâmica social. A aparência comunica valores, crenças, desejos e pertencimentos, funcionando como um código que conecta a percepção do indivíduo aos seus interesses e afinidades. A valorização do presente, do efêmero e do sensorial na pós-modernidade se traduz na busca por uma aparência marcante. As roupas, os acessórios, a linguagem corporal e o comportamento se tornam ferramentas para comunicar identificações coletivas, buscando reconhecimento e aprovação no mundo imediatista das redes sociais e da cultura do consumo. A aparência também contribui para a formação de "tribos" na pós-modernidade. Indivíduos com estilos e valores semelhantes se agrupam, criando uma identidade coletiva que se manifesta através da aparência. Essa tribalização proporciona um sentimento de pertencimento e segurança em um mundo com um lado individualizado e competitivo, reforçando laços sociais e construindo redes de apoio. O corpo se torna uma tela em que a identidade é inscrita através da aparência. Tatuagens, *piercings*, cortes de cabelo, roupas e outros elementos modificam o corpo e o transformam em um símbolo que comunica mensagens e valores. Essa inscrição da identidade no corpo é uma forma de autoafirmação e de diferenciação social, permitindo que o indivíduo expresse sua individualidade e se posicione no mundo. "A aparência não é apenas um envelope superficial, mas sim um verdadeiro teatro de signos, onde se inscrevem os valores e as crenças de uma época." Ver: *O tempo das tribos*: o declínio do individualismo nas sociedades de massa. Rio de Janeiro: Forense Universitária, 1987, p. 187. **(Heloisa Juncklaus Preis Moraes/Imaginário e Cotidiano)**

Apolíneo – Na mitologia grega, o deus Apolo representa a razão, a sensatez e o racional. Michel Maffesoli, inspirado na experiência das tragédias gregas, utiliza esses norteadores para conjugar a noção de Apolíneo, sobretudo para representar a modernidade caucionária. Para o autor, a modernidade, guiada pela razão e pelo progresso, foi engolida pela pós-modernidade, orientada pela emoção e pelas relações sociais. "Acontece, para retomar uma noção de Durkheim, que a figura emblemática é a do adulto sério, racional, produtor e reprodutor. Figura contaminadora que será o padrão a partir do qual se vai pensar e organizar a vida social." A atmosfera apolínea diz respeito, então, à austeridade, aos atributos de ordem, harmonia e individualidade. Tais dicotomias: Apolíneo e Dionisíaco, razão e emoção, individualidade e coletividade, aparecem em diversos livros de Michel Maffesoli para descrever a transmutação da modernidade para a pós-modernidade. A transição do período apolíneo para o dionisíaco se dá, para o autor, por um processo de saturação. "Essa figura, que podemos chamar de apolínea ou prometeica, cede lugar à figura dionisíaca, do adolescente perpétuo." Maffesoli argumenta que, apesar da aparente desordem da sociedade pós-moderna, existem formas de ordem e coesão que emergem através de rituais cotidianos, de símbolos compartilhados e de espaços de convivência. Ver: *O tempo retorna*: formas elementares da pós-modernidade. Rio de Janeiro: Forense Universitária, 2012, p. 51. **(Suelen Gotardo/GTI)**

Apologistas do futuro – Expressão usada frequentemente por Michel Maffesoli em *A conquista do presente* (1984, p. 98) para caracterizar os profetas do dever-ser que negam o presente em nome de um futuro redentor. Hipócritas, não raro, que se entregam aos seus gozos imediatos enquanto pedem à massa que se concentre na construção do devir glorioso: "Falar do trágico e da melancolia que o exprime, falar da monotonia da vida cotidiana e das aberturas que periodicamente a iluminam, reconhecer o prazer do ser sem qualidade, tudo isso nos abre um vasto campo de investigação, tudo isso deve ser considerado como o substrato insuperável de toda vida social. Ancorados a esse fundamento é que podemos enfrentar os apologistas do futuro em todas as suas formas, e sem cair na tetania de um desejo ainda compreendido como 'dever-ser'. Ousar viver o possível contra os apologistas do amanhã perfeito é uma atitude social que deve ser pesquisada pela ciência social". **(Juremir Machado da Silva/GTI)**

Arcaico – O conceito de arcaico é atribuído ao que é antigo, primordial, fundamental, mas que resiste ao curso do tempo, permanecendo no fundamento do viver junto. Esse elemento arcaico assume importância na sociedade, pois, conforme destaca Michel Maffesoli (2012, p. 84), "[...] toda construção tem necessidade de assentamentos e o construto social também não escapa disso". Com base nessa concepção, o autor sugere que, na pós-modernidade, há uma relação entre o arcaico e o tecnológico, evidenciada, por exemplo, pelo comportamento dos internautas contemporâneos que se agrupam em torno de ídolos específicos, remetendo às tribos primitivas reunidas ao redor de seus totens. Para Maffesoli, portanto, a sociedade pós-moderna emerge a partir desta sinergia entre o arcaico e o desenvolvimento tecnológico; nesta conformidade, uma tecnologia que inicialmente desencantou o mundo está, neste momento, reencantando-o. Ver: *O tempo retorna*: formas elementares da pós-modernidade. Rio de Janeiro: Forense Universitária, 2012. **(Leonardo Alexsander Lessa/Memória, Afeto e Redes Convergentes)**

Ar do tempo – Termo cunhado por Michel Maffesoli em sua obra referencial *O tempo das tribos: o declínio do individualismo nas sociedades de massa*, é usado para descrever a atmosfera cultural e social predominante de uma determinada época ou sociedade. Maffesoli argumenta que cada período histórico possui um "ar do tempo" característico, uma sensação coletiva compartilhada, valores, modos de vida e comportamentos que moldam as interações sociais e culturais dos indivíduos dentro dessa sociedade. Essa noção vai além das estruturas formais e institucionais da sociedade, destacando a importância dos imaginários, das sensibilidades e tendências culturais que permeiam a vida cotidiana. O "ar do tempo" reflete as mudanças sociais, políticas, econômicas e culturais que ocorrem ao longo do tempo, capturando a essência de uma época específica e fornecendo *insights* sobre os padrões de comportamento e as dinâmicas sociais predominantes. Essencialmente, "ar do tempo" enfatiza a natureza fluida e multifacetada da cultura e da sociedade, reconhecendo a importância das sensibilidades coletivas na compreensão da experiência humana em um determinado momento histórico. O declínio do individualismo nas sociedades de massa, que ela deu origem, é o ar do tempo. O autor argumenta que todos os períodos históricos têm o "ar do tempo", ou seja, uma atmosfera predominante – cultural e social – numa determinada época ou sociedade. É uma psicologia coletiva compartilhada – valores, maneiras de viver, de se comportar e se relacionar que compreendem todos os indivíduos de uma sociedade. Trata-se de algo que vai além das estruturas formais e institucionalizadas da sociedade em termos de imaginário, sensibilidade e tendências culturais que beiram o quotidiano. **(Marco Aurelio Reis/Namidia)**

Arquétipo – É a noção que trata dos padrões universais e atemporais de comportamento e pensamento presentes no "inconsciente coletivo" da humanidade, conforme proposto por Carl Jung. Michel Maffesoli, por sua vez, mesmo sendo originário dessa abordagem junguiana, do símbolo como linguagem do inconsciente coletivo, ou seja, dos arquétipos, se apropriou dessa noção reinterpretando-a sob uma perspectiva sociológica. Para Maffesoli, os arquétipos emergem nas interações sociais e se manifestam como padrões de comportamento, símbolos e imagens que influenciam o imaginário coletivo de uma sociedade em um determinado momento histórico. O autor os considera como modelos culturais, estruturas ou símbolos universalmente reconhecidos, que moldam as experiências coletivas, influenciando práticas sociais, valores e expressões culturais, as formas de pensar, agir e se relacionar dos indivíduos dentro de um determinado grupo. Um dos aspectos centrais da abordagem de Maffesoli reside na relação entre os arquétipos e o sentimento de pertencimento. Tanto Jung quanto Maffesoli atribuem aos arquétipos um papel fundamental na construção desse sentimento. Para Jung, os arquétipos nos conectam com a humanidade como um todo, enquanto para Maffesoli, eles nos ligam aos membros de nosso grupo social, criando um senso de comunidade. Se na abordagem junguiana existe um roteiro interno de comportamento a todos os seres humanos, na perspectiva maffesoliana esse roteiro foi colocado na ordem do social. É através da identificação com os arquétipos que os indivíduos encontram uma sensação de identidade e conexão com os outros membros de seu grupo social, um alicerce emocional e cultural, fortalecendo os laços comunitários e gerando um senso de coesão compartilhado. Os arquétipos servem, assim, como um clã societal que une os indivíduos, transcendendo as diferenças individuais e criando um sentimento de comunidade dentro de um contexto social específico. Para Maffesoli, os arquétipos têm papel determinante na construção do imaginário coletivo e na sua manutenção, uma forma de estabilidade em meio à complexidade e à fragmentação da vida contemporânea. Ao explorar os arquétipos presentes em uma sociedade, pode-se identificar os valores, as crenças e os anseios que os norteiam, numa análise que permitirá compreender as motivações por trás dos comportamentos sociais e das tendências que moldam essa sociedade. Maffesoli defende, então, que os arquétipos são essenciais para a compreensão mais profunda das dinâmicas sociais e culturais de uma época. “[...] atrás de cada uma das diversas situações sociais [...], encontra-se uma figura arquetípica representando uma imagem ou uma força coletiva.” Ver: *No fundo das aparências*. Petrópolis: Vozes, 1996, p. 172. **(Elton Luiz Gonçalves/Imaginário e Cotidiano)**

Assentimento – Na pós-modernidade, emerge uma potência marcada pela sabedoria e rebeldia popular que sabe dizer "sim" à ordem existente das coisas. O assentimento é esse "sim à vida", uma maneira de aceitar a realidade em toda a sua complexidade. Segundo Michel Maffesoli (2023), o assentimento depende da aceitação da natureza e de suas leis sem nenhuma ambição de moldar este mundo. Portanto, ele requer do ser humano se ajustar ao seu ambiente e ao seu tempo a partir das experiências cotidianas que fundamentam os laços sociais. Sua lógica é enraizada em uma memória coletiva que expressa o "estar-junto" para além dos contratos sociais que marcaram a modernidade, mas a partir do emocional, no compartilhamento de afetos e sentimentos comuns, daquilo que marca o retorno do tribalismo. Essa abordagem não implica dominação ou resignação. Ao contrário, para Maffesoli ela representa uma sabedoria voltada para o presente, para a vida cotidiana, com todas as suas vicissitudes e suas alegrias. "O realismo popular repousa, essencialmente, na aceitação das misérias humanas. [...] É concordando com tal tragédia que podemos dar, a toda vida, individual e coletiva, toda sua plenitude. E é de fato esta última que é o coração pulsante da lógica do assentimento." (Maffesoli, 2023, p. 220, tradução nossa). Ver: *Logique de l'assentiment*: dire oui à la vie. Paris: Cerf, 2023. **(Luana Chinazzo/GTI)**

Astúcia social – A astúcia, assim como o quotidiano e o segredo, é uma categoria básica da sociologia de Michel Maffesoli e sua análise de um mundo inserido em um contexto de resistência às estruturas e instituições. A astúcia social é uma forma de resistência que permite a conservação dos indivíduos, é a capacidade de adaptar-se ao meio para sobreviver – e é aí que está o princípio de sua força. Até mesmo a capacidade de ligar-se ao opressor é uma forma astuta de resistir às imposições, e será a astúcia que permitirá às pessoas manterem suas identidades, conservarem-se. A astúcia social está marcada por uma espécie de passividade ativa, subversiva, e não por uma resistência frontal e revolucionária. A astúcia é discreta, se adapta, surge nas fissuras. As pequenas astúcias sociais do cotidiano tornam a vida – banal, finita, monótona e cheia de imposições – mais suportável. A não ação, a teatralidade e a ironia são formas de astúcia, pequenas *utopias intersticiais*. Ver: *A conquista do presente*. Rio de Janeiro: Rocco, 1984, p. 162. **(Soraya D. Bertoncello/GTI)**

Atmosfera/Ambiência – No pensamento de Michel Maffesoli, a atmosfera é entendida como o sinal temporal de uma era, ou seja, o presente em que vivemos. A atmosfera na qual estamos imersos é um *leitmotiv* de sua sociologia da vida cotidiana em uma compreensão da espessura do presente. É uma maneira de entrar em sintonia com a sociedade, farejar a cena social, detectar, à maneira simmeliana, o estilo de uma época, o *zeitgeist*. A atmosfera é, portanto, variável e caracteriza a esfera social por meio de particularidades essenciais que demonstram a força de um modo de pensar que faz parte do paradigma estético que capta os humores específicos de uma época. O *zeitgeist* pós-moderno é o sinal dessa atmosfera que respiramos, de uma ambiência que caracteriza uma "ética estética" e determina a visão da socialidade, do vitalismo social como a forma e a substância desse *zeitgeist*. Atmosfera e ambiente representam formas de pensar, ou mesmo um método de dizer o que é: o tempo presente, no qual a atmosfera emocional ilustra o estar-junto coletivo de uma socialidade na qual a atmosfera estética domina. Ver: *No fundo das aparências*. Petrópolis: Vozes, 1996. **(Fabio La Rocca/UPVM3)**

Aura – O termo é empregado por Michel Maffesoli para descrever uma qualidade intangível associada a certos eventos, objetos ou lugares que evocam uma sensação de encanto, fascínio e autenticidade. Maffesoli argumenta que, na sociedade pós-moderna, estamos testemunhando um ressurgimento do "sentido de presença", uma valorização renovada das experiências sensoriais e emocionais que transcendem o racionalismo moderno. Dentro deste contexto, a "aura" é vista como uma dimensão crucial da experiência humana, que está sendo redescoberta e valorizada. A "aura" manifesta-se em uma variedade de contextos, desde a estética urbana até as subculturas emergentes, e desempenha um papel importante na construção de identidades individuais e coletivas. Este termo destaca a importância das experiências emocionais e estéticas na vida contemporânea, contrastando com a homogeneização e massificação da modernidade. Portanto, a "aura", conforme concebida por Maffesoli, representa uma qualidade subjetiva e emocional que permeia a cultura contemporânea, influenciando a maneira como as pessoas se relacionam com o mundo ao seu redor e se conectam umas com as outras. Ver: *O tempo das tribos*: o declínio do individualismo nas sociedades de massa. 2. ed. Rio de Janeiro: Forense Universitária, 1998. **(Marco Aurelio Reis/ Namidia)**

Aura ou atmosfera emocional – A noção de "aura" é uma ideia central na obra de Michel Maffesoli. Ele a desenvolveu como uma forma de descrever a atmosfera emocional, a sensação de pertencimento e a carga afetiva que envolvem as experiências e as interações humanas na sociedade contemporânea. Na perspectiva de Maffesoli, a "aura" se refere a uma qualidade intangível que envolve eventos, lugares, pessoas e objetos. Essa qualidade é construída a partir das emoções, dos vínculos afetivos e das narrativas compartilhadas dentro de grupos sociais e comunidades. A "aura" é o que torna as experiências mais significativas e carregadas de emoção, criando uma conexão mais profunda entre as pessoas e o mundo ao seu redor. A "aura" de Maffesoli está intimamente ligada ao conceito de estética, de uma estética dos sentimentos que não se resume às experiências individuais, mas é uma abertura para o outro. Por sua vez, abertura diz respeito ao espaço, ao local onde se representa o destino comum da comunidade emocional. É o que permite às pessoas em grupos sociais estabelecerem laços mais próximos, ou estreitos, entre a aura estética e uma experiência ética. Ele argumenta que a sensação de "aura" é mais forte nas interações face a face e nas comunidades onde as pessoas compartilham valores, símbolos e rituais. Essas experiências coletivas, carregadas de "aura", fornecem um senso de pertencimento e significado que contrasta com as experiências mais impessoais e individualizadas da sociedade moderna. Assim, a "aura" de Maffesoli destaca a importância das dimensões emocionais e afetivas da vida social, enfatizando como as relações humanas estão enraizadas em conexões emocionais profundas e em contextos culturais compartilhados. A "aura" é uma tentativa de capturar essa qualidade subjetiva que torna as experiências sociais mais ricas e significativas na sociedade contemporânea. Cf. O *tempo das tribos*: o declínio do individualismo nas sociedades de massa. 2. ed. Rio de Janeiro: Forense Universitária, 1998, p. 13-38. **(Rômulo Medeiros Pereira e Eunice Simões Lins/GEPAI)**

Autenticidade – Refere-se à expressão genuína do ser humano em suas interações sociais e culturais. Michel Maffesoli argumenta que, na sociedade contemporânea, há uma ênfase na busca por experiências autênticas em contraposição à homogeneização e padronização da vida moderna. Ele enfatiza a importância das relações sociais e dos vínculos comunitários na criação de uma autenticidade compartilhada, destacando que a autenticidade não é algo que pode ser imposto de fora, mas sim emergir organicamente das interações humanas e das experiências coletivas. O autor explora como os rituais, mitos e símbolos desempenham um papel crucial na construção da autenticidade dentro de grupos sociais específicos, sugerindo que a verdadeira autenticidade é encontrada na identidade coletiva e na participação nas práticas culturais compartilhadas. Ver: *O tempo das tribos*: o declínio do individualismo nas sociedades de massa. 2. ed. Rio de Janeiro: Forense Universitária, 1998. **(Lara Ely/GTI)**

– B –

Barroquização – A proposta de Michel Maffesoli é pensar o contemporâneo a partir de uma percepção barroca que não está alicerçada necessariamente no barroco como conjunto artístico, mas na consciência do barroco como um tipo de sensibilidade. O autor recupera a etimologia da palavra portuguesa "barroco", que designa a pérola irregular, assimétrica, para apreender a noção de movimento, de aspecto desordenado, até de desordem, ideia de excesso de vida. Aqui, o Barroco é como imperfeição natural, movimento permanente e crescimento vital. Para ele, vive-se um "barroco pós-moderno", que se assume nessas reflexões como uma nova barroquização do mundo social, assinalada pelo uso excessivo e pela ostentação, em que "o véu do espírito barroco é uma modulação da máscara que cria comunidade, e esconde, protegendo-a do exterior". Maffesoli acredita em um enraizamento dinâmico, em que, continuamente, o passado é reevocado, reatualizado, revitalizado e o futuro é pressagiado. Para o autor, vive-se no coração do barroco ou no ponto de partida para essa dinâmica com aspecto fugidio, vaporoso, pitoresco, fantástico, superficial e, por isso mesmo, "o mundo da aparência é o único lugar visível". Assim, o barroquismo configura-se como um mito em perfeita harmonia com a explosão do social, permitindo compreender sua lógica, é possível chamar o barroco de arte mestiça, especialmente tratando-se da arte latino-americana. Ver: *No fundo das aparências*. Petrópolis: Vozes, 2010, p. 154 e 167. **(Luiza Liene Bressan/ Imaginário e Cotidiano)**

Brasilmania – O Brasil é um ícone que caracteriza o retorno do barroco na pós-modernidade. No inconsciente coletivo europeu representa o lugar do prazer, da adoração do corpo e do hedonismo ambiental. Representa o preço das coisas inestimáveis (dons do céu, gratuidade, beleza mágica). A influência imaginária é invertida, o Brasil (como o México, a Coreia, o Japão e a Índia, claro!) tornou-se o laboratório onde a pós-modernidade é inventada e, portanto, impulsiona os mitos. No passado, a França foi considerada um laboratório de modernidade e permaneceu um modelo. A partir de meados do século XIX, as missões culturais francesas organizaram escolas de arquitetura, artes plásticas, ópera, engenharia... O positivismo de Auguste Comte teve um impacto profundo nas elites brasileiras: no Rio de Janeiro, em Porto Alegre, em Belo Horizonte foram construídas "igrejas positivistas". No Rio de Janeiro, a igreja positivista, na rua Benjamin Constant, representa uma redução para um terço da igreja do Panteão, na Montagne Sainte-Geneviève. Em 1889, o Brasil inscreveu em sua bandeira a fórmula do positivismo de Auguste Comte, "Ordem e Progresso". No século XX, na década de 1930, o Estado de São Paulo convidou intelectuais franceses, entre os quais Claude Lévi-Strauss e Roger Bastide, para lecionar na recém-criada USP, a Universidade de São Paulo. Hoje a lógica da "Brasilmania" é tribal e consiste em múltiplos ícones das vibrações coletivas: sociabilidade na praia, feijoadas, futebol, Rei Pelé, Ronaldinho... **(Martine Xiberras/ UPVM3)**

Burguesismo – Pensador de uma nova sensibilidade social, marcada pela força do comunitário e do cotidiano, em oposição a uma ideia abstrata de futuro redentor, Michel Maffesoli percebe na modernidade uma "episteme do burguesismo", que ele mesmo define como "o conjunto de representações e de modos de organização social, pouco diferentes, enfim, na totalidade do mundo ocidental (Oeste e Leste incluídos)" (cf. *A transfiguração do político: a tribalização do mundo*, 1997, p. 17). Uma episteme centrada na ideia de produtivismo, progresso e sacrifício em nome de uma ética do trabalho, da mercantilização e da utilidade do valor de troca ou, no caso do socialismo do leste europeu, na produção como parâmetro de evolução social. A noção de burguesismo aparece em outras obras de Maffesoli. Em *O tesouro escondido: carta aberta aos franco-maçons e a outros* (2019, p. 131), ele assinala um "desgosto" em relação ao "burguesismo", que "guarda do humanismo apenas princípios abstratos". A obra inteira de Michel Maffesoli, de certo modo, canta esse declínio do burguesismo, essa agonia de uma visão de mundo moderna por muito tempo hegemônica, em função de uma nova ênfase nos prazeres do imediato, sem a obsessão pela acumulação. Esse burguesismo produtivista passa a ter como contraponto o lúdico, "claro índice do querer viver e da perduração da socialidade" (*À sombra de Dionísio: contribuição a uma sociologia da orgia*, 1985, p. 35). O burguesismo sintetiza um modo de estar no mundo sem estar na vida improdutiva, salvo para os que possuem muitas riquezas, mas, ainda assim, estão dominados por uma "verdade" da produção. **(Juremir Machado da Silva/GTI)**

– C –

Canônico – Canônico é a qualidade daquilo que se conforma a uma tradição, a um hábito, a uma anterioridade. Um cânone, entendido aqui como um referente antigo, é uma regra estabelecida há muito tempo que gera uma reprodução de comportamentos, estilos de vida e representações sociais. Assim, um cânone é uma forma convencional que gera normatividade social efetiva. O termo tem uma conotação religiosa, como, às vezes, nas metáforas maffesolianas. O adjetivo canônico é frequentemente associado ao termo anômico, seu oposto no texto maffesoliano. A definição de anômico, um enfraquecimento das regras sociais (a, sem; nomos, lei), termo muito presente na sociologia de E. Durkheim (tendo como consequência a dor social), mas também em J.-M. Guyau (abordagem mais libertária) significa expandir, até mesmo subverter, ou romper com o uso estabelecido. A associação dos dois termos constitui um importante operador na obra de Michel Maffesoli, que provavelmente toma emprestado de Gilbert Durand, sobre a questão dos ciclos dos imaginários que estruturam a vida social. Na verdade, Durand transmitiu a Maffesoli a ideia de que as sociedades se transformam muito lentamente e geralmente agem por inversão de polaridades. "O anômico de hoje é o canônico de amanhã", dizia Maffesoli frequentemente em seu seminário. Note-se que o que é canônico e que desperta menos apoio e desaparece pela saturação pode ressurgir posteriormente, de forma modificada ou hibridizada. A noção do canônico está presente em muitos de seus textos. Mas em particular: *A violência totalitária* (1987), *O tempo das tribos* (1988), *O ritmo da vida* (2004). **(Stéphane Hugon/ Eranos – Paris – Seul)**

Quem convive com Michel Maffesoli sabe que para ele "o herético de hoje costuma ser o canônico de amanhã". Há nessa fórmula, ao mesmo tempo, um espírito de rebelião e uma capacidade de acomodamento ao que se cristaliza. Por um lado, a rebeldia parece estimulada, pois fica sugerida que ela não só vencerá os obstáculos que enfrentará, mas será recompensada com a canonização, ou seja, passará de marginal a dominante. Por outro lado, insinua-se uma ironia mordaz: a luta contra o poder leva a um novo poder, que, por seu turno, terá de duelar com novos contrapoderes, eterno retorno das ambições, rupturas e repetições. Nenhum poder está livre da sua contestação. Nenhuma contestação está livre de ser poder. **(Juremir Machado da Silva/GTI)**

Carpe diem – "Carpe diem" é uma expressão em latim que significa "aproveite o dia" ou "aproveite o momento". Sua origem vem de um poema do poeta romano Horácio, escrito há mais de dois mil anos. Michel Maffesoli evoca o sentido desta expressão para exaltar o momento presente e o utiliza em muitas das suas obras. "O que será feito amanhã pouco importa, posto que gozar, aqui e agora, o que se apresenta." (2003, p. 47). Para o autor, "carpe diem" diz respeito à vida vivida, aos elementos dionisíacos, "a medida da vida sem medidas". Como bem destaca Juremir Machado da Silva, Maffesoli é um "utilizador de palavras, usadas como metáforas". Assim, "carpe diem" revela-se um convite à alegria festiva e ao proveito do presente como forma de valorização das experiências vividas e compartilhadas, baseadas no momento. Além disso, Maffesoli enfatiza a importância das interações sociais cotidianas e das formas de socialidade que estão enraizadas no presente. "A acentuação do presente que cristaliza todo o sentido num momento vivido e pontual dignifica essa mesma vivência." (1984, p. 19). Para Maffesoli, "carpe diem" é a lição do mito dionisíaco que desestrutura a solidez de determinados valores, sugerindo uma nova linha de reflexão baseada na matriz do presente. "Só importa o instante em que se pode resumir a eternidade em sua plenitude." (2003, p. 51). Ver: *O instante eterno*: o retorno do trágico nas sociedades pós-modernas. São Paulo: Zouk, 2003; *A conquista do presente*. Rio de Janeiro: Rocco, 1984; *O mistério da conjunção*: ensaios sobre comunicação, corpo e socialidade. Porto Alegre: Sulina, 2009, p. 68-70. **(Suelen Gotardo/GTI)**

Cenestesia social – Expressão que Michel Maffesoli usa de modo recorrente para designar, como em *O conhecimento comum* (2007, p. 117), "um equilíbrio a um só tempo aleatório e sólido". A vida é uma costura improvisada que une pedaços díspares numa colcha de retalhos factível: "Como sabemos, a vida das sociedades se assenta num elevado número de desacordos, de antagonismos que, confrontados uns aos outros, produzem uma surpreendente cenestesia" (2007, p. 191). O heterogêneo desafia a homogeneidade do racional com a força existencial das coisas que são e ponto, mesmo que não "pudessem" ou não "devessem" ser. Em *A conquista do presente* (1984, p. 14), Maffesoli fala dessa "energia social irreprimível" que permite "uma caminhada aos solavancos", constituindo de maneira "quase intencional uma sólida cenestesia". Como se diz no Brasil, anda-se na corda bamba ou no fio da navalha, mas com estilo, num equilíbrio precário que se exibe com precisão. **(Juremir Machado da Silva/GTI)**

Censura aveludada – Na obra *A república dos bons sentimentos*, de Michel Maffesoli, no capítulo intitulado "Nada vale mais que a vida", é discutido um fenômeno peculiar: a "censura aveludada". Maffesoli explora uma forma de controle ou restrição que vai além da censura direta, caracterizada por uma sutileza. Tradicionalmente, a censura é entendida como a supressão explícita de conteúdo em mensagens artísticas, jornalísticas, culturais, entre outras formas de expressão. No entanto, através das análises do filósofo, emerge o termo "censura aveludada", que nos convida a ponderar sobre um tipo de controle exercido de maneira mais suave. Este aspecto "agradável" se manifesta através da manipulação da informação, direcionamento de narrativas, influência cultural e pressão social, resultando na limitação de certos discursos sem necessariamente recorrer à proibição direta. Além disso, a expressão "censura aveludada" está intrinsecamente relacionada a outro importante termo cunhado pelo autor, "igrejinhas", o qual questiona o pensamento de instituições que muitas vezes determinam as formas de comunicação e as relações de poder na sociedade, utilizando esse tipo de censura. Dentro dessa discussão acerca do verbete, Maffesoli também apresenta outras considerações relacionadas à censura aveludada, tais como a conspiração do silêncio e o boato, os quais ele aponta como armas usadas pelos novos inquisidores, ou seja, uma analogia para descrever aqueles que buscam impor uma visão de mundo específica, frequentemente por meio de pressões sociais, cancelamentos culturais e exclusão de ideias. Ver: *A república dos bons sentimentos*. São Paulo: Iluminuras, 2009. **(Luciana Soares de Morais/Namidia)**

Centralidade subterrânea – Michel Maffesoli usa o termo "centralidade subterrânea" para descrever uma forma de organização social que opera fora das estruturas formais e institucionais dominantes. Essa "centralidade" não é facilmente visível ou reconhecida pela sociedade convencional, mas exerce uma influência significativa na vida cotidiana e na cultura de determinados grupos ou comunidades. Em *O ritmo da vida*, Maffesoli explora como essa "centralidade subterrânea" emerge na era pós-moderna, caracterizada pelo declínio das grandes narrativas e pela fragmentação da vida social. Ele argumenta que, mesmo na aparente dispersão e diversidade da sociedade contemporânea, existem formas de coesão e organização que operam de maneira subterrânea, muitas vezes baseadas em laços afetivos, tradições compartilhadas e práticas culturais. Já em *A república dos bons sentimentos*, Maffesoli examina como essa "centralidade subterrânea" se manifesta na sociedade contemporânea, especialmente no contexto das comunidades locais e das formas de socialidade que transcendem as estruturas institucionais tradicionais. Ele destaca a importância desses espaços subterrâneos na construção de identidades coletivas e na preservação de valores culturais compartilhados. Portanto, o conceito de "centralidade subterrânea" de Maffesoli enfatiza a existência de formas alternativas de organização social e cultural que operam fora do domínio público, mas que desempenham um papel significativo na vida das comunidades contemporâneas. **(Cláudia Thomé e Marco Aurelio Reis/Namidia)**

O conceito de centralidade subterrânea, desenvolvido pelo sociólogo Michel Maffesoli, desempenha um papel crucial na compreensão da organização das tribos e subculturas, exercendo uma influência significativa nas dinâmicas sociais contemporâneas. Maffesoli utiliza essa ideia para referir-se aos "buracos" da socialidade, espaços interiores que representam um enraizamento antropológico, como grutas, nichos, abrigos ou até mesmo aspectos psicológicos. Em essência, a centralidade subterrânea está intrinsecamente ligada a esses espaços interiores, fundamentais para qualquer construção social. Trata-se da arquitetônica da socialidade, abordando os espaços perdidos da passagem subterrânea, pátios, praças e outros locais urbanos. Em resumo, engloba todos os elementos que conferem sentido à cidade. Nesse contexto, o conceito de centralidade subterrânea torna-se uma metáfora para o laboratório social, indicando novas maneiras de vivenciar a cidade e estabelecer relações. Essa ideia não apenas fundamenta o "estar-junto" em movimento, mas também gera a energia que resulta no efeito simbólico na sociedade, influenciando a maneira como as pessoas se conectam e constroem significados no contexto urbano. O conceito de centralidade subterrânea é central para a compreensão de como as tribos e subculturas se organizam e desempenham um papel significativo nas dinâmicas sociais contemporâneas. Cf. *O tempo das tribos*: o declínio do individualismo nas sociedades de massa. Rio de Janeiro: Forense Universitária, 1989, p. 54 e 83. **(Rômulo Medeiros Pereira/ GEPAI)**

Cibercultura – A cibercultura é a socialidade, como descrita por Michel Maffesoli, aliada ao desenvolvimento da microinformática e da conexão de computadores em rede, o ciberespaço. Defendi a minha tese pioneira sobre o tema (*Cibercultura: tecnologia e vida social na cultura contemporânea*) em meados de 1995, apontando essa hipótese e situando a gênese da cibercultura no nascimento da microinformática nos anos 1970 em confluência com uma socialidade pós-moderna emergente recusando o racionalismo, o individualismo e o mito do progresso (Lemos, 2023). O que explica a emergente cibercultura não é o racionalismo da cibernética, mas o presenteísmo, a pulsão gregária, a ética da estética e o tribalismo (Maffesoli, 1979; 1984; 1987; 1990; 1992; 1997) contemporâneos que transformam a cultura digital em uma dinâmica dionisíaca, oposta ao apolíneo, racional e individual da dinâmica tecnológica moderna. O surgimento da microinformática e da internet são frutos dessa socialidade no reino na tecnologia (ver verbete **Tecnologia**). Os exemplos são abundantes. O que assistimos hoje com a expansão da atual sociedade de plataformas e redes sociais; da Inteligência Artificial Generativa (em sua forma de interação por "conversação", como o ChatGPT); como o surgimento do fenômeno dos memes, gerando uma cultura de debate e politização através das imagens e do lúdico; do surgimento de novos interlocutores, os influenciadores digitais, falando para a sua "tribo" em uma cultura do "faça você mesmo"; das ações virais da desinformação que se alimenta do compartilhamento de uma "cultura de sentimentos"; os desvios para o melhor ou o pior da cultura hacker, entre outros exemplos, podem ser explicados pelas noções apresentadas por Maffesoli ao longo de sua obra. Nada mais tribal, presenteísta, afetivo do que a dinâmica das redes sociais. A sociedade de plataformas contemporânea transfigura a dimensão do político, sendo a sua nova esfera pública, em uma ética da estética que cria porta-vozes, substituindo os oficiais da era moderna (intelectuais, clero, militares, governantes...). A cibercultura é uma cultura dionisíaca, dominada por grande corporação. Portanto, um olhar maffesoliniano sobre a cibercultura ajuda a entender as suas dinâmicas constitutivas, bem como alerta sobre os perigos da polarização, da pouca afeição ao debate em profundidade, da circulação de imagens simulacros que substituem a coisa em si, das bolhas ideológicas que podem levar ao retrocesso e ao fascismo. Cf. Lemos, A. *Cibercultura*: tecnologia e vida social na cultura contemporânea. 9. ed. Porto Alegre: Sulina, 2023; Maffesoli, M. *La Conquête du présent*: pour une sociologie de la vie quotidienne. Paris: Puf, 1979; *A conquista do presente*. Rio de Janeiro: Rocco. 1984; *O tempo das tribos*: o declínio do individualismo nas sociedades de massa. Rio de Janeiro: Forense Universitária, 1987; *Au creux des apparences*: pour une éthique de l'esthétique. Paris: Plon, 1990; *La transfiguration du politique*: la tribalisation du monde. Paris: Grasset, 1992; *Éloge de la raison sensible*. Paris: Grasset, 1997. **(André Lemos/UFBA)**

Cidade – As cidades estão implícitas e implicadas em toda obra de Michel Maffesoli. Antes mesmo de ficar conhecido internacionalmente, nos anos de 1980, com sua discussão sobre as tribos urbanas e a tribalização do mundo, Maffesoli já dava protagonismo em seus trabalhos às angústias, alegrias e orgias do cotidiano urbano. Em *A violência totalitária*, publicado em 1979, por exemplo, Maffesoli aborda uma dimensão social cíclica baseada em uma violência destruidora, fundadora de uma nova organização da cidade. Em *À sombra de Dionísio*, de 1982, o sociólogo defende que o orgiasmo é um fator de socialidade, levando as pessoas das cidades a viverem uma espécie de dilaceração no conjunto societal. As cidades contemporâneas, ou pós-modernas, apresentam diversas representações da totalidade, desdenhando das virtudes moralistas da modernidade.

João Maia, que foi seu orientando de doutorado, expressa com precisão e sensibilidade uma das facetas da relação entre a obra de Maffesoli e as cidades: "O ato de admirar o 'compartilhar' do espaço da cidade ganha forte significado, em seu pensamento, por ser uma forma de conhecimento. Isso nos leva a refletir sobre os métodos que usamos para se estudar as metrópoles construídas a partir dos jogos interacionais, elaboradas a partir dos encontros banais entre os indivíduos, enfim, pelos cidadãos que tecem histórias cotidianamente. Conhecimento e ação podem não estar sedimentados em relações de hierarquias rígidas, mas criam história" (Maia, 2008). Ao examinar a condição pós-moderna nas cidades, Maffesoli (1998) compreende a vida cotidiana estruturada em torno de imagens compartilhadas, contribuindo na promoção do estar-junto e de uma certa comunhão na geração de sentimentos coletivos. Nessa perspectiva, as cidades são palco e conteúdo para celebrações efêmeras em suas diferentes espacialidades do dia a dia: nos transportes, nos estádios, nas feiras, nas festas, entre tantas outras possibilidades. As histórias vividas no cotidiano inviabilizam, assim, os projetos de cidade perfeita ou ideal, pois sempre haverá conflitos ou ruídos desestabilizando a harmonia pretendida. Nas cidades de todos os dias, aquelas em que estão enraizados nossos afetos, vive-se na imperfeição que se traduz como uma harmonia plural. Na ciência ocidental, a sociedade urbana pôde conhecer uma rápida expansão de importância epistêmica, especialmente a partir do final do século XIX, aspecto que corrobora a ideia de que o "rural" é fruto das fantasias urbanas, especialmente com os apelos dos mercados aos produtos do campo. Na contemporaneidade, as cidades, com suas tecnologias de última geração, atualizam a noção das potências do campo, ao mesmo tempo que boa parte da produção rural visa o consumo urbano. Ver: Maia, J. M. (2008). Michel Maffesoli e a cidade partilhada. *Revista Famecos,* 12(26), p. 77-85; Maffesoli, Michel. *L'ombre de Dionysos*: contribution à une sociologie de l'orgie. Paris: Méridien/Anthropos, 1982; *A violência totalitária*: ensaio de antropologia política. Porto Alegre: Sulina, 2001; *La conquête du présent*: pour une sociologie de la vie quotidienne. Paris: Desclée de Brouwer, 1998. **(Ricardo Ferreira Freitas/UERJ)**

Cimento social – O cimento social é uma metáfora criada por Michel Maffesoli para se referir aos motivos, pretextos ou tudo aquilo que proporciona a "liga" que estimula a agregação de pessoas, que se constitui como substância emocional capaz de unir os indivíduos, na vida em sociedade. Não se trata necessariamente de algo arquitetado, racional e utilitarista, mas de formas sensíveis, podendo ser expressado por valores, por admirações, por hobbies, por gostos partilhados, por emoções, por palavras e por simbolismos, que sem a pretensão de mudar a existência ou de inventar algo, geram conexões no dia a dia da vida cotidiana, através de uma espécie de acaso. O cimento social, assim como na construção civil, funciona como uma "cola". Para além dos imperativos morais, no social são os elementos que ajudam a equilibrar ou a estruturar as relações humanas em um tempo em que tudo parece fragmentado e dissolvido. Em síntese, para Maffesoli, são os pretextos para legitimar as interações entre as pessoas, sendo a relação com o outro a verdadeira matéria-prima do cimento social. Ver: *O mistério da conjunção*: ensaios sobre comunicação, corpo e socialidade. Porto Alegre: Sulina, 2005. **(Ana Paula Bazi e Mario Abel Bressan Júnior/ Memória, Afeto e Redes Convergentes)**

Coincidentia oppositorum – O termo "coincidentia oppositorum" é encontrado em várias obras de Michel Maffesoli, sendo particularmente evidente em *A república dos bons sentimentos*. Neste contexto, "coincidentia oppositorum" refere-se à ideia de uma coincidência ou reconciliação de opostos. Para Maffesoli, estamos testemunhando, na contemporaneidade, uma tendência para além da dicotomia e dualidade tradicional, onde as polaridades são vistas não como conflitantes, mas como complementares e interdependentes. Em *A república dos bons sentimentos*, Maffesoli explora como esta "coincidentia oppositorum" se manifesta na sociedade atual. Ele sugere que as aparentes contradições e paradoxos sociais são, na verdade, expressões da complexidade e pluralidade da experiência humana. Por exemplo, ele examina como a individualidade e a comunidade, o tradicional e o moderno, o local e o global, podem coexistir e até mesmo se fortalecer mutuamente. Ver: *A república dos bons sentimentos*. São Paulo: Iluminuras, 2009. **(Marco Aurelio Reis/ Namidia)**

Compreensão – Michel Maffesoli enfatiza a importância da compreensão na análise da vida social contemporânea, destacando a necessidade de uma abordagem mais holística e sensível para entender as complexidades da experiência humana. Em contraste com uma visão estritamente racional e objetiva da realidade, Maffesoli defende uma compreensão mais intuitiva, emocional e situada. Em *Elogio da razão sensível*, Maffesoli defende a valorização da compreensão subjetiva e sensível na análise sociológica, reconhecendo a importância das emoções, das experiências pessoais e das perspectivas individuais na compreensão da condição humana. Em *O ritmo da vida*, Maffesoli explora como a compreensão é influenciada pelos ritmos e padrões da vida cotidiana na era pós-moderna. Ele destaca a importância de uma abordagem mais empática e situada para entender as dinâmicas sociais contemporâneas, reconhecendo a diversidade de experiências e percepções dentro da sociedade. Por fim, em *A república dos bons sentimentos*, examina como a compreensão é fundamental para a construção de comunidades e vínculos sociais significativos. Ele destaca a importância de uma compreensão compartilhada entre os membros de uma comunidade para a coesão social e a solidariedade. Portanto, para Maffesoli, a "compreensão" é um termo central na análise sociológica, que enfatiza a importância da sensibilidade, da empatia e da perspectiva situada na compreensão da vida social e cultural contemporânea. **(Marco Aurelio Reis e Cláudia Thomé/Namidia)**

Comunhões emocionais – As comunhões emocionais representam os vínculos afetivos que surgem em grupos sociais, caracterizados por relações baseadas em sentimentos compartilhados. Tais elos emocionais diferem das formas tradicionais de comunidade, que costumam estar ligadas a estruturas rígidas e instituições formais. Para Michel Maffesoli, os afetos e as emoções são fundamentais na construção dos laços sociais. O autor argumenta que em um mundo fragmentado e individualizado as pessoas buscam conexões mais significativas e autênticas. Isso pode acontecer em diferentes ambiências, como festas, eventos culturais ou esportivos, manifestações políticas, revoltas, rebeliões e também nas redes sociais digitais, onde os indivíduos encontram diversas formas de expressão para compartilhar emoções. As comunhões emocionais estão relacionadas à ideia de identidade coletiva e pertencimento, na qual os sujeitos se sentem parte de algo maior do que eles próprios. Esses laços emocionais podem ser efêmeros, mas ainda assim têm importante papel na vida social contemporânea, na medida em que desenvolvem elos afetivos, promovendo partilhas em que há ênfase na importância do vivido, do cotidiano e da experiência. "A energia própria da socialidade se investe nesses lugares, reais ou simbólicos, onde as tribos pós-modernas dividem os gostos (musicais, culturais, sexuais, esportivos, religiosos...) que servem de cimento (*ethos*) ao fato de estar-juntos." (p. 5). Ver: *Homo eroticus*: comunhões emocionais. Rio de Janeiro: Forense Universitária, 2014. **(Renata Rezende Ribeiro/MULTIS)**

Comunidade – A comunidade é uma organização de grupo que remete a indivíduos unidos uns com os outros por sentimentos partilhados, como uma família, confeccionando laços afetivos e emocionais. Comunidades, em determinados casos, manifestam-se com tradições culturais em seu centro, como festas ou rituais divididos por seus membros. A noção difere do que é entendido como "sociedade" – que se une por partilhar pensamentos racionais, como regras e leis e cria relações sociais através disso, ao invés dos vínculos afetivos que marcam a comunidade. É necessário enfatizar, porém, que uma relação comunitária é movida, *a priori*, por sentimentos, mas não é impossibilitada de utilizar a racionalidade para criar maneiras de melhor convívio entre seus membros. "O *ethos* comunitário remete a uma subjetividade comum, a uma paixão partilhada, enquanto tudo o que diz respeito à sociedade é essencialmente racional, em valor ou finalidade." (Maffesoli, 1998, p. 86). Ver: *O tempo das tribos*: o declínio do individualismo nas sociedades de massa. 2. ed. Rio de Janeiro: Forense Universitária, 1998. **(Valdirene da Silva Campos/Memória, Afeto e Redes Convergentes e João Gabriel Xavier/Comcime)**

O conceito de "comunidade" também desempenha um papel importante em sua análise da sociedade contemporânea. Michel Maffesoli considera que a comunidade se caracteriza menos por um projeto voltado para o futuro, do que pela força do estar-junto. Comunidade é uma forma de agrupamento social aberta com que contrasta com as estruturas mais rígidas, mais morais e burocráticas da sociedade moderna. Ele argumenta que, na sociedade contemporânea, as pessoas estão buscando uma sensação de pertencimento e identidade que muitas vezes é encontrada em comunidades mais orgânicas e próximas. A comunidade é uma rede de interações sociais que é caracterizada por uma maior proximidade emocional e afetiva em comparação com as relações sociais mais impessoais e distantes da modernidade. As comunidades podem se formar em torno de interesses compartilhados, valores culturais, práticas sociais e estilos de vida semelhantes. Essas comunidades podem ser pequenas, como grupos de amigos ou associações locais, ou mais amplas, como movimentos culturais ou subculturas. Uma característica fundamental das comunidades para Maffesoli é a sensação de pertencimento e a construção de laços sociais intensos entre os membros. Ele enfatiza que nas comunidades, as relações sociais não são apenas baseadas em interesses utilitários, mas também em laços emocionais e afetivos. Além disso, Maffesoli destaca que cada membro do grupo se esforça, consciente ou não, para que os interesses do grupo sejam alcançados. Maffesoli destaca também a importância dos rituais, celebrações e práticas simbólicas dentro das comunidades, que servem para reforçar a coesão e a identidade do grupo. Em resumo, para Michel Maffesoli, a noção de comunidade refere-se a formas de agrupamento social caracterizadas por uma maior proximidade emocional e afetiva entre os membros, bem como pela importância de valores compartilhados, práticas culturais e rituais simbólicos. Essas comunidades são vistas como uma resposta à busca por pertencimento e identidade na sociedade pós-moderna. Cf. *O tempo das tribos*: o declínio do individualismo nas sociedades de massa. Rio de Janeiro: Forense Universitária, 1989, p. 17-24. **(Rômulo Medeiros Pereira e Eunice Simões Lins/GEPAI)**

Conceito – O conceito, para Michel Maffesoli, é uma forma intelectual redutora e totalitária, que busca unificar e simplificar a complexidade da realidade. O autor destaca a origem grega da palavra "paranoia", que significa um pensamento que vem de cima (*haut penser*, em francês), para sugerir a brutalidade do conceito enquanto algo fundamentalmente paranoico. O conceito tende a estabelecer uma verdade fixa e absoluta, determinando o que deve ser considerado como verdadeiro e excluindo tudo o que não se encaixa em sua lógica. Portanto, ele opera dentro de uma lógica rígida do "dever-ser", impondo homogeneidade ao corpo social e tentando restringir a vida em sua manifestação plena. "Referindo-se a um objeto particular o conceito é Uno ou, pelo menos, compõe-se com conceitos vizinhos para constituir uma unidade. Determina a verdade, o que deve ser a verdade. Tudo o que escapa ao seu domínio incide em erro e perde direito à existência." (Maffesoli, 2010, p. 63). Por isso, Maffesoli prefere falar de noções, uma vez que elas possibilitam que se mantenham juntos os diversos elementos que compõem os fenômenos, mas guardando suas autonomias e privilegiando a heterogeneidade. Ver: *O conhecimento comum*: introdução à sociologia compreensiva. Porto Alegre: Sulina, 2010. **(Luana Chinazzo/GTI)**

Concreto – Para Michel Maffesoli a verdade, se verdade pode haver em algum momento, está no concreto, não no conceito. O fetiche conceitual tem a ver com a ideia de uma teoria capaz de explicar o todo, de uma vez por todas, desembaraçando-se das contingências. Em *A conquista do presente* (1984, p. 152), Maffesoli resgata Émile Durkheim para afirmar que quem "derrota o entendimento é o particular e o concreto". É no concreto que se vive e morre. É nele que surgem as bifurcações. Concretamente falando todo conceito é uma abstração. Maffesoli propõe com muita força que o olhar se dirija para as experiências vividas, não para uma ideia acima do experimentado e sentido: "O concreto e a retórica, a imagem e o verbo, são expressões do barroco cotidiano onde o menor fato anódino se torna suntuoso e teatral" (1984, p. 158). Eis uma das mais contundentes críticas ao universal abstrato das máquinas conceituais e das teorias gerais que decifram o mundo sem visitar seus mundos. Maffesoli poderia ser um antropólogo de campo, um repórter de imersão, um fotógrafo em permanente deslocamento. Graças à sua poderosa intuição e à sua abertura de espírito, indica pistas, trilhas e caminhos para antropólogos, repórteres, fotógrafos, enfim, para todos aqueles que querem mostrar o que está acontecendo em nossos mundos plenos de diversidade e concretudes. **(Juremir Machado da Silva/GTI)**

Conformismo intelectual – O termo é citado no livro *A república dos bons sentimentos* e em outras obras de Michel Maffesoli. De forma crítica, o autor descreve a tendência das sociedades contemporâneas em valorizar a conformidade e a adesão aos padrões intelectuais predominantes. Para Maffesoli, na era pós-moderna, há uma pressão crescente para se conformar a certas normas de pensamento e comportamento, muitas vezes em detrimento da diversidade e da originalidade. Em *Elogio da razão sensível,* o autor critica o que considera um conformismo intelectual que privilegia a racionalidade pura em detrimento da sensibilidade e da intuição. O filósofo defende a valorização da diversidade de perspectivas e a abertura para múltiplas formas de conhecimento na análise sociológica. Em *O ritmo da vida*, Maffesoli explora como o conformismo intelectual se manifesta nos ritmos e padrões da vida cotidiana na sociedade contemporânea. Ele destaca a influência das mídias de massa e das instituições educacionais na promoção de uma cultura de conformidade intelectual. Em *A república dos bons sentimentos*, Maffesoli examina como o conformismo intelectual pode limitar a criatividade e a inovação, impedindo o surgimento de novas ideias e perspectivas, destacando a importância de se desafiar as normas estabelecidas e de cultivar uma cultura de pensamento crítico e de questionamento. Portanto, o "conformismo intelectual", segundo o que é discutido por Maffesoli, é um fenômeno sociológico que destaca a pressão para se conformar aos padrões intelectuais predominantes na sociedade contemporânea, e a necessidade de se promover uma maior diversidade de pensamento e perspectiva. **(Marco Aurelio Reis e Cláudia Thomé/Namidia)**

Conhecimento comum – Michel Maffesoli não se contenta com a lógica dos conceitos, que julga ser redutora e totalitária, já que, na maioria das vezes, a racionalização moderna ignora a potencialidade da experiência como possibilidade teórica. Para ele, o conhecimento empírico vai além dos constructos racionalizadores, justamente por acreditar que toda experiência tem potencialidade cognitiva, resvalando em métodos e percursos que podem servir à sociologia. Ao desconfiar de tudo que é ordenamento e estruturação, o autor lança luz sobre um subterrâneo pouco explorado e estimado pela ciência, pois dá importância às frivolidades, muitas vezes despercebidas, que dão liga ao cotidiano – cimento da vida social. Ou seja, as práticas, os comportamentos e os discursos do homem comum cumprem uma função agregativa que edifica a materialidade da realidade tal como ela é. O "conhecimento comum", de que fala Maffesoli, é uma ode ao viver banal; esse conhecimento produzido e pouco valorizado por um cientificismo de inspirações positivistas. Esse conjunto de situações no dia a dia, narrativas, experiências, comportamentos, conflitos, superações, saturações, etc., germina uma socialidade, uma espécie de empatia comunalizada. Ao nos introduzir à sociologia compreensiva, o pesquisador nos faz enxergar a profundidade das aparências e do comum, tidos como superficiais e descartáveis, respectivamente, por uma ciência elitista, pois crê que "existe, efetivamente, um conhecimento empírico cotidiano que não pode ser dispensado" (cf. *O conhecimento comum: introdução à sociologia compreensiva*, 2007, p. 196). Maffesoli nos faz refletir que esse "saber-fazer", "saber-dizer" e "saber-viver", possui inúmeras implicações e guarda dados de que os estudos fenomenológicos têm se valido para alcançar resultados mais fidedignos. É o reconhecimento das miudezas do dia a dia do vivido como potencialidades sociais, capazes de produzir uma energia criadora do senso de comunidade, baseado em uma razão sensível. Daí a sua importância nas discussões sobre a epistemologia do cotidiano, uma vez que seu olhar relativista imprime valor ao anódino e aos afetos, oferecendo-nos métodos analíticos mais abrangentes e próximos de fenômenos sociais contemporâneos. **(Diego Cotta/MULTIS)**

Essa expressão foi explorada por Michel Maffesoli em diversas obras, entre elas *O ritmo da vida: variações sobre o imaginário pós-moderno* (2004). O filósofo investiga como o "conhecimento comum" se diferencia do conhecimento científico e racional predominante na modernidade. Ele argumenta que, na contemporaneidade, há uma valorização crescente do conhecimento tácito, informal e compartilhado, em contraste com o conhecimento especializado e formalizado. Em *Elogio da razão sensível*, Maffesoli destaca a importância do conhecimento comum na compreensão da condição humana, defendendo uma abordagem mais holística que valorize a intuição, a emoção e a experiência subjetiva. Em *O ritmo da vida*, Maffesoli investiga como o conhecimento comum está intrinsecamente ligado à experiência temporal na era pós-moderna, influenciando nossas percepções do tempo e da existência cotidiana. Por fim, em *A república dos bons sentimentos*, Maffesoli examina como o conhecimento comum se manifesta na sociedade contemporânea, enfatizando a importância das interações sociais, das práticas culturais e das tradições compartilhadas na construção de identidades coletivas e na experiência do vínculo social. Portanto, o "conhecimento comum", conforme abordado por Michel Maffesoli, destaca a relevância do conhecimento informal, subjetivo e compartilhado na compreensão da vida social e cultural contemporânea, em contraste com a primazia do conhecimento científico e racional na modernidade. **(Marco Aurelio Reis/Namidia)**

Durante muito tempo parte das ciências humanas e em

particular da sociologia recusou-se a se interessar pela vida cotidiana, automaticamente rejeitada por se considerar que não tinha interesse heurístico. Também foram deliberadamente postas de lado todas as formas de conhecimento consideradas não científicas, aquelas que procuravam precisamente compreender as capacidades e competências que os indivíduos manifestam nas suas modalidades de ações comuns e o seu desejo de compreender e de se comunicar uns com os outros. É por isso que, na esteira de pensadores pioneiros como Georg Simmel e especialmente Alfred Schütz, devemos reconhecer a contribuição essencial de Michel Maffesoli para a renovação e para a reabilitação que ele trouxe para a sociologia abrangente, bem como para o "conhecimento comum", principalmente no seu desejo de identificar a cenestesia social em ação nas relações humanas cotidianas, não mais desprezada, mas, inversamente, tomada como digna de atenção e, acima de tudo, fonte fecunda para investigações de campo baseadas na busca pela maneira como os atores sociais categorizam e classificam o que acontece em seu ambiente social comum. Ver: Maffesoli, Michel. *O conhecimento comum*: introdução à sociologia compreensiva. Porto Alegre: Sulina, 2007. **(Bertrand Ricard/Universidade de Reims/França)**

Conjunção (mistério da) – Para Michel Maffesoli, a conjunção é a pulsão que nos empurra e nos liga ao outro, é a sinergia provocada pelo laço social, cada vez mais dominada pelos afetos, constituído pelo estranho e vigoroso sentimento de pertença. Na perspectiva do autor, vivemos um tempo de esgotamento dos modos de existir formatados pelas ordens econômica e política. Desiludido pelas velhas certezas e antigas utopias, o coletivo volta-se para si. É o que Maffesoli chama de *divino social*. Nesta perspectiva, "cresce o que liga ao outro", e o relacional, o "estar-junto", a experiência compartilhada e as emoções vividas em comum funcionam como "religação mística sem objeto particular", capaz de liberar uma nova potência de criação e de constituir laços sociais dominados pelos afetos e pelo sentimento de pertença. É a (re)conexão da sociedade com ela mesma, na sua pluralidade orgiástica, catastrófica, imaginária, irônica, (re)encantada. Para Maffesoli, a efervescência contemporânea não é puramente resultado do desenvolvimento tecnológico, mas uma avalanche do instintivo, da profusão hedonista (dionisíaca) por viver o aqui e o agora, que, parafraseando o autor: "estimula por toda parte e por qualquer motivo o gregarismo" (p. 16) e a fusão, sem levar em conta o seu porquê. "Só interessa, na realidade, a atmosfera afetiva que cada um se sente mergulhado." (p. 16). Em suas reflexões, Maffesoli coloca em primeiro plano as formas sensíveis, as emoções e os sentimentos, como elementos da cultura pouco explorados pela sociologia, mas com evidente força e influência, no concreto do cotidiano e na vida social. Maffesoli indica que elementos considerados frívolos ou sem importância na vida social, ou formas de existência vistas como banais, em uma perspectiva utilitarista ou racionalista, constituem um vitalismo poderoso, em que a experiência compartilhada gera valor e a estética assume importante status (e diria até central) na faculdade de sentir, em comum. A ascensão do *homo esteticus* sintetiza este espírito do tempo, que segundo Maffesoli: "A moda, o hedonismo, o culto ao corpo e a prevalência da imagem tornam-se formas de agregação societal" (p. 103). Os aspectos simbólicos se tornaram estruturantes, no movimento de atração-repulsão das sensibilidades necessárias, para a composição dos grupos (tribalismo). Movimento este que pode ser efêmero, ilógico, e que não tem a obrigação do "dever-ser". O efeito estético expresso por uma roupa, um comportamento, um gosto, entre outros signos, a admiração provocada por tais elementos, despertam o reconhecimento em relação ao outro (sensibilidade, sensação, sentimento e atração). Nos processos relacionais do cotidiano, nada é de uso privado. O corpo social é o corpo da interação e ele só se constitui e faz sentido por meio da troca simbólica. "Pois as coisas só fazem sentido na presença do outro, pela presença diante do outro." (p. 19). Neste aspecto, o gestual, a teatralidade e os jogos do cotidiano são denominadores essenciais na totalidade da existência, pois para que aconteçam, exigem a presença do outro em situações "[...] que funcionam com base na tensão, na efervescência ou na descontração partilhada" (p. 54). É o "jogo teatral" que se encerra no próprio ato, como facilmente podemos assistir (ou mesmo participar) numa conversa de elevador, num bate-papo no bar, na sala de estar com a família, ou ainda, de maneira mais ritualística e cristalizada, em comemorações de aniversários, partidas de futebol e manifestações. Maffesoli nos mostra que a sinergia provocada pelas interações vaza pelos espaços rígidos e fixos, assim como encontram a força viva nas diversas formas de socialidades informais, clandestinas e marginais: na sexualidade, no lúdico, no ritualístico, nos jogos, na teatralidade, no espetáculo, no ócio, na mesa de jantar, onde é possível a partilha e a comunhão das emoções e das sensações. Maffesoli considera que todas as microatitudes "[...] tecem pouco a pouco a sólida trama da socialidade" (p. 53), que na sua banalidade escapam aos olhos dos críticos, que ignoram as satisfações simples. Para o pensador, é pela soma dos "[...] pequenos nadas [...]", na sua sedimentação, que se cria um sistema significante e se funda a vida social. Ver: *O mistério da conjunção*: ensaios sobre comunicação, corpo e socialidade. Porto Alegre: Sulina, 2005. **(Ana Paula Bazi e Mario Abel Bressan Júnior/Memória, Afeto e Redes Convergentes)**.

Contemplação – Michel Maffesoli, ao abordar a contemplação, vai além da mera distração do dia a dia; ele a concebe como uma oportunidade para apreciar os pequenos detalhes do cotidiano como fonte de renovação espiritual e social. Para Maffesoli, a contemplação é um convite à imersão profunda no presente, uma apreciação das sutilezas e complexidades da vida diária, especialmente em um mundo cada vez mais acelerado, dominado pela velocidade e superficialidade das interações. Essa perspectiva oferece uma resposta às transformações sociais e culturais características da atualidade, uma reação contra o excesso de racionalismo, propondo olhar para os fenômenos cotidianos como uma prática essencial para resgatar a autenticidade e a plenitude da existência. Maffesoli destaca a importância de cultivar uma atitude de receptividade e reverência em relação ao mundo, permitindo uma imersão completa nas experiências sensoriais, emocionais e intelectuais. Além disso, Maffesoli ressalta que a contemplação desempenha um papel fundamental na construção de laços comunitários e na promoção de uma cultura de cuidado e acolhimento. Ele enfatiza a necessidade de recentrar-se nos objetivos imediatos, nos sentimentos genuinamente compartilhados, nos costumes e rituais que integram a vida. A contemplação, para Maffesoli, é um ato coletivo, uma celebração da vida compartilhada com os outros membros em comunidade, uma maneira de nos apropriarmos de nossa existência e buscar desfrutá-la de maneira relativa. "É igualmente o que está em ação, de maneira difusa, nos diversos imaginários sociais onde parece prevalecer, cada vez mais, a aceitação ou a acomodação a um mundo tal como é. É o que permite falar da 'contemplação do mundo' como figura maior da pós-modernidade." Ver: *Elogio da razão sensível*. Petrópolis: Vozes, 1998, p. 20. **(Elton Luiz Gonçalves/Imaginário e Cotidiano)**

Contraditorial – Imagine-se a descrição de uma determinada realidade social como ao mesmo tempo violenta e pacífica. Logicamente, trata-se de proposição falsa: uma contradição, gerada pela incompatibilidade entre os termos dessa dualidade. O juízo de falsidade, coerente com a lógica aristotélica, pertence à objetivação do real como um cálculo, isto é, a uma explicação que busca os efeitos e suas causas, procurando assegurar-se dos fundamentos dos objetos num sistema de conexões e ordenamentos. A matemática é igualmente cálculo, no sentido de operar com números para obter resultados quantitativos. Mas ao nos debruçarmos sobre a linguagem real da vida, percebemos logo que não podemos levar em conta apenas a perfeição das estruturas lógicas, uma vez que a experiência histórica dos indivíduos está sempre aberta a novos jogos. Para mais de um pensador, a fonte da vida histórica é o caos, no sentido originário do verbo grego "chasko", que deixa transparecer o vigor originário do constituir-se da realidade. Assim, um novo jogo de conhecimento pode apresentar a dualidade "violenta/pacífica" como uma oposição dinâmica capaz de incluir um "meio", um termo médio, em que o juízo de falsidade lógica da proposição contraditória dá lugar a uma realidade "contraditorial". Isso está na base da teoria do franco-romeno Stéphane Lupasco (1900-1988), que busca uma lógica aproximativa do campo. É sua a formulação de um sistema lógico baseado na dialética inerente à energia, mas aplicável a outros níveis complexos de realidade, ou seja, níveis de existência como transformações e inconsistências ou mesmo a emergência de não identidades, que sugerem uma nova epistemologia. Neste caso, uma epistemologia aplicável a fenômenos físicos, biológicos, psicológicos e sociais. A aproximação de Lupasco com Edgar Morin, com quem fundou o Centre International de Recherches et Études Transdisciplinaires (CIRET), é reveladora do seu trânsito para o campo filosófico da fenomenologia, onde se inscreve a sociologia de Michel Maffesoli. **(Muniz Sodré/Professor emérito da UFRJ)**

Corpo social – O vivido socialmente faz corpo não só nas corporações, mas também nas incorporações, essas tantas maneiras de exprimir o coletivo sem eliminar as singularidades. Em *A conquista do presente* (1984, p. 12), Michel Maffesoli vê o "corpo social" como essa dimensão coletiva dotada de uma potência capaz de contornar as injunções das "ideologias oficiais". Em certo sentido, como se lê ao longo desse disruptivo livro que é *À sombra de Dionísio* (1985, p. 82), o corpo social solda-se por uma eroticidade que jamais se cala, que pode irromper nos momentos mais inesperados. Face às dificuldades da vida, resta um desejo de gozo que serve também de cola social: "Pode-se dizer que o microcosmo individual e social se organiza, por via da diferença canalizada, à imagem do cosmos ambiente. Ao transcender a si próprio, o indivíduo se agrega a outros elementos contraditórios para formar um todo que, por seu turno, valoriza a sua existência". Esse todo orgânico é o corpo social. **(Juremir Machado da Silva/GTI)**

Cotidiano – Na obra de Michel Maffesoli, o cotidiano assume um papel central na compreensão da sociedade contemporânea, já que se configura em um espaço de intensa criatividade, interação social e construção de sentido. O autor propõe uma "sociologia do banal", justamente por valorizar as pequenas ações, gestos e rituais que compõem o dia a dia. O cotidiano, segundo Maffesoli, é permeado por emoções e sensações que moldam nossa experiência social. O imaginário social, com seus mitos, símbolos e rituais, desempenha um papel fundamental na organização do cotidiano. O cotidiano é marcado pela efemeridade e pela fragilidade. Maffesoli celebra a beleza do instante e a importância de viver o presente, valorizando as pequenas alegrias e experiências fugazes. Assim, a valorização do cotidiano é olhar em defesa de uma "razão sensível", que considera a intuição, a emoção e o corpo. O cotidiano é a perspectiva maffesoliniana de compreender a sociedade pós-moderna, valorizando o banal, o sensível, o imaginário e a subjetividade, dando importância às questões corriqueiras que marcam a nossa socialidade. "O cotidiano é palco de constantes interações entre indivíduos. A intersubjetividade é fundamental na construção da realidade social." Ver: *A contemplação do mundo*. Porto Alegre: Artes e Ofícios, 1995, p. 78. **(Heloisa Juncklaus Preis Moraes/ Imaginário e Cotidiano)**

Cultura do sentimento – Noção que ocupa uma consistente parte do livro *A transfiguração do político: a tribalização do mundo* (1997, p. 103-132). Por meio dessa expressão Michel Maffesoli fala de um vivido que não se deixa reger exclusivamente pela razão. Maffesoli

(1997, p. 121) pergunta: "Que pode haver de mais evanescente que o sentimento? Os políticos, as diversas autoridades, que beberam profundamente nele sabem como agir quando, depois de ter-lhes sido favorável, o sentimento popular inverte-se. Ao mesmo tempo, sua presença é constantemente perceptível nos eventos políticos, nas manifestações de massa, nas grandes ideologias e, claro, em toda efervescência fundadora: revolução, revolta, golpe de Estado". A pós-modernidade encarna para Maffesoli essa ênfase na cultura do sentimento em que o não racional, o emocional, o improdutivo, o espiritual, tudo aquilo que escapa à lógica da racionalidade, floresce sem constrangimento: "De vez em quando, obviamente, esse sentimento se contrai em ritos: condensação de energia que, assim, revigora o corpo social, (re)põe o tônus que um ativismo demasiadamente exterior o fizer perder". Pela cultura do sentimento o indivíduo mergulha integralmente no todo social. **(Juremir Machado da Silva/GTI)**

Cultura dos sentimentos. Desde *O conhecimento comum*, passando pela sua grande obra *No fundo das aparências: por uma ética da estética*, Michel Maffesoli cultiva uma "bacia semântica" em que povoam noções conceituais cuja virtude é brotar diretamente da organicidade do mundo vivido: os afetos, as emoções, os sentimentos se inscrevem em sua prosa lítero-sociológica como instâncias que forjam o cimento do social. Hoje se fala muito criticamente sobre o controle dos espíritos pelas mídias que miram fundo no emocional dos cidadãos-consumidores e daí extraem o valor e motor para o capitalismo informacional das Big Techs. Há muito Maffesoli desvela o aspecto emocional ou sentimental como uma característica de nosso tempo, em detrimento de uma razão prática que não rege mais a conduta do social. Mas há que se notar sua clave forte na imagem conceitual de "razão sensível".

A confiança, lealdade e fidelidade que fortalecem o *ethos* comunitário, e asseguram a potência da socialidade, são elementos presentes nas suas análises em *O tempo das tribos* (1984). Ao leitor das áreas de Humanidades, Ciências Sociais e Comunicação é difícil não se remeter a McLuhan e à "aldeia global", pois se focaliza aqui a "tribalização" (ou "retribalização"). Trata-se da coesão social formada por grupelhos de interesse, voláteis e transitórios, mas expressam fidedignamente a atual configuração formada pelas "comunidades". Para ele, mais do que os conceitos de "classe social", "segmento social" ou "faixa social". Maffesoli insiste no caráter orgânico, espontâneo e involuntário das associações formadas pelas tribos urbanas. O elo emocional faz a cidade.

Iconologies. Nossas *idol@tries post-modernes* (2008). Uma mirada na paisagem pós-moderna, que percebe como os atores afirmam seus laços comunitários em torno dos ícones da mídia, do cinema, música, televisão, esportes. Os grupos se regozijam em torno das imagens, dos games, mangás e animes. Gozo estético e catarse social. Uma conjunção involuntária que esgota o seu sentido no próprio acontecimento. Um olhar agudo sobre os ídolos e ícones da sociedade midiatizada, seus fãs, fanzines, fandoms revelam as escolhas, gostos, afinidades eletivas. Revelam o "espírito do tempo" (Morin).

Os livros *As estrelas: mito e sedução do cinema* (Morin, 1957), *Mitologias* (Barthes, 1957), *Mitolusismos de Lima de Freitas* (Durand, 1987) e *Tela total: mito-ironias da era do virtual e da imagem* (Baudrillard, 1997), apesar das suas especificidades e distinções, possuem uma mesma geografia de pensamento. São obras convergentes, pois têm em comum o respeito pela grandeza e vigor das narrativas mitopoéticas, como fundação de comunidades por meio das linguagens, simbolismos e iconicidades. Tais mitologias revigoram os laços simbólicos, por meio das sensações de pertença, identificação e reconhecimento que despertam junto ao público ao longo do tempo. Aí reside sua valência e positividade.

Cada época preserva suas árias mitológicas que funcionam como "ilusões necessárias" (diria Chomsky). Há os mitos e contramitos que norteiam o imaginário desde o início dos tempos. Nesse sentido, relembremos a mitocrítica de Gilbert Durand (mentor de Maffesoli), que fez um Atlas gigante, na obra *As estruturas antropológicas do imaginário* (1960), explicitando os regimes diurno e noturno que governam o imaginário, mas sobretudo indicando os afetos como vetores de coesão e socialidade.

Maffesoli não faz a crítica – no sentido moderno do termo: não diz "como as coisas devem ser" e diz que essa seria uma função dos "moralistas de plantão". Reconhece os sintomas da "sociedade intoxicada", mas não prescreve uma receita, apenas "monstra" o imaginário atual regido pela dominância do sentimental (para o pior e para o melhor).

Nem sempre vigora a *República dos bons sentimentos*, como ressalta ironicamente Maffesoli. Na maior parte do tempo a hegemonia dos afetos se faz na praça pública, incluindo os "homens sem qualidades". E convém perceber aí a comunidade afetiva; de modo lúdico, contraintuitivo, estético, as comunidades criam laços sentimentais que resistem às crises, adversidades e distopias contemporâneas. **(Cláudio Cardoso de Paiva/UFPB)**

– D –

Dandismo social – Em *A transfiguração do político* (1997, p. 128-129), Michel Maffesoli afirma que "à imagem do que na Edo em declínio se chamava *iki*, o 'dandismo', pode-se dizer que este surge quando a visão dramática de uma sociedade voltada para o futuro e determinada a tudo controlar, pessoas e coisas, cede lugar a uma perspectiva trágica, adaptada ao que é e disposta a tirar o melhor proveito disso". Para o sociólogo, o "dandismo, de fato, é uma arte de viver, feita de elegância, de prazer, de gozo, fortalecendo uma ambiência erótica, que assegura a transição de um tipo de sociedade a outro". Em *A conquista do presente* (1984, p. 113), Maffesoli refere-se à "hipótese de que existe um dandismo social" no qual "o aparecer serve, de alguma maneira, de carapaça, de couraça contra as agressões do produtivismo filisteu". Leitor de Nietzsche, Maffesoli o cita para defender a aparência como a "vida que zomba suficientemente de si", a tal ponto que o filósofo podia sentir que "nada existe além da aparência". Para Maffesoli o dandismo social é um modo de jogar com a vida, de jogar na vida, de viver dionisiacamente, de divertir-se do jeito que der. **(Juremir Machado da Silva/ GTI)**

Demônico – Metáfora essencial para a compreensão dos caminhos argumentativos de Michel Maffesoli em relação à constituição do conceito *homo festivus*. Trata-se de recuperar a ideia de um ser inteiro, aquele que não nega seus instintos, que convoca seu *Daimon* – tal como fez Sócrates – isto é, aquele que inspira uma entrega sem medo a uma verdadeira razão sensível, esta que é a "chave universal capaz de abrir todas as portas da complexa existência" (2014, p. 210). Para Maffesoli, pautado, entre outros, pela paixão de Martin Heidegger por Hannah Arendt, traduzida pelo filósofo como um encontro inevitável e intenso com o demônico, este é uma força complexa em que os movimentos de construção e destruição coexistem em épocas de renovação societal. Neste sentido, o demônico não deixa esquecer que há poderes inconscientes que reverberam fortemente e conduzem o homem que acredita estar dominando a si mesmo, só que, na verdade, está sendo dominado e guiado por essas forças. Tal imaterialidade, por sua vez, tem poder agregador e favorece momentos coletivos e intensos, que também funcionam como espaços de purgação. Um exemplo dessa engrenagem emocional são os fenômenos catárticos, situações paradoxais onde e quando se vive os excessos justamente para se livrar deles. Referenciando Michel Foucault, para quem o demônico é possível porque se rompe com todos os interditos que aprisionam os corpos, o que permite, entre outros, livrar-se das máscaras sociais, Maffesoli enlaça o demônico à intensidade dos mais diversos momentos vividos no presente, no qual as manifestações de um "querer-viver" integram o que ele aponta como potencialidades vitais, isto é, as celebrações da beleza, o hedonismo, o culto ao corpo, confirmam uma existência humana rica e complexa, permeada pelos sentidos vivenciados e não mais abstratos ou fora da experiência mundana. Ver: *Homo eroticus*: comunhões emocionais. Rio de Janeiro: Forense Universitária, 2014. **(Denise Tavares/MULTIS)**

Deontologia – De acordo com Michel Maffesoli, em *Pactos emocionais* (2018), a deontologia traz a importância do conhecimento das ocasiões que são vividas diariamente; é apoiada na conexão entre a vida e o pensamento, que são livres. Assim, é uma ótima forma de entender as muitas características do que é conveniente nomear os afetos e os hábitos que estão presentes no cotidiano. Em resumo, refere-se aos instintos de sobrevivência; é o próprio termo do desvio do lado racional com enorme peso emocional e de duração limitada. Compreende-se em agir, sem consideração do que é certo e errado, tendo em vista a situação daquele período. Logo, a deontologia é considerada o reparo aos momentos restritos. Ver: *Pactos emocionais*: reflexões em torno da moral, da ética e da deontologia. Curitiba: PucPress, 2018. **(Aline Pinna/MULTIS)**

Dever-ser – A rejeição à lógica do dever-ser é um dos eixos fundamentais da obra de Michel Maffesoli. Essa postura perpassa suas aulas, conferências, artigos e livros. Trata-se de recusar uma postura categórica, impositiva e soberba que consiste em apontar o caminho ao caminhante, ensinar a viver, indicar a solução para todos os problemas sociais, anunciar o paraíso em função do acatamento a certos preceitos, determinar o rumo da sociedade, levar pela mão ou pelo látego cada indivíduo ao melhor para si. Para Maffesoli essa é a lógica do intelectual moderno, o chamado intelectual crítico, que diz não constantemente à vida, ao presente, por estar engajado na luta pela construção do futuro perfeito. Por esse viés, a festa, o gozo, o aqui e agora, tudo, enfim, deve ser sacrificado em nome do que deve ser feito. Futurista, essa ideologia, pois não deixa de ser uma, pretende-se científica, moral, correta, engajada, visionária, permitindo a iluminados conduzir a massa ignorante à sua emancipação. O dever-ser exibe-se sob facetas religiosas, políticas, de direita ou de esquerda. Uma das suas manifestações modernas ainda em voga é dever-ser técnico, produtor do saber do especialista, que estaria acima, inclusive, do político, apresentando-se como emanação de um conhecimento neutro, desinteressado e incontornável. O dever-ser exige sacrifícios imediatos em troca de uma promessa de gozo futuro ou da obediência ao saber verdadeiro. Assim, projeta-se sempre pelo "bem" dos demais, daquelas pessoas que ignoram supostamente o que é melhor para elas e para os seus. A massa.

Em *À sombra de Dionísio: contribuição a uma sociologia da orgia* (1985, p. 35), Michel Maffesoli remete à origem da expressão: "A lógica daquilo que Max Weber chamava o 'dever-ser' é somente o apanágio de alguns dinossauros do pensamento ou de alguns terroristas de todos os matizes. Efetivamente, não mais hesitamos em reconhecer o papel primordial da ilusão, do simulacro, do que remete ao aleatório fundamental de toda situação humana da qual a morte é o paradigma completo". O dever-ser pretende reger todas as esferas da existência. Em *O conhecimento comum: introdução à sociologia compreensiva* (2007, p. 63) refere-se ao dever-ser conceitual, que nega tudo o que não se submeter à sua lógica. Para descobrir e descrever o qualitativo das práticas sociais cotidianas, Maffesoli defende a rejeição desse dever-ser que se infiltra também na pesquisa e na observação dos imaginários sociais. O dever-ser reveste-se de uma atitude moralista não necessariamente assumida. Em *A conquista do presente* (1984, p. 150), Maffesoli ironiza: "Querer fazer a felicidade dos outros frequentemente consistiu em 'purificar', no sentido estrito do termo, esse outros. O puritanismo e a iconoclastia não possuem outras origens, e conhecemos quais são as suas frequentes consequências".

Já em *Dinâmica da violência* (1987, p. 129), Maffesoli observava que "é mais fácil pensar numa sociedade em função do dever-ser, ou em função de um ideal, do que em referência a uma realidade que na realidade não pode ser ultrapassada". O dever-ser é a palmatória que continua tentando disciplinar a vida. **(Juremir Machado da Silva/GTI)**

Diferença – Muitas são as referências de Michel Maffesoli ao termo diferença. Certas vezes, o uso é quase neutro, descritivo. Outras, tem peso teórico. Vale como noção. Num dos seus livros fundamentais, *Dinâmica da violência* (1987, p. 119), a diferença aparece com outro nome: "Não devemos esquecer que a heterogeneidade, mesmo se ela perturba, mesmo se é mais difícil de se corresponder, é a força da vida". Força existencial incontrolável a ponto de exigir um termo novo para não ser mutilada: "É com o contraditorial (S. Lupasco, G. Durand) que começa a existência enquanto que o idêntico ou homogêneo, apesar de mais pacífico ou mais controlável, permanece potencialmente mortífero". A heterogeneidade é a diferença em ato. **(Juremir Machado da Silva/GTI)**

Dionisíaco – Relativo a Dionísio, deus grego do vinho, das festas, da natureza, da fecundidade, da alegria, do teatro e da música. De acordo com Michel Maffesoli, Dionísio é símbolo constante da mudança das formas instituídas, manifestado na força do querer-viver coletivo, o encontro seminal. O mito dionisíaco leva a crer que a individualização seria a primeira causa de todo mal. Através da festa e das paixões compartilhadas, o homem rompe essa individualização. Por isso, o autor acredita que o deus se manifesta na pós-modernidade através das multidões reunidas em eventos esportivos, políticos, musicais, religiosos e consumistas, que rompem com o individualismo no cotidiano. Consequências desse fenômeno, a flexibilização das regras, a pluralidade de valores e a relativização da verdade são fundamentais à saúde de uma sociedade. Pois, ainda que unidos de forma tensionada, o convívio com a diferença evita a monovalência, que origina processos de dominação, intolerância e morte. O elemento dionisíaco ainda é entendido pelo sociólogo como o causador do orgiasmo (ver **Orgiástico**), entendido como uma lógica passional fundamental para manter a vitalidade do corpo social cansado e garantir solidez ao seu laço simbólico de união. O termo é citado em obras como *À sombra de Dionísio: contribuição a uma sociologia da orgia* (1985) e *A república dos bons sentimentos* (2009). **(Rafael Rezende/Namidia)**

Dionisismo epistemológico – Contrastando com o aspecto unilateral do racionalismo moderno, o dionisismo epistemológico permite uma atitude compreensiva para o entendimento dos fenômenos do mundo, é uma forma de "agenciamento poliédrico" que aborda o social em toda a sua inteireza. O dionisismo epistemológico permite uma abordagem holística do conhecimento, ao contrário da prática da hiperespecialização, que promove "o recorte do Real em rodelas, as da pretensa realidade". Ver: Maffesoli, Michel. *A ordem das coisas*: para pensar a pós-modernidade. Rio de Janeiro: Forense Universitária, 2016, p. 228. **(Christina Ferraz Musse/Comcime)**

Diversidade (unidiversidade) – "Estar à altura do cotidiano", viver para além da "circulação das elites", compreender as sabedorias populares, aceitar a ordem das coisas, viver o aqui e agora, tantas provocações de Michel Maffesoli em torno do tema da diversidade. Admitir que um panteão pluralista é mais rico do que a unidade estreita do poder monopolista. Em *Lógica do assentimento* (2023), livro de balanço e revisão, Michel Maffesoli, no capítulo sobre o "ideal comunitário", refere-se à grande mutação em curso: passagem da "República una e indivisível" para uma "*res publica* em mosaico". Triunfo da unidiversidade. Diversidade com núcleo. Não só a diversidade que tudo fragmenta, mas a diversidade que aproxima sem reduzir a parte ao todo. Encantamento do mundo pela profusão de elementos que se aproximam e afastam guardando autonomia sem se negar à conjunção dos possíveis. **(Juremir Machado da Silva/GTI)**

Divino social – Noção que abrange a união das pessoas para as celebrações dos ritos. Para Michel Maffesoli, a discussão sobre o divino social faz parte do debate sociológico desde E. Durkheim e A. Comte, em que "apreciar o social como divino é compreender, em toda a sua dimensão, o que se chama de politeísmo: os deuses são como tantas manifestações dos diversos atributos desse social, e são esses últimos que formam a transcendência imanente. A partir de então, é o princípio de individuação que se encontra abolido; o sujeito definido pela ideologia burguesa não mais existe e somente adquire sentido *no* e *pelo* coletivo" (2005, p. 37). No coletivo o indivíduo deixa de lado o seu ser único e passa a fazer parte do todo. Seja no momento sagrado da comunhão ou em manifestações que podem até ser consideradas de libertinagem, é a exteriorização que predomina para unir o social e as manifestações religiosas são exemplos de movimentos que possuem grande pulsão para agregar os membros de uma sociedade. Ver: *À sombra de Dionísio*. São Paulo: Zouk, 2005, p. 37. **(Taíla Lopes Quadros/ GTI)**

O conceito de "divino social" é uma ideia desenvolvida por Michel Maffesoli em suas obras sociológicas, especialmente em seu livro *O tempo das tribos*. O termo se refere a uma dimensão espiritual, mística e simbólica que está presente nas interações sociais e nas experiências compartilhadas em grupos e comunidades. Para Maffesoli, o "divino social" não se refere a religiões organizadas ou crenças religiosas tradicionais, mas sim a uma sensação de transcendência e conexão que emerge nas interações e celebrações coletivas. Essa dimensão divina não está separada da vida cotidiana, mas é imanente nas relações, nos rituais e nas festividades que ocorrem dentro das comunidades. O "divino social" pode ser entendido como um aspecto da experiência humana que vai além do puramente racional e material. Ele se manifesta em momentos de comunhão, quando as pessoas se reúnem em torno de valores compartilhados, rituais simbólicos e celebrações que evocam sentimentos de pertencimento, êxtase e conexão profunda com os outros e com o mundo ao redor. Maffesoli argumenta que, na sociedade pós-moderna, as pessoas estão buscando uma forma de transcendência que não necessariamente é encontrada nas religiões institucionalizadas, mas sim nas experiências coletivas e nas relações sociais que proporcionam um senso de significado e pertencimento. O "divino social" surge na ressonância emocional das experiências compartilhadas e na criação de uma "comunhão afetiva". Em resumo, o "divino social" de Michel Maffesoli é uma maneira de descrever a dimensão espiritual e simbólica presente nas interações sociais e nas comunidades na sociedade pós-moderna. Trata-se de uma busca por transcendência e conexão que se manifesta através de rituais, celebrações e experiências compartilhadas que criam um senso de pertencimento e significado. Cf. *O tempo das tribos*: o declínio do individualismo nas sociedades de massa. Rio de Janeiro: Forense Universitária, 1989, p. 16, 56, 63 e 66. **(Rômulo Medeiros Pereira/GEPAI)**

Douta ignorância – Termo concebido pelo teólogo e filósofo humanista renascentista alemão Nicolau de Cusa (1401-1464) e resgatado por Michel Maffesoli para ressaltar o saber consciente dos próprios limites e desconhecimentos e desprovido de intencionalidades totalizantes e autocráticas, reconhecendo a indissociabilidade na existência humana do singular, da diferença, do localismo e da multiplicidade. Ênfase na relativização e desconfiança quanto a saberes generalizantes e imperativos. Incentivo à reflexão do fazer pensar, em valorizar o processo e percurso, em vez da finalidade e objetivo último. A douta ignorância é reencontrada no cerne da socialidade, da tradição e cultura populares à pulsação do vivido, no "deixa ir" ou "deixa ser" em lugar do "dever-ser": "É o que traduz o espírito da douta ignorância; espírito do politeísmo que se recusa a tudo determinar com rigidez na efervescência da vida social; espírito do trágico que não se roga o direito de reduzir as aporias estruturais do dado mundano" (2007, p. 89). Ver: *O conhecimento comum*: introdução à sociologia compreensiva. Porto Alegre: Sulina, 2007. **(Álvaro Nunes Larangeira/ GTI)**

Drama – O drama é perfeitamente linear. "Enquanto o aspecto circular da mentalidade politeísta admite o 'retrocesso' ou a involução, o linearismo cristão é essencialmente evolutivo e sua lei é o progresso. Claro, o messianismo pode tomar formas diferentes, mas a sua essência, sua natureza é uma só: a perfeição, terrestre ou celeste, é possível, racionalmente passível de predição, e alcançável ao fim de uma dura caminhada, com provações programadas e ultrapassadas progressivamente." (Maffesoli, *A transfiguração do político: a tribalização do mundo*, 2011, p. 40). O pensamento dogmático, por exemplo, é dramático, ao considerar que tudo tem uma solução, que cada problema tem a sua resolução, negando os acasos do trágico existencial. Michel Maffesoli completa: "Mas os fatos são teimosos, e lembram que a morte está aí, inelutável. E é para negá-la que se elaboram as construções conceituais mais rígidas e, portanto, as mais intolerantes" (*A ordem das coisas: para pensar a pós-modernidade*, 2016, p. 28). **(Christina Ferraz Musse/Comcime)**

Duplicidade – Ver **Harmonia diferencial**. Junto com essa noção estão agrupadas outras que podem constituir com ela um conjunto de manifestações típicas do societal.

– E –

Ecosofia – Depois de ler seu livro *Ecosofia* (2017), perguntei a Michel Maffesoli em entrevista: como compreender a ecosofia no cotidiano? A resposta dele foi límpida e instrutiva: "Desta maneira bastante simples: retorno à natureza. Durante séculos na tradição ocidental existiu uma desconfiança em relação à matéria, ao corpo, à natureza. Isso culminou nos séculos XVIII e XIX num afastamento entre o homem e o seu habitat. Gilbert Durand, meu mestre, autor de *As estruturas antropológicas do imaginário*, falou em princípio de separação, de corte, de ruptura: distância entre corpo e espírito, natureza e cultura e assim por diante. Para mim, atualmente, superamos essa divisão. Voltamos ao natural. Já não pensamos que seja possível dominar ou controlar a natureza. Sabemos agora que a nossa relação com a natureza é de mão dupla, de *feedback*, de vaivém, de reversibilidade, ação e retroação como diz Edgar Morin. Ou seja, temos um retorno ao naturalismo". Aproveitei para ir além: a ecologia era a modernidade? A ecosofia é o pós-moderno? A resposta teve a mesma clareza da anterior: "Penso que sim. Cabe, porém, salientar que nem todo ecologista atua com uma perspectiva político-partidária ou meramente instrumental. Mas, de maneira geral, a ecologia ainda é racionalista, progressista, voltada para o futuro, escorada nessa velha ideia cartesiana segundo a qual o homem é senhor da natureza. No meu livro falo em sensibilidade ecosófica, ou seja, um sentimento, uma atmosfera, algo que está difundido no cotidiano. Um sentimento, no caso da França, popular, compartilhado pelo povo. Não se pode mais, insisto, dominar a natureza. Disso decorre outra relação com os animais, com a vegetação, dejetos. Essa sensibilidade é pós-moderna". **(Juremir Machado da Silva/ GTI)**

Efervescência – Termo gerador de renovação orgânica e intensa para Michel Maffesoli. Depois do lançamento do seu livro *Ecosofia* (2017), perguntei-lhe em entrevista sobre a separação entre cultura e civilização. Na sua resposta a noção de efervescência mais uma vez se destacou: "Utilizo essa distinção entre cultura e civilização. Esta é a diluição de algo que surge por um ato fundador que é a cultura. Em outras palavras, a cultura é uma efervescência criadora. Defendo que estamos assistindo ao renascimento da cultura naturalista. Veremos depois como isso de diluirá. Essa sensibilidade toca o povo e em especial as novas gerações. Os jovens revelam uma atitude mais generosa e receptiva em relação a essa revalorização da natureza". O cotidiano é atravessado por múltiplas formas de efervescência social e cultural. Shows, jogos de futebol, manifestações de rua, festas, enfim, são modos de efervescência que revigoram o campo social, colando uns aos outros, produzindo um gozo no estar-junto, reforçando um sentimento de pertencimento ainda que passageiro, fazendo vibrar em uníssono indivíduos dissolvidos no coletivo. A efervescência tem algo de entropia criadora, movimento browniano que coloca as partículas sociais em ebulição. O social perde vigor quando não entra mais em surtos de efervescência. **(Juremir Machado da Silva/GTI)**

Egrégora – Refere-se a outra maneira de dizer sobre o humanismo maçônico, expressando a alegria do conhecimento comum e devolvendo ao saber o seu aspecto afetante. A partir disso, não critica aquilo que é em função do que se entende que deveria ser, posto que reconhece as qualidades do que é, do que existe na vida cotidiana, dizendo sim à vida. A benevolência aparece como princípio organizador na ordem franco-maçônica. O destino humano é apresentado em três pontos fundamentais: irmandade, solidariedade e a egrégora (termo oriundo da sabedoria maçônica). Nesse cenário, é preciso aceitar a nossa natureza humana permeada por razão e sentidos com resíduos e derivações, arquétipos e ideologias. Não à toa, é o pensamento e a razão que secretamente tecem os laços do estar-com. Assim, "um enfrentamento do destino em que o 'nós' substituindo o 'eu' permite compreender, ao longo do tempo, a perduração da espécie". Ver: *O tesouro escondido*: carta aberta aos franco-maçons e a outros. Porto Alegre: Sulina, 2019, p. 150. **(Glória Rückert Jungkenn/GTI)**

Emocional – Com a crise da sociedade moderna, que já não tem confiança em si mesma, assistimos à saturação dos valores modernos, incluindo a Razão, e, inversamente, à valorização das emoções, das paixões, dos afetos. A ideia de "QE, Quociente Emocional" tenta medir o imponderável. A emoção está presente no marketing e na publicidade e hoje dirige-se não só ao "intelecto" do consumidor, mas também a todos os seus sentidos. O cerne da "Cultura Pub" consiste em fazer ecoar a imaginação, o profundo inconsciente coletivo, do consumidor para provocar esse efeito de "impulso" que prescreve a compra. Emocionalidade nas causas humanitárias, pelo sofrimento dos animais, desastres naturais, depressão, obras-primas em perigo, segurança rodoviária. Os novos "gurus" pós-modernos são os "comunicadores", que compreenderam que é preciso "excitar, conscientizar, despertar o bom senso, a sensibilidade coletiva". Emocional na política. A comunicação, o visual, a encenação, a espetacularização e o show americano, enfim, estão em pauta. A política não precisa mais convencer, mas sim seduzir. Mudança da "convicção" para a "sedução". É toda a história mediática em episódios, como uma "novela" ou uma série, da vida dos nossos presidentes: François e Ségolène, Nicolas e Cécilia. Mesmo no âmbito empresarial, os recursos humanos já não podem ser geridos apenas a partir do racionalismo, do "taylorismo". O qualitativo é essencial, são levadas em conta as "afinidades eletivas", aparecem as noções de QE ou "equipe afetiva". Enquanto a palavra de ordem da educação moderna era conhecer e medir o Quociente de Inteligência (QI), a performatividade do velho mundo moderno visava a uma supervalorização da Razão. O ideal do indivíduo moderno visava ao pensamento crítico, livre exame, controle das emoções, o racional. As emoções, ou "o emocional", como lembra Max Weber em *Economia e Sociedade*, descrevem o estado de espírito da comunidade. A emocionalidade é, portanto, para Michel Maffesoli um estado de espírito coletivo. É uma atmosfera comum, uma atmosfera que os tempos pós-modernos tentam decifrar e utilizar. Ver: *Iconologies*: nos idol@tries postmodernes. Paris: Albin Michel, 2008. **(Martine Xiberras/UPVM3)**

Enraizamento – O enraizamento proposto por Michel Maffesoli dialoga com a lógica do homem como ser integrante de toda a criação divina, trabalhada por ele igualmente a partir da noção de ecosofia. O homem precisa de raízes para se desenvolver, assim como as plantas; sua condição ontológica demanda conexão: com a natureza, com o seu ser arcaico, com o divino, com a sua tribo, com o cotidiano, com o imaginário, com os sentidos, e até mesmo com a percepção de sua incompletude. Há aqui uma metáfora: por meio da noção de enraizamento, Maffesoli alude à natureza, mas vai além dela ao argumentar, por exemplo, sobre a necessidade de permanecermos "fincados à terra" ao invés de nos determos em sistematizações abstratas (evitando, assim, as categorizações do mundo) ou, ainda, ao propor a busca pelo radical da palavra fundadora (e aqui vemos traços de seu interesse pelas etimologias). Essa noção se mostra correlata à defesa de um reencantamento do mundo, em contraposição ao "desencantamento do mundo", do qual fala Max Weber. Do privilégio da razão na Modernidade caminhamos para o privilégio dos sentidos na Pós-modernidade, vindo do enraizamento dinâmico a energia vital para esse movimento. Ver: *A palavra do silêncio*. São Paulo: Palas Athena, 2019, p. 13, 29, 38 e 53. **(Luiza Gould/MULTIS)**

Enraizamento dinâmico – O enraizamento dinâmico surge em consequência de uma duplicidade: a errância e o sedentarismo, o nomadismo e a fixação em determinado lugar. Para Michel Maffesoli, temos a necessidade da fuga, de sair de onde estamos de forma estável e nos aventurar para outros lugares. Porém, essa "fuga" possui sentido, pois exprime nostalgia, temos um local para o qual voltar e uma estabilidade que nos aguarda após nossa evasão. Assim, todos os indivíduos são de algum lugar e, a partir dele, possuem ligações e crenças. Para que estas assumam total significado, é necessário que sejam negadas, superadas e transgredidas. Tudo deve ser vivido em tensão, em uma incompletude permanente. Para que uma viagem de férias tenha significado, por exemplo, é necessário que tenhamos um trabalho ou uma casa para a qual possamos voltar e que, mesmo de forma não intencional, valorizamos. Assim, vivemos em movimento e a existência é regida por este caráter bipolar e paradoxal, em busca de estabilidade e, ao mesmo tempo, dispersão. Ver: *Sobre o nomadismo*: vagabundagens pós-modernas. Rio de Janeiro: Record, 2001, p. 79-84. **(Susana Azevedo Reis/ Comcime)**

Episodismo – Privilegiar o agora em detrimento ao passado e futuro. É uma espécie de "caminho" pródigo em riqueza e saber reconhecer essa trilha percorrida constitui os polos magnéticos da intensa experiência da vida. Michel Maffesoli aponta a característica episodista em desprezar o que é considerado importante no seu sentido útil e ficar atento ao que é apresentado para favorecer nosso "prazer lúdico" em todas suas camadas, mesmo as reconhecidas socialmente como inúteis. Os prazeres da vida não precisam ser explicados, eles são suficientes por si só. A vida é apenas um caminho, sabemos onde ela leva, e se preocupar demais é não viver o presente. O episodismo trata de aproveitar cada instante sem procurar explicações para tudo. Ver: *Sobre o nomadismo*: vagabundagens pós-modernas, 2001, p. 122-123. **(Igor Portela/Comcime)**

Eretismo societal – Noção fundamental para compreender a emersão potente de o *homo festivus*, já que é capaz de traduzir um tempo-espaço em que o lúdico e as festas se tornaram presença cada vez mais significativa e alastrada no viver. Nessa nova configuração das dinâmicas sociais, as paixões exacerbadas, as grandes emoções e as indignações compartilhadas reencontram seu lugar no cotidiano social, que havia sido retirado ou negado pelo racionalismo moderno. Vive-se, portanto, sob um novo denominador comum, no qual o desenvolvimento tecnológico, em especial as redes sociais "que servem de acelerador ao retorno desse pequeno deus barulhento que é Dionísio" (2014, p. 210), ganham profunda importância e expressam, com vigor, a intensidade da vida em comum. Vale mencionar que o termo "eretismo" é um termo médico que traduz o excesso de atividade dos órgãos, em especial o coração. Por isso mesmo, é identificado pelos processos de exaltação, ou melhor, identifica todos os estados de excitabilidade que o corpo apresenta. Ver: *Homo eroticus*: comunhões emocionais. Rio de Janeiro: Forense Universitária, 2014, p. 210-211. **(Denise Tavares/MULTIS)**

Erótico – É apresentado como uma noção-chave para compreender a complexa alquimia, que sustenta a sociedade, oscilando entre a "via seca da razão" e a "via úmida" das emoções múltiplas e variadas. Michel Maffesoli enfatiza a ideia de que o "eroticus" desempenha um papel central na vida social, argumentando que a sociedade é profundamente influenciada por uma "misteriosa alquimia" que permite a coexistência de momentos racionais e emocionais. O conceito de "amor mundi", ou amor pelo mundo, é crucial para essa discussão, pois sugere uma disposição para se engajar com o mundo de maneira que valorize a comunhão, o compartilhamento de experiências e a celebração coletiva. Dentro deste quadro, "eroticus" é interpretado como uma força vital, que permeia a vida social, essencial para o "viver-junto" e a coesão comunitária. "É nos recantos da alma coletiva que convém procurar o cimento efetivo (deve-se dizer afetivo?) de todo estar-junto. Sua lógica não se encontra mais na independência de cada um em relação ao outro e a todos, mas, sim, num elo de estreita dependência." (2014, p. 84). Esta força é manifestada através de paixões, dos sonhos, das festas e dos jogos coletivos, elementos que Maffesoli considera estar em posição privilegiada na sociedade contemporânea. Ele argumenta contra a tendência moderna de priorizar a razão, a eficiência e o individualismo, sugerindo que as emoções e os sentimentos compartilhados são o que realmente possibilitam e enriquecem a vida em sociedade. Vai muito além do amor ou do desejo sexual, abraçando uma compreensão mais holística das conexões humanas. Ele apresenta "eroticus" como um elemento essencial, para a sustentação e para o enriquecimento da vida coletiva, um elo que une o individual ao coletivo, o emocional ao racional e que destaca a importância de viver juntos, em uma comunhão emocional e afetiva. Maffesoli utiliza "eroticus" para descrever uma dimensão da vida social que é essencialmente conectiva, emocional e vital. Ele argumenta que essa dimensão é crucial, para a coesão social e para a experiência humana, oferecendo uma alternativa rica e profunda à limitação das abordagens racionalistas. Consiste em uma celebração do vínculo humano, da alegria partilhada e da comunhão emocional, reafirmando a complexidade e a riqueza da vida social contra as tendências de racionalização e de despersonalização. Sugere que é na vida cotidiana que residem as verdadeiras forças que moldam a socialidade, uma visão que desafia a primazia das estruturas de poder tradicionais. Neste contexto, "eroticus" pode ser visto como a força que anima as "explosões" sociais, políticas ou econômicas que pontuam a vida social, revelando a natureza dinâmica e cíclica da sociedade. Para Maffesoli, "[...] o emocional, cuja importância não se pode mais negar, ou o afetual, por mais evanescente que seja, constituem o suporte arquetipal do que se vai exprimir nas atrações, nas repulsas, nas apetências ou nos desgostos [...]" (2014, p. 29). Dentro deste quadro, o verbete pode ser interpretado como a força ou energia, a que fomenta e sustenta tais conexões e relacionamentos, impulsionando a sociedade para além do individualismo em direção a uma experiência coletiva mais rica e profunda. Esta interpretação está alinhada com a discussão de Maffesoli sobre a transição, para uma sociedade pós-moderna que valoriza o "nós" comunitário, o relacionismo e a copresença, refletindo uma busca por uma existência mais autêntica e conectada. Ver: *Homo eroticus*: comunhões emocionais. Rio de Janeiro: Forense Universitária, 2014. **(Fabíola Medeiros Savi e Valdemir Soares dos Santos Neto/Memória, Afeto e Redes Convergentes)**

Errância – Para Michel Maffesoli, a eternidade se vive no presente (*Sobre o nomadismo: vagabundagens pós-modernas*, 2001, p. 121). A errância, uma espécie de lei antropológica; a "ação de sair do caminho" e tornar o momento canônico do amanhã. Maffesoli aborda a questão do que é eterno e para o sociólogo francês a eternidade não se trata de uma dimensão temporal e sim momentânea, um instante passageiro que se consagra na eternidade. Um momento especial que aconteceu em determinado lugar e tempo e nada no universo é capaz de apagar este acontecimento, independente do que aconteça. Para Maffesoli, alcançar a riqueza do mundo significa desfrutar o prazer individual e social (2001, p. 125). A errância é aproveitar o momento como uma "noite dionisíaca" e essa "sede pelo infinito" desencadeia uma série de desejos que, quando realizados, otimizam ainda mais a busca de outros prazeres (2001, p. 126). A errância se assemelha ao fundamento do viajante dionisíaco em usufruir desenfreadamente a abundância de seu prestígio momentâneo (2001, p. 123). **(Igor Portela/Comcime)**

Esotérico – ver **Esotérico/ Exotérico.**

Esotérico/exotérico – Profundidade e superfície. Segredo e discernimento. Oculto e claro. Sombra e luz. Raiz e caule. Seiva e folha. Essência e exterioridade. Método e percurso. Processo e manifestação (1998b, p. 28). Singulares e complementares. Soma. Inseparáveis. "É o esotérico que permite que haja o exotérico. Interação do fundo e da forma, do invisível e do visível, em resumo, da germinação e da eclosão. Eis o que é o centro da ordem das coisas." (2019, p. 27). Tradição e vínculo comunitário. Sabedoria e intuição. Mistério e evidência. O realismo mágico e Macondo. A dúvida da traição e Capitu. O implícito e o explícito. Iniciação e aprendizagem. O hermético e o entendível. Propõe Michel Maffesoli a integração entre o aspecto esotérico e a dimensão exotérica do mundo: "Existe entre eles uma estreita conexão. Convém, portanto, tomá-los em sua globalidade. São as duas faces de uma mesma realidade e é desprezando-se uma ou outra que a progressão intelectual se torna capenga. Daí o interesse epistemológico de restaurar a unicidade" (1998a, p. 91). Ver: *Elogio da razão sensível*. Petrópolis: Vozes, 1998a; *O tempo das tribos*: o declínio do individualismo nas sociedades de massa. 2. ed. Rio de Janeiro: Forense Universitária, 1998b; *O tesouro escondido*: carta aberta aos franco-maçons e a outros. Porto Alegre: Sulina, 2019. **(Álvaro Nunes Larangeira/GTI)**

Estar-junto – Para Michel Maffesoli, estar-junto refere-se à sensação de pertencimento, de identidade e de intimidade que surge quando as pessoas compartilham valores, experiências e emoções dentro de uma situação coletiva. Segundo o autor, é por meio das subjetividades que podemos vivenciar o "estar-junto". No capítulo *Estar-com* da obra *Homo eroticus*, Maffesoli afirma que quando se identifica a existência do "eu" pode haver conflito, tendo em vista que o "eu" sempre se apresenta diante de um "outro". Esta noção se manifesta com a ideia de "nós" na relação de estar-junto. No capítulo *Ordo Amoris* do mesmo livro, Maffesoli fala do amor em sua plenitude, como uma forma de se estabelecer o "estar-junto", não no sentido de algo privado ou escondido, mas de um fenômeno social de trocas de experiências de convívio. Neste sentido, segundo o autor, as pessoas procuram cada vez mais maneiras de estar em comunidade e solidariedade a fim de encontrar identidade, pertencimento e sentido por meio das relações e interações sociais. Ver: *Homo eroticus*:

comunhões emocionais. Rio de Janeiro: Forense Universitária, 2014. **(Mayara Gonçalves de Paulo/Memória, Afeto e Redes Convergentes)**

"Estar-junto" é dividir intrinsecamente o espaço com os indivíduos que vivem neste tal ponto. Mesmo como seres dotados de individualidade, o ser humano é ligado a seus semelhantes por viver fenômenos idênticos dentro da sua sociedade. Dessa forma, o "estar-junto" evoca ideias de pertencimento, intimidade e comunhão, que envolvem a criação deste vínculo. Em contrapartida às ideias de um mundo cada vez mais individualista, o "estar-junto" propõe que o ser humano não pode viver isolado, por estar envolvido naturalmente em diversas ideias que permeiam seu grupo, sejam motivadas pela cultura, lazer ou comunicação. Sendo assim, os indivíduos que compõem este agrupamento social dividem os mesmos laços, ainda que sua individualidade seja indiscutível. A sociedade se mexe organicamente pelo "estar-junto" como uma força coletiva invisível, que estimula o andar de seus membros em direções possíveis dentro do sistema que é criado e vivido por tal conjunto social. Ver: *O tempo das tribos*: o declínio do individualismo nas sociedades de massa. 2. ed. Rio de Janeiro: Forense Universitária, 1998. **(João Gabriel Xavier/ Comcime)**

O conceito de "estar-junto" é fundamental na obra de Michel Maffesoli, especialmente em relação à sua abordagem sociológica da sociedade pós-moderna. Maffesoli enfatiza a importância das formas de interação social que vão além das estruturas tradicionais e racionais, e ele aborda o "estar-junto" como uma expressão de conexão emocional, pertencimento e solidariedade dentro de grupos e comunidades. Para Maffesoli, o "estar-junto" representa uma maneira de experimentar a vida social que é caracterizada por uma proximidade mais afetiva e emocional do que as relações impessoais e distantes que prevaleceram na sociedade moderna. Ele argumenta que, na sociedade pós-moderna, as pessoas estão buscando relações mais autênticas e significativas, em que podem compartilhar emoções, valores e experiências de maneira mais íntima. O "estar-junto" não trata apenas de estar fisicamente presente em um mesmo espaço, mas sim de uma dimensão mais profunda de conexão que emerge nas interações, nas celebrações coletivas e nas experiências compartilhadas. Isso pode ocorrer em festivais, eventos culturais, manifestações artísticas, rituais simbólicos e em outras formas de encontro que proporcionam um senso de pertencimento e de ser parte de algo maior do que o indivíduo isolado. Maffesoli também enfatiza a importância dos rituais e símbolos nas experiências de "estar-junto", já que eles desempenham um papel fundamental na criação de um senso de comunidade e na construção de uma identidade coletiva. Esses rituais podem ser expressões de celebração, devoção, expressão artística e outras formas de interação que reforçam a coesão e o sentimento de comunhão. O "estar-junto" é um conceito que destaca a importância das relações emocionais e afetivas na sociedade pós-moderna. Representa a busca por conexões autênticas e pela sensação de pertencimento através de interações mais próximas e significativas, muitas vezes facilitadas por rituais e celebrações compartilhadas que permitem torna-se outro. Ver: *O tempo das tribos*: o declínio do individualismo nas sociedades de massa. Rio de Janeiro: Forense Universitária, 1989, p. 82-84, 108, 111, 121. **(Rômulo Medeiros Pereira e Eunice Simões Lins/GEPAI)**

Estética – Na perspectiva de Michel Maffesoli, estética vai além da mera apreciação de obras de arte ou no estudo do que é belo. Para ele, a estética é uma noção abrangente, que permeia todas as dimensões da vida social e individual. A estética da minoria (pequeno número de indivíduos, produtores ou especialistas) marcou a era moderna, promovendo um desencantamento do mundo. Na pós-modernidade, a estética é ampliada (*aisthesis*), destacando que no fundo das aparências há uma vastidão de mensagens a serem transmitidas por meio do corpo, das roupas, dos objetos e da vida cotidiana, caracterizando um hedonismo coletivo. Enfatizando ainda mais a experiência compartilhada e a relação comunitária, Maffesoli afirma que a estética é a própria vida, uma aura que engloba e serve de matriz à vida social. Assim, na pós-modernidade, há um reencantamento, uma contemplação do mundo. O segredo da estética reside na "pele das coisas", na função agregadora, nessa empatia que celebra não apenas as obras de arte, mas também tudo aquilo que é vivido e experimentado em comum, ligando essencialmente as pessoas umas às outras, em um cimento coletivo que molda as maneiras de ser, os costumes locais e as formas de solidariedade comunitária. Ou seja, a estética se reflete na maneira como as pessoas se vestem, decoram seus ambientes e se relacionam umas com as outras. Ver: *No fundo das aparências*. Petrópolis: Vozes, 1996, p. 111; *A contemplação do mundo*. Porto Alegre: Artes e Ofícios, 1995, p. 128. **(Kênia Zanella/Imaginário e Cotidiano)**

Fugir ao utilitarismo racional numa época em que a contemporaneidade é marcada por mudanças profundas na forma como vemos e sentimos o mundo. Nesse quadro, Michel Maffesoli nos convida a uma experiência diária que transcende a mera rotina cotidiana e adquire contornos de uma obra de arte em constante evolução. O sociólogo francês propõe a noção de "estética" como uma lente para compreender as transformações na sociedade pós-moderna. Nesse cenário, segundo Maffesoli, "as palavras não apenas descrevem a vida diária, mas tornam-se pincéis que delineiam a paisagem sensorial que permeia nossa existência cotidiana". Como exemplos, Maffesoli convida-nos a reconhecer que as interações, as conversas efêmeras em cafés movimentados, os encontros fugazes nas esquinas urbanas e até mesmo os *graffiti* que decoram as paredes são mais do que simples eventos do quotidiano. São expressões estéticas, nuances da vida que se entrelaçam em uma rica tapeçaria sensorial. Nesse contexto, a experiência cotidiana transcende a mera descrição factual, transformando-se em uma obra de arte efêmera, em que as palavras e as interações contribuem para a riqueza e dinamicidade do cotidiano. É como se cada pessoa trouxesse consigo seu próprio conjunto de pincéis, contribuindo para a pintura coletiva dessa estética, para qual a subjetividade e a complexidade se entrelaçam em uma dança constante. É importante dentro desse cenário poético considerar as matizes e nuances que esculpem as vivências humanas no momento presente, destituídas de predefinições contratuais ou verdades inquestionáveis fundamentadas numa filosofia racionalista. Compreender que além da razão somos movidos por sensações, desejos e afetos é na verdade o cerne de toda a discussão de uma estética que movimenta a vida cotidiana. Numa era em que a globalização e a interconexão são enaltecidas como ferramentas primordiais na edificação de uma sociedade mais equitativa, Maffesoli sugere reconhecer a singularidade dos espaços em que habitamos e nos inter-relacionamos, enxergando a potência estética existente nas relações triviais, sejam elas individuais ou coletivas. O sociólogo francês nos instiga a visualizar como esses espaços de conversação e afetos contribuem para o entrelaçamento de uma complexa trama social, marcada também pelas emoções. A vida urbana deixa de ser uma sucessão de eventos utilitários para se tornar uma experiência artística em constante evolução. As relações sociais não são simples trocas de informações, mas sim teias complexas entrelaçadas com desejos, fetiches e símbolos. Nesse contexto, o sociólogo estimula a afastar-nos das generalizações que frequentemente regem nosso pensamento e a mergulhar na riqueza das histórias, práticas e perspectivas emergentes em cada ser humano. A estética na visão de Maffesoli é uma nova forma poética de enxergar a riqueza da alma humana nas suas micro e macrorrelações, nos convidando a deixar de lado a visão utilitarista que busca inibir a estetização da vida urbana. Em vez disso, somos encorajados a nos perder nos mares simbólicos que permeiam nossas interações cotidianas, onde cada palavra, cada sabor, cada gesto contribui para a rica trama da existência urbana. Cf. *A contemplação do mundo*. Porto Alegre: Artes e Ofícios, 1995, p. 11. **(Zulenilton Sobreira Leal e Eunice Simões Lins/ GEPAI)**

Estetização do mundo – O contemporâneo se baseia no que Michel Maffesoli (1998) chama de cultura do sentimento. O império do imaginário, o lúdico, o hedonismo levam à estetização da existência. A estética, deste ponto de vista, assume um sentido pleno que engloba não somente as obras de arte, mas todas as manifestações da vida cotidiana. Tudo, na sociedade atual, está contaminado pela estética, desde as instituições políticas até a vida econômica, o consumo, o universo empresarial. Há uma estetização da existência que a moda, o cuidado com o corpo, o não utilitarismo do consumo são as consequências mais imediatas e evidentes. Assim, a contemporaneidade pode ser definida pelo que o autor chama de estilo estético. Ver: *O tempo das tribos*: o declínio do individualismo nas sociedades de massa. 2. ed. Rio de Janeiro: Forense Universitária, 1998. **(Ana Paula Dessupoio Chaves /Comcime)**

Estilo – Para Michel Maffesoli, a noção de estilo está intrinsecamente ligada à transição da sociedade contemporânea de um ideal democrático para um ideal comunitário. Assim, o autor argumenta que as mudanças no comportamento coletivo são evidenciadas pela crescente importância dada ao estilo de vida, à estética e à vida cotidiana, refletindo na forma como concebemos a sociedade e nos relacionamos uns com os outros. Nesta lógica, a concepção de estilo torna-se uma parte central na formação das identidades na cultura contemporânea, destacando as formas de vida que expressam conexão com comunidades emocionais e afetivas. O estilo, segundo Maffesoli, desempenha um papel crucial na criação de identidade e coesão dentro das tribos urbanas e comunidades sociais. Essa noção não é apenas uma questão individual, mas uma expressão coletiva de pertencimento e solidariedade. Por meio do estilo, os membros de um grupo podem se reconhecer e se identificar uns com os outros, fortalecendo os laços sociais e culturais que os unem. Assim, o estilo não se refere apenas à estética ou à moda, mas é entendido como um conjunto de práticas, comportamentos, valores e símbolos compartilhados por um grupo social específico. Isto é, o estilo é o caráter essencial de um sentimento coletivo. Ele é uma marca específica que se torna uma "forma formante", que dá origem a todas as maneiras de ser, costumes, representações, modas diversas, pelas quais se exprime a vida em sociedade. Portanto, o estilo pode ser visto como o "princípio unificador" que conecta profundamente a diversidade das coisas, agindo como vínculo societal (comunitário) ou como uma espécie de "subsolo psíquico", que serve de substrato não consciente à realidade na sua totalidade. Ver: *A contemplação do mundo*. Porto Alegre: Artes e Ofícios, 1995, p. 26. **(Suellen Cristina Vieira/Imaginário e Cotidiano)**

Eterno retorno do mesmo – Diante de uma concepção de história definida como a tensão em direção a um horizonte de salvação e realização – política ou espiritual –, a noção de retorno do mesmo insiste mais numa dimensão cíclica do tempo, com recorrências, repetições e *rebroussements* (termo emprestado a Gilbert Durand). Michel Maffesoli observa que a história não é linear nem cumulativa e coloca explicitamente a sua concepção de história social como uma série de ciclos que reproduzem e atualizam formas arquetípicas. Note-se que estes ciclos não estão necessariamente fechados em si mesmos, incorporam modificações, contribuições e reativações que trazem assim uma dimensão fecunda à cultura. Maffesoli propõe aqui a figura da espiral – que se tornará a sigla de CEAQ – para construir uma visão alternativa à flecha progressista característica da modernidade. O retorno do mesmo permite-nos escapar à dimensão abstrata de uma sociedade mobilizada por uma aspiração a um futuro incerto, e preferir uma relação vitalista ancorada numa experiência partilhada e tangível do presente, do espaço, dos objetos, do corpo em uma temporalidade do aqui e agora. Encontramos nele um tom orientalista evocado através da expressão do presenteísmo. Note-se que Maffesoli insiste em definir a modernidade como um parêntese progressista, e que nem sempre foi assim. O eterno retorno do mesmo é uma forma trágica de aceitar a contingência do presente e um caminho para o reencantamento através da intensificação vitalista da experiência coletiva sem aspiração de superá-la. Esse tema é recorrente em suas obras. Cf. *A conquista do presente* (1979), *A contemplação do mundo* (1993), *O instante eterno* (2003). **(Stéphane Hugon/ Eranos – Paris – Seul)**

Expressão utilizada por Michel Maffesoli para caracterizar o movimento circular pelo qual a humanidade, enquanto cria o novo, vive e revive elementos arquetipais, constitutivos do estar no mundo, no qual o amor e o ódio, o desejo e o medo, a ambição e o gozo, entre tantos outros, nunca estão ausentes ou retornam com faces ligeiramente diferentes. Em *A conquista do presente* (1984, p. 91), Maffesoli fala dessa energia vital, "potência afirmativa acentuando a intensidade e a riqueza de um presente que se esgota em si mesmo". Presente feito de pulsões e impulsões que faz renascer um vitalismo transbordante: "Neste último sentido, o eterno retorno do mesmo é a consequência lógica de um presente que concentra em si mesmo toda a sua virtude". Espaço existencial da "troca simbólica" e do consumir-se para se consumar como ser no mundo, o cotidiano concentra esse eterno retorno do que faz o humano a ponto de Maffesoli repetir que não há nada de novo sob o sol quando se trata desse "querer viver constitutivo do social". Tudo muda para que o humano permaneça humano na sua impermanência estrutural. **(Juremir Machado da Silva/GTI)**

Ética – Equivale à justeza, ao equilíbrio nos valores variados e nas diferenças. O termo é, de acordo com a sua origem, tributário de um lugar determinado (de onde procedemos), podendo ser real (bairro, por exemplo) ou simbólico (on-line). Logo, é relacionado a uma localidade, a um grupo que se habita, que leva à construção da moral e do social, integrando o "viver-junto". Em *Pactos emocionais* (2018), Michel Maffesoli fala que a ética é restrita, local e perceptível em meio às diversas conjunturas pós-modernas, em que o lúdico e o festivo dominam um local aforado. Ela (ética) ainda pode ser imoral, no que se refere a um meio social de certa comunidade, "[...] e pode infringir leis já estabelecidas, bem como aquilo admitido socialmente. Em contraposição a uma moral una, as éticas são, estruturalmente, plurais" (2018, p. 23). Isto é, podemos dizer que a ética une componentes do mesmo grupo, experimentando, assim, a socialização com todas as suas conjunturas, refletindo em uma forma estetizada no dia a dia. Por fim, como o pesquisador diz: ética é estética! Ver: *Pactos emocionais*: reflexões em torno da moral, da ética e da deontologia. Curitiba: PucPress, 2018. **(Aline Pinna/MULTIS)**

Ética da estética – Para Michel Maffesoli, ética da estética é uma concepção que transcende a esfera individual e se manifesta no contexto social por meio da experiência estética compartilhada. *Égrégore* (que representa um espírito coletivo na tradição iniciática) e *glutinummundi* (termo alquímico que remete a uma ligação essencial do mundo) são, de acordo com o autor, outras expressões que podem auxiliar a expressar o conceito de ética da estética, esta que se constitui em um conjunto de valores e princípios que guiam as interações sociais e a construção de uma subjetividade coletiva. Esse *ethos* (modo de ser), permeado por uma força atrativa, uma conectividade, um fluxo vital mútuo, em que cada indivíduo é atraído a interagir de forma global, se baseia em afetos, sentimentos, emoções e paixões compartilhadas. Ética da estética, portanto, é uma concepção ampliada da estética, compreendendo as relações sociais não apenas pelo aspecto racional, mas também pelo sensível: o sonho, o lúdico, o imaginário e o prazer dos sentidos. Na pós-modernidade, a ética da estética emerge como uma criação social impulsionada por novas formas de solidariedade emocional e afetiva, refletindo-se na capacidade de vibrar por meio de imagens comuns, desfrutar do mundo tal como ele é e valorizar a experiência estética compartilhada como um elemento fundamental na construção do tecido social. Ver: *A contemplação do mundo*. Porto Alegre: Artes e Ofícios, 1995, p. 48-49; *O instante eterno*: o retorno do trágico nas sociedades pós-modernas. São Paulo: Zouk, 2003, p. 32 e *No fundo das aparências*. Petrópolis: Vozes, 1996, p. 74. **(Kênia Zanella/Imaginário e Cotidiano)**

Exotérico – Ver **Esotérico/exotérico**.

– F –

Fantástico do cotidiano – Declaração de princípio em *A conquista do presente* (1984, p. 139): "O trivial conduz ao fantástico". O quarto capítulo dessa obra magistral da qual, como de uma boneca russa, parecem sair todos os livros do autor, trata do "fantástico do cotidiano", abordando separadamente "a ficção da realidade" e o "fantástico do dia a dia". Trata-se de destacar (p. 64) "a parte do imaginário", constritiva do vivido societal, "naquilo que chamamos de minúsculas situações da vida cotidiana". A leitura deliciosamente trágica do sociólogo convida a ver que "o fantástico e a ficção não possuem outro sentido senão organizar um espaço vital, tornando o cotidiano aceitável" (p. 67). O cotidiano, na sua banalidade, é lugar de "um imaginal luxuriante e desordenado" (p. 68), perpassado por visões mágicas, narrativas, lendas, fantasias, jogos, reclamando sem pudor um viver sem amarras: "Viver o instante, vivê-lo plenamente sem se preocupar com o futuro, é onde o fantástico se reúne com o mito que recapitula, na simultaneidade, aquilo que a história dispersa no tempo linear" (p. 70). O cotidiano, portanto, é lugar de transfiguração: "A vida 'humilde' e seus trabalhos simples só podem ser vividos na medida em que existe uma força mágica, poética, que os alimenta sem cessar" (p. 72). O fantástico do cotidiano exprime-se de mil maneiras, inclusive pelo folclore, que, segundo Michel Maffesoli, configura-se como "ficcional popular" e "polo de resistência frente aos fantasmas totalitários de um poder estatal positivista e racionalista" (p. 76). Em *A parte do diabo* (2004), o sociólogo retoma temas relevantes como o "conflito estrutural", variações sobre a zona de sombra na existência e "transmutação do mal". O importante é ter "a vida empírica" como referência. Pensar o múltiplo no cotidiano. É importante salientar que a "parte do diabo", segundo Lutero, como lembra Michel Maffesoli em *O ritmo da vida* (2007, p. 15), é a filosofia. Talvez não seja uma demasia propor que no vivido de todo mundo a parte do diabo é o cotidiano, onde cada um joga o seu jogo e se recusa a desaparecer num mundo transparente e sem sombras. **(Juremir Machado da Silva/GTI)**

Fenomenologia – Embora derivada da concepção elaborada por Edmund Husserl para designar o ramo da filosofia, afasta-se um pouco desta. A partir das leituras de Alfred Schutz, para Michel Maffesoli a fenomenologia é a forma como as pessoas dão sentido a suas existências cotidianamente. Seria apreender o que é significativo para as pessoas nas suas vivências diárias. Tais fenômenos ocorrem não como meras manifestações da consciência (concepção da filosofia), mas nas relações com o outro. Uma sociologia fenomenológica, com base em A. Schutz, Thomas Luckmann e Peter Berger. Maffesoli refere Schutz ao lembrar como o ideal do conhecimento cotidiano "muito se aproxima das múltiplas trocas, simultâneas e recíprocas, de situações existenciais, da rapsódia do discurso popular ou do espetáculo multicolorido de nossas cidades". Ver: Maffesoli, M. *O* *conhecimento comum*: compêndio de sociologia compreensiva. São Paulo: Brasiliense, 1988, p. 208. **(Manuel Petrik/ GTI)**

Força imaginal – Mola propulsora no cotidiano, cumpre a função de aliar o real e o irreal. Em *A transfiguração do político* (1997, p. 24), Michel Maffesoli refere-se várias vezes a essa força imaginal: "Existe portanto uma força, em muitos aspectos imaterial, direi *imaginal*, que funda o político, serve-lhe de garantia e de legitimação ao longo das histórias humanas". Em outro momento (1997, p. 71), ele vai mais longe: "A energia coletiva, a força imaginal do estar-junto busca uma via, fora de todos os caminhos balizados pelo racionalismo da modernidade, sempre mantendo a exigência ética básica de toda sociedade, aprender a viver, saindo de si, com o outro". A força imaginal rompe cadeias e permite voar no cotidiano. **(Juremir Machado da Silva/GTI)**

Forma – Descrever a forma dos objetos sociais é descrevê-los tanto "de dentro" quanto "de fora". Descrever os seus contornos, seus limites, bem como seu conteúdo. É também descrever o continente do ponto de vista do conteúdo, e não apenas descrever o continente e o conteúdo. Para Georg Simmel "a forma é formativa e não apenas formal". Para Aristóteles, a causa formal é a forma substancial. Para Dumézil, funções, estruturas. Para Gilbert Durand, estruturas antropológicas, bacias semânticas. Para Émile Durkheim os caracteres são essenciais. Para Max Weber, o tipo-ideal. Para Vilfredo Pareto, os resíduos. Para Schütz, tipicidade. Ver: *O conhecimento comum*: introdução à sociologia compreensiva. Porto Alegre: Sulina, 2007. **(Martine Xiberras/ UPVM3)**

O conceito de "forma" trazido por Michel Maffesoli tem relação com uma memória coletiva em que são unidas as experiências diversas pelas quais a humanidade passa e que também estão inseridas dentro de comunidades específicas. Estudar a "forma" colabora com os entendimentos acerca dos atos cotidianos. Maffesoli ressalta a dualidade da "forma", que é arcaica e atual simultaneamente, visto que ela acumula e guarda ao longo do tempo inúmeras informações sobre a vida humana e também as traz de volta. O autor afirma que une na "forma" a noção de arcaico e atual, de estável e dinâmico. Bem como os aspectos de continuidades e descontinuidades, a relação entre ordem e desordem. Essas são características que fazem parte da vida humana e que tornam a "forma" uma matriz que dá origem ao "estar-junto". Maffesoli também argumenta que a forma tem mais relação com ser conteúdo do que ser continente. E assim é resultado da união de ambientes e elementos estéticos, sentimentos e afetos. Além disso, a criatividade de cada ser depende também das suas relações sociais e da comunidade em que vive. Ver: *O ritmo da vida*: variações sobre o imaginário pós-moderno. Rio de Janeiro: Record, 2007. **(Angélica Gouveia Brito e Eunice Simões Lins/GEPAI)**

Formismo – A partir da análise das formas empregada por Georg Simmel, no início do século XX, os formistas concebem o cotidiano não como objeto, mas como uma *forma*. A perspectiva formista lança ao centro da investigação o sentido da aparência, das banalidades, do anódino, aspectos desprezados pela sociologia tradicional. Michel Maffesoli, inspirado nos contributos de Simmel, concebe o formismo como molde cognitivo para compreender a vida cotidiana, tendo a forma como "a matriz que gera todos os fenômenos estéticos que delimitam a cultura pós-moderna" (1998, p. 82). Pelo viés do formismo maffesoliano, a aparência e a teatralidade tornam-se características definidoras da atual sociedade, identificada como "pós-moderna". Assim, ao pôr em relevo os sinais de nossa época, o método lança luz sobre os procedimentos de visibilidade ao associar encenação com aparência que, por sua vez, é concebida como essência da sociedade. A perspectiva formista contempla o conjunto da sociedade por meio das técnicas operadas pelo indivíduo, ou seja, o paradoxo que nos aponta tal corrente situa-se na importância da totalidade para se compreender a parte; sua função metodológica reside em enfocar a sociedade a partir de suas diversas agregações. Como categoria de conhecimento, o formismo enfatiza a profundidade do que surge como mera figura e logo se esvai, realçando de que forma o indivíduo se apropria dos valores em circulação, utilizando-os para se autorrevelar e estabelecer identificações. O paradigma formista organiza as complexidades do mundo, reunindo diferenças e aparências como elementos constitutivos da dinâmica social – que jamais será unívoca e linear. Nessa perspectiva, enquanto o conceito exclui, a forma agrega, permitindo, segundo Maffesoli, uma organicidade que une os diversos fragmentos do heterogêneo.

O formismo, enquanto método aplicado à leitura do cotidiano, considera a relação entre as diversas partes do todo, compreendendo o individual como produto de um sistema mais amplo. Com efeito, as formas incidem nos diversos aspectos da vida em sociedade, uma vez que suas implicações estão impregnadas nos campos da economia, da política, da estética, da comunicação, apreendendo as estruturas, os limites e as possibilidades da realidade cotidiana. A perspectiva do formismo considera, portanto, tanto o que salta aos olhos quanto o que escapa à visão, sujeitando todas as coisas a uma forma, sem jamais dar preferência a um elemento singular. Valendo-se de mitos e arquétipos, que excedem a pessoa e a transportam para um sistema mais completo, a forma exprime a coletividade, "impondo uma emoção coletiva ela orienta as vontades individuais e, assim, 'faz' sociedade" (1998, p. 103). Ver: *Elogio da razão sensível*. Petrópolis: Vozes, 1998. **(Patrícia Monteiro Cruz Mendes/ Communicare)**

Forno banal – A expressão do forno banal ou comum é uma forma de Michel Maffesoli explicar o alcance paradoxal do significado da banalidade, entendida aqui como o infraordinário, o não excepcional, o minúsculo, o recorrente, numa palavra – o que deu o nome do laboratório na Sorbonne – Centro de Estudos do Atual e do Cotidiano. O forno comum era, nas províncias europeias, um forno partilhado coletivamente, no qual populações modestas podiam assar pão apenas em determinadas datas. Essa experiência foi ao mesmo tempo uma obrigação – pagava-se uma quantia ao senhor que impunha esse uso – e uma festa popular. O termo banal assumiu então o significado do que tem pouca importância, mas Maffesoli mostra como a socialidade e as comunidades se estruturam precisamente a partir dessas pequenas experiências que se tornam a realidade do cimento social. O que o fará dizer que a verdade está escondida na superfície das coisas, ou seja, nas microexperiências da vida cotidiana. Aqui encontramos um contraponto à noção marxista de infraestrutura (1859) como a chave para a compreensão do mundo. Diferentemente de uma leitura que explica o comportamento pela lógica macroeconômica das classes, Maffesoli descreve uma socialidade que se constrói numa cultura popular que sedimenta fenômenos muitas vezes pouco levados em conta pelos observadores sociais. Note-se que para Maffesoli todo fato social é sociológico, e ele fez questão de incluir em seu trabalho de doutorado um bom número de temas que pareciam fúteis e que, no entanto, se revelaram estruturantes para a compreensão das transformações sociais: imagens, usos e práticas do corpo, deambulações urbanas, comportamentos errantes, lúdico e gamificação, etc. Recordemos, por fim, que a expressão banalidades básicas é uma de uso dos situacionistas – dos quais Maffesoli era próximo –, que se pode encontrar em Vaneigem, em particular, e que funciona como antífrase, e que Michel Maffesoli pronunciou muitas vezes no início de suas conferências. Essas poucas banalidades básicas devem ser entendidas como verdades fundamentais. Cf. *O conhecimento comum* (1985), *No fundo das aparências* (1995), *Elogio da razão sensível* (1996). **(Stéphane Hugon/Eranos – Paris – Seul)**

Função imaginal – Em *A conquista do presente* (1984, p. 74), Michel Maffesoli explicita o que entende com essa noção: “A função imaginal não é essa ‘loucura da imaginação’, segundo a expressão clássica, da qual é preciso se proteger, ou, o que seria a mesma coisa, valorizar e abstrair, mas uma função onde melhor se exprime a imbricação orgânica do banal e do fantástico, do cotidiano e do ficcional”.

Uma forma de compreender e viver o real com a ajuda do "irreal". **(Juremir Machado da Silva/GTI)**

Funcionários do pensamento – Espírito libertário, mente aberta ao pluralismo teórico, Michel Maffesoli combate a burocratização do pensamento nas suas mais diversas formas, como a do rigor positivista, que se transforma em camisa de força intelectual, e a do engessamento conceitual, que submete o concreto a um universal abstrato. Em diversas obras, ele se manifesta em favor de um pensamento maleável, aberto às circunstâncias da vida, capaz de acolher as contingências do concreto, do vivido. Não por acaso ele publicou livros contra o conformismo dos intelectuais. Já no seu texto de maior ambição epistemológica ele fustigava os "intelectuais pequeno-burgueses", que gostam de "dar lições", esses "funcionários do pensamento", que pensam comedidamente e sob medida, escravos da "redução conceitual e da argumentação formal". Ver: *O conhecimento comum*: introdução à sociologia compreensiva. Porto Alegre: Sulina, 2010; *O conformismo dos intelectuais*. Porto Alegre: Sulina, 2015. **(Juremir Machado da Silva/GTI)**

– G –

Gregarismo – Pensar corajosamente contra o conformismo dominante e disfarçado de argumento de autoridade é o princípio sustentado por Michel Maffesoli. Mas não é só o conformismo das "massas" que deve ser combatido. Especialmente o conformismo dos intelectuais precisa ser abordado e desmontado. Pensar significa correr riscos, enfrentar as teorias da moda, sair do trivial intelectualmente correto, evitar os rebanhos. Maffesoli levanta-se contra os "especialistas" que legislam sobre tudo. Ele estimula a pensar o arcaico e o afetivo, o emocional, o não racional, tudo aquilo que é recorrente e intemporal. Grande conhecedor do Brasil, país que considera um laboratório da pós-modernidade, Michel Maffesoli não se deixa enganar por estereótipos ou por interpretações falsamente complexas. A pós-modernidade está longe de ser para ele a realização de um paraíso. Ela é o que é para o bem e o mal. Em todo caso, valores antes relegados ou secundarizados assumem agora um lugar no centro do palco, entre os quais o hedonismo, o cuidado de si, o jogo, o lúdico, o nomadismo urbano. Talvez a mais provocativa ideia de Maffesoli seja a de que não estamos numa sociedade individualista, como não cansam de denunciar os espíritos rebarbativos, mas em tempos de gregarismo, de tribalismo, de identificações transitórias, embora fortes, enfim, de um gozo grupal e errante. Gregarismo é outro nome para designar o estar-junto, a socialidade, a convivialidade estruturante das relações sociais orgânicas e vitalistas. Ver: *O ritmo da vida* (2004), *O tempo das tribos* (2006) e *A conquista do presente* (1984). **(Juremir Machado da Silva/GTI)**

– H –

Habitus – Muitos pensadores se interessaram pelo termo, como Aristóteles, Tomás de Aquino, Marcel Mauss e Pierre Bourdieu. Para Michel Maffesoli, *habitus* é um tema fundamental para compreender a vida cotidiana na contemporaneidade, pois remete ao banal e aos pequenos costumes do dia a dia. Trata-se de uma ação enraizada nos indivíduos que designa a maneira de ser em relação aos outros. Ou seja, é uma potência que caracteriza a coesão social por meio dos gestos, do conhecimento e das instituições. A repetição de práticas rituais, por exemplo, estabelece o pertencimento a determinados grupos. Ver: *O conhecimento comum*: introdução à sociologia compreensiva. Porto Alegre: Sulina, 2010, p. 236-237. **(Cristiane Freitas/Kinepoliticom)**

Harmonia conflitual – É uma harmonia que integra a desarmonia. A expressão é apresentada por Michel Maffesoli no livro *Elogio da razão sensível* e retomada em *O tempo das tribos*. Remete às noções de interação e conflito entre grupos. No contexto em que a sociedade vive um movimento de deslocamento do global para o local, surgem múltiplas comunidades esparsas e fracionadas, mas que se ligam umas às outras pela chamada "harmonia conflitual". De acordo com Maffesoli, na interação entre as comunidades, observamos o pluralismo de culturas. Trata-se de uma mistura que se harmoniza, mas não de forma perfeita, permitindo integrar o que também é desarmônico, conjugando estabilidade e instabilidade. Ver: *Elogio da razão sensível*. Petrópolis: Vozes, 1998; *O tempo das tribos*: o declínio do individualismo nas sociedades de massa. 2. ed. Rio de Janeiro: Forense Universitária, 1998. **(Gracielle Nocelli/Comcime)**

Harmonia diferencial – Segundo Michel Maffesoli, em *A conquista do presente* (1984, p. 33), a multiplicidade de papéis vividos no cotidiano se "complementa e fortifica numa harmonia diferencial". Complementaridade feita de fragmentos, de possibilidades, de inclinações, de talentos diversos, de capacidades singulares. Toda essa teia social é produtora de socialidade (cf. verbete), base do "jogo social", "jogo da diferença", em que diferentes astúcias são praticadas, como a "passividade ativa", "muito mais subversiva do que qualquer ataque frontal" (1984, p. 35). Diante da ideologia prometeica, que exige a entrega imediata ao produtivismo em nome de um futuro que nunca chega, pratica-se uma sorte de "imoralismo ético", "imoralismo plural", "imoralismo dinâmico", que solda os indivíduos num coletivo capaz de se proteger: "Os diversos ritos (correntes de união, bailes, abraços, bebedeiras) possuem uma única função: lembrar o desejo de organicidade que liga os companheiros entre si" (1984, p. 46). Junta-se o diferente numa harmonia precária que, sem se enrijecer, ajuda a vergar sem quebrar e a viver na convivência, administrando conflitos numa "duplicidade" que "possui essa função paradoxal de nada esconder, permitindo simplesmente a todos os momentos constitutivos da existência e a possibilidade de se esgotarem neles mesmos" (1984, p. 49). Michel Maffesoli, com diversas noções interligadas, indica os caminhos pelos quais os "homens sem qualidade", para usar a expressão de Robert Musil que tanto lhe agrada, vivem o instante possível em colaboração instável uns com os outros, mas com a sabedoria dos equilíbrios instáveis. Viver é muito perigoso e curto para se fazer no isolamento social. **(Juremir Machado da Silva/GTI)**

Hedonismo – Para Michel Maffesoli, o hedonismo refere-se à ênfase na busca pelo prazer e na valorização das experiências sensoriais na sociedade contemporânea. Em várias de suas obras, ele explora como o hedonismo se manifesta nas interações sociais, destacando a importância da sensualidade, das emoções e das experiências prazerosas no contexto das chamadas "tribos" ou grupos sociais. Maffesoli argumenta que a sociedade pós-moderna valoriza a satisfação imediata e as sensações, influenciando as formas de comunidade e sociabilidade. Segundo o estudioso, conceitos como "retorno trágico", "instante eterno", "atração apaixonada" e "tribalismo" destacam a rejeição das expectativas e valores da era moderna e o surgimento de novas formas de sociologia, espiritualidade e hedonismo. O subtítulo do livro, "O retorno do trágico nas sociedades pós-modernas", reflete a realidade atual. Apesar do avanço tecnológico, a fé no progresso humano é agora apenas uma ideologia, um mito, uma máscara que encobre o receio de encarar a verdade.

Não existem razões superiores à vida, verdades universais ou grandes causas. Vivemos na tragédia pós-moderna, na qual a intensificação da vida coexiste com a presença marcante da morte, a precariedade da existência e a fragilidade humana. Não mais presos ao drama moderno de buscar soluções em um futuro melhor, enfrentamos agora a aceitação da fatalidade como destino, permeada por uma religiosidade difusa. Diante desse trágico latente, surge um hedonismo ardente na vida cotidiana, uma busca voraz por intensidade, aproveitamento máximo de cada momento e a valorização de uma "surrealidade societal" que redefine territórios e valores, incentivando viver plenamente sob valores dionisíacos e lúdicos, sem adiar o prazer em prol de projetos políticos ou profissionais. Por fim, "essa insignificância das ações humanas, esse sentimento de precariedade e de brevidade da vida se expressam, mais ou menos conscientemente, no trágico latente ou no hedonismo ardente, [...]". Ver: *O instante eterno*: o retorno do trágico nas sociedades pós-modernas. São Paulo: Zouk, 2003, p. 23. **(Patrícia Schlickmann Orlandi/Imaginário e Cotidiano)**

Herético – Para Michel Maffesoli, o herético de hoje é o canônico de amanhã (cf. verbete **Canônico**). Eterno vaivém entre o instituído, a instituição e o instituinte. O afirmado sofre pressão do excluído, do marginal, do desafiante. Uma ordem total é totalitária. Uma desordem absoluta não sustenta a sociedade. Resta a permanente tensão entre os polos do constituído e do constituinte. Incontornável duelo de forças. **(Juremir Machado da Silva/GTI)**

Heteronomia – As tecnologias podem nos dar a falsa impressão de autonomia na vida cotidiana, mas Michel Maffesoli, muito antes das redes sociais surgidas com a popularização da Internet, já desenvolvia interessante crítica a essa ilusão, redimensionando a noção de heteronomia em algumas de suas reflexões. As diferentes ordens sociais nos aprisionam a um determinado número de opções para cada ação no cotidiano, impondo regras que não conseguimos transgredir. A heteronomia é, portanto, uma força que vem de fora para dentro, em um processo de submissão a tradições estabelecidas e formas de agir, levando a uma obediência passiva, como acontece com os mecanismos sociotecnológicos contemporâneos. Mesmo quando tentamos nos sobrepor a elas, precisamos agir dentro de algum padrão estabelecido. Em parte de sua obra, Maffesoli recorre à crítica sobre a noção de uma pessoa moderna autônoma em relação aos contratos sociais cartesianos. Daí as pessoas se interessarem em integrar movimentos comunitários, especialmente os de curta duração de tempo, para poderem lidar com a viscosidade ambiente. Maffesoli (1990) coloca em xeque ambas as forças, autonomia e heteronomia, no confronto cotidiano, ao recorrer com frequência à ideia de que toda a experiência, seja ela banal, artística, científica, é um fundamento incontornável, legitimando, assim, múltiplas conformidades. As formas podem ser gerais ou particulares, seguindo atributos das massas, dos grupos de nichos ou simplesmente de cada pessoa, no vai e vem entre massa e tribo ou entre conformidade e conformismo. Ver: *Au creux des apparences*: pour une éthique de l'esthétique. Paris: Plon, 1990. **(Ricardo Ferreira Freitas/UERJ)**

Hic et nunc – O termo, que tem sua origem no latim e significa literalmente "aqui e agora", está presente em diversas obras como *A transfiguração do político, O tempo das tribos* ou *No fundo das aparências*. Para Michel Maffesoli, a ideia do "aqui e agora" não delimita um espaço e um lugar, mas remete ao equilíbrio do indivíduo no presente e numa sociedade possível. O *hic et nunc*, então, é a harmonia entre o presente e os elementos distintos do mundo. É nessa relação contraditória que o indivíduo encontra o equilíbrio para se relacionar na vida social. Ver: *A transfiguração do político*: a tribalização do mundo. 4. ed. Porto Alegre: Sulina, 2011, p. 137 e 199. **(Cristiane Freitas/Kinepoliticom)**

Holismo – Michel Maffesoli refere-se a esse termo quase sempre citando Émile Durkheim. Há uma utilização epistemológica dessa noção, contra a compartimentação do saber, e outra filosófica, relativa à interligação do vivido. Em *O conhecimento comum* (2007, p. 191), ele critica os "círculos tranquilizadores do saber fracionado" e remete ao "'holismo', que havia constituído o ponto de partida das grandes interrogações sociológicas do início do século" (cf. **Humanismo integral**). **(Juremir Machado da Silva/GTI)**

Homo festivus – Sob as ruínas do enaltecimento à razão, sob o rompimento do contrato social que cimentou as bases do iluminismo, emerge agora o retorno às relações cotidianas engendradas pelo afeto até há pouco negligenciado, marginalizado. É neste cenário que Michel Maffesoli traz à tona a força e a potência do *homo festivus*, celebrado como base inevitável de um novo tempo presente. Em *Homo eroticus: comunhões emocionais*, esse pilar "não é mais uma simpática figura a colocar sob a rubrica de um bom velho tempo passado, mas torna-se (volta a ser) um elemento importante, até mesmo primordial da vida cotidiana que, sem isso, é completamente incompreensível" (2014, p. 209). Entender a configuração desse *homo festivus* significa, primeiro, não mais negar que os impulsos (instintos, emoções) da vida são incontornáveis e que os séculos de exaltação da racionalidade não foram capazes de soterrar as celebrações festivas que haviam sido essenciais à coesão social, tais como as bacanais dionísicas, as festas de inversões medievais e os múltiplos carnavais que se espalharam nas mais diversas organizações sociais ao longo da história. No entanto, na apresentação do conceito *homo festivus*, Maffesoli reconhece os embates que ainda se configuram entre razão e emoção, em função de um processo histórico que permitiu o discurso hegemônico de um princípio de realidade pautado exclusivamente pela razão. Só que, para ele, a compensação natural ao culto do racionalismo abstrato é justamente a celebração da emoção.

Por isso sua grandeza inevitável no presente, o que não impede reconhecer que as celebrações atuais enfrentam ainda uma suposta superioridade que especialmente Karl Marx trouxe: a ideia de o mundo do trabalho ser o que distingue o humano das outras espécies. O cultivo de tal diagnóstico permite que alguns ainda considerem que tudo que envolve as mais contundentes manifestações do lúdico sejam temas pertencentes ao território da frivolidade, que sequer merecem ser considerados como estruturantes da vida societal. Mas a inevitabilidade das festas quando se busca identificar os inúmeros fenômenos sociais projeta esse retorno à volúpia e define o tempo presente por uma misteriosa alquimia onde sensibilidade e entendimento estão novamente unidos, estabelecendo a prevalência de uma verdadeira razão sensível. Assim, a configuração deste *homo festivus* expressa "a união estreita do corpo e do espírito, da natureza e da cultura que termina nesses oximoros fundadores que são o *materialismo místico* ou o *corporeísmo espiritual*" (2014, p, 209). *O homo festivus*, enfim, soterra e substitui o *homo laborans*! Importante ressaltar que a fabulação desse processo desenhado pelo esforço de compreender o que emula esse novo tempo inclui duas referências que integram e sustentam profundamente esse conceito maffesoliano: eretismo societal e demônico. Ver: *Homo eroticus*: comunhões emocionais. Rio de Janeiro: Forense Universitária, 2014, p. 205-214. **(Denise Tavares/MULTIS)**

Humanismo integral – Em *Lógica do assentimento* (2023), Michel Maffesoli lembra que em Aristóteles e em Platão o termo "synolon" remete ao "aspecto composto das coisas concretas". O termo moderno, segundo ele, para esse fenômeno é holismo, que engloba a "conjunção entre corpo e espírito". Essa conjunção é, para Maffesoli, recorrendo a uma expressão conceitual de Jacques Maritain, o que exprime a "unicidade" de um "humanismo integral" feito de "realidade visível" e de um "real extra-mental". Ler Maffesoli leva a compreender que todo real é imaginário e que todo imaginário é real. No humanismo integral o individual e o coletivo fundem-se sob o estímulo de forças típicas de "ambiências emocionais". **(Juremir Machado da Silva/GTI)**

Húmus – Mesmo na globalização, o ser humano resta ligado ao local. Em *A conquista do presente* (1984, p. 54), Michel Maffesoli sedimenta: "O apego à terra onde os ancestrais estão enterrados repousa na consciência de uma continuidade cósmica quase natural que nos torna tributários dos que nos precederam. O apego à casa, à terra, ao território e aos costumes aí adquiridos repousa nesse caráter sagrado. A sedimentação produzida pela morte engendra o vivo. O húmus favorece a manifestação e o desenvolvimento das raízes, permitindo o crescimento". A fruta não vive longe do pé. Ou sonha com esse retorno, mesmo passageiro ou idealizado, ao berço natal. É algo que se vê paradoxalmente nos enterros no vilarejo de nascimento de pessoas que passaram a vida muito longe dali, como se o corpo morto pudesse ter a satisfação do retorno. Atitude dos vivos em homenagem ao apego à terra, como quem diz "faço hoje o que espero que seja feito amanhã por mim". Em *Lógica do assentimento* (2023), Maffesoli aproxima húmus e holismo como parte da dimensão integral do humano. Afinal, o humano é dinamicamente enraizado. **(Juremir Machado da Silva/GTI)**

– I –

Identidade – Na visão de Michel Maffesoli, a identidade é um conceito clássico da modernidade, tradicionalmente concebido como algo unificado, estável e coerente. Neste contexto, a identidade é vista como uma construção consciente e narrativa sobre si mesmo, na qual o indivíduo possui a capacidade de definir sua identidade de forma deliberada e racional. Essa perspectiva moderna enfatizava a autonomia do sujeito na construção de sua identidade, destacando a importância da individualidade e da coesão identitária. No entanto, o autor critica essa visão moderna da identidade, argumentando que na pós-modernidade o conceito sofre alteração devido às mudanças nas estruturas semânticas e nas relações entre os indivíduos. Nesta lógica, Maffesoli considera a dimensão coletiva e emocional das interações sociais e afirma que a identidade unificada e estável começa a ser questionada à medida que os sistemas de significação e representação cultural se multiplicaram, proporcionando aos indivíduos uma multiplicidade de identidades possíveis. Portanto, na era pós-moderna, a identidade assume uma natureza mais fluida, fragmentada e multifacetada, pois se desloca para o processo de identificação, ressaltando a importância dos laços emocionais, das experiências compartilhadas e das práticas culturais na formação e expressão da identidade, tornando-se um fenômeno dinâmico e relacional, contrastando com a visão estática da modernidade. Ver: *No fundo das aparências*. Petrópolis: Vozes, 1996, p. 18. **(Suellen Cristina Vieira/ Imaginário e Cotidiano)**

Identificação – Para Michel Maffesoli, o conceito de identificação é uma característica da sociedade pós-moderna, que se refere à maneira como os indivíduos se conectam uns aos outros, através de sentimentos de pertencimento e solidariedade, formados por laços afetivos, emocionais e estéticos. Desta forma, a identificação (conotação imaginal) representa uma mudança significativa na estrutura das relações sociais em contraste com a lógica da identidade (conotação ideológica), que predominou na modernidade. O cerne do argumento maffesoliano afirma que a identidade é considerada um conceito clássico, que desliza rumo à identificação. Esse processo de deslizamento se dá através da natureza fluida e fragmentada das identidades contemporâneas, que se manifestam de forma plural e multifacetada. Assim, o processo de identificação pode ser pautado nas subjetividades das sociedades, que acompanham mudanças de comportamento, gostos e estilos de vida, frutos das reconstruções e recriações coletivas. Nesta perspectiva, a lógica da identificação baseia-se na ideia de que as pessoas não são indivíduos autônomos e isolados, mas sim seres que se identificam com diferentes formas de sociabilidade, adotando máscaras de acordo com os sistemas simbólicos aos quais estão vinculados. Daí por que Maffesoli enfatiza a importância das identificações como forma de coesão social e integração comunitária. Portanto, este conceito é considerado um vetor cultural de importância, pois fortalece o sentido de socialidade (estar-junto) e estabelece o imaginário, o afeto e o pertencimento como fios condutores das relações na sociedade pós-moderna. Ver: *No fundo das aparências*. Petrópolis: Vozes, 1996, p. 305-306. **(Suellen Cristina Vieira/ Imaginário e Cotidiano)**

Ideologia progressista e produtivista – Visão de mundo típica da modernidade pela qual, graças à produção permanente e ao trabalho como sentido social e existencial, se avança do menos evoluído para o mais evoluído, do inferior para o superior, do atraso para a plenitude, do passado para o futuro, da subjugação para a autonomia, do desejo à sua realização. Em *A conquista do presente* (1984, p. 11), Michel Maffesoli rejeita essa "visão linear da história" e refere-se ao "trágico estrutural" constitutivo das "histórias humanas". A história não é uma ferrovia levando da periferia à majestosa estação central. O ser humano no seu cotidiano, por não ser o alienado, "sempre enganado, mas potencialmente vitorioso de um progresso histórico contínuo" (p. 19), desconfia dessas profecias dogmáticas, ou finge crer nelas se necessário, e vive suas possibilidades com um misto de serenidade, fatalismo, duplicidade, jogo de cintura, sabedoria por experiência, intuição e astúcia. Para Maffesoli (1984, p. 22), "o tempo vivido social e individualmente é o da repetição, da circularidade". Talvez mesmo o da espiral. O produtivismo progressista promete a emancipação ao final da viagem como uma forma de melhor submeter cada um à sua narrativa fundadora. É não contar, porém, com a dimensão coletiva do social, em função da qual tudo é posto em relação e dilui o fundamento das verdades pretensamente únicas e universais. O progresso não é garantia do melhor dos mundos. A vida não esgota na produção. A massa trabalha para viver. Não quer viver para o trabalho. **(Juremir Machado da Silva/GTI)**

Igrejinhas – Presente na obra *A república dos bons sentimentos* (2009), o termo igrejinhas é utilizado por Michel Maffesoli para criticar as instituições formadoras do pensamento oficial, ou seja, o discurso colonizador e moralista que rege a sociedade, determinando a forma como as coisas devem ser. Segundo o autor, progresso, razão e ciência seriam as estruturas que justificariam a existência desse pensamento oficial, tido por ele também como os chamados "bons sentimentos", expressão crítica e irônica que compõe o título da obra. Maffesoli argumenta que representantes dessas instituições, tais como "intelectuais midiáticos, professores da universidade, grandes repórteres, ministros" (2009, p. 50), se estabelecem como igrejinhas, em cúpulas que ditam as regras sociais, sentenças e julgamentos, impassíveis de serem questionados ou contrapostos, em uma lógica de replicação tal qual uma escrita religiosa. Essas instituições determinam, portanto, a atribuição de bárbaros àqueles que não atendem as lógicas por elas determinadas, reservando a eles punições sociais – como penitências. Uma vez que seus atores são detentores de posições de poder, o pensamento professado pelas igrejinhas se torna replicável, de geração em geração, como mecanismo de controle social atuando em diversas instâncias – acadêmica, midiática ou política, por exemplo. Sob esse contexto, Maffesoli critica o moralismo a partir de duas perspectivas: a superficialidade de pensamentos pré-fabricados, afirmando que tal como diversos produtos desse tempo, também padecem de uma obsolescência programada, que logo serão substituídos por outros – ainda que sigam uma mesma matriz dominante; e a confusão de papéis entre quem detém o poder sob o pensamento oficial nesse contexto (o político que faz teatro, o professor que se torna pregador, o jornalista que assume papel de filósofo) em posições que têm em comum estabelecer quem dá lições e, portanto, atribuem quem são detentores do saber capazes de ditar o dever-ser. **(Ana Carolina Campos de Oliveira/Namidia)**

Igualitarismo – A crítica de Michel Maffesoli ao igualitarismo como matriz indiferenciadora perpassa sua longeva e incisiva obra. Embora privilegie a conjunção, a fusão, a *confusão*, o nós comunitário, ele jamais defende a indeterminação ou a eliminação da singularidade. Em certo sentido, parece dizer: juntos, mas diferentes. Em *Lógica do assentimento* (2023), ele precisa, mais uma vez, a sua postura filosófica e epistemológica, destacando a diferença entre uma "igualdade essencial", que faz par com uma "complementaridade existencial", e a "ideologia moderna da igualdade tornada igualitarismo". O poder tudo iguala para controlar pelo "legalitarismo". A potência aproxima para viver ou resistir ao mesmo tempo em que preserva a diversidade, a diferença, a particularidade, o irredutível no ser. O mistério da conjunção é essa fusão capaz de preservar a natureza das partes. **(Juremir Machado da Silva/GTI)**

Imagem – O tema da imagem é uma das centralidades básicas da teoria do imaginário. A imagem representa um "mesocosmo" e tem sua importância na prática por ser "comunitária", permitindo um processo de "participação mágica" e um "compartilhamento eucarístico". Esse sentido da imagem também revela uma centralidade na dimensão teórica em que, além da razão, ela representa uma forma verdadeira de entender o mundo, ou, ainda, uma "contemplação do mundo" em que a imagem é o elemento da "monstração" que nos aproxima da "verdade das coisas". A imagem é um estilo de comunitário das sociedades contemporâneas e assume uma função preponderante no efeito de coesão social como uma estética ou vetor de comunhão e, portanto, um meio de *reliance* ou uma "reliance imaginal" que conforta o vínculo. A socialidade é, portanto, concebida por meio do compartilhamento de imagens que nos permitem dar corpo e substância à experiência por meio da monstração como um esquema de uma sociologia compreensiva em que o magma das imagens, uma espécie de *mundus imaginalis*, é uma transfiguração da socialidade pós-moderna que transforma o corpo social. Ver: *A contemplação do mundo*. Porto Alegre: Artes e Ofícios, 1995. **(Fabio La Rocca/UPVM3)**

Segundo Michel Maffesoli, a "imagem" é um elemento central para a comunicação contemporânea. Essa comunicação envolve não apenas a troca de informações, mas também aproximação de realidades longínquas, expressão de valores, identidades e emoções. Assim, a "imagem" é um veículo semioticamente rico que transmite mensagens de diversas formas, incluindo visuais, simbólicas e emocionais. No contexto da sociedade pós-moderna, Maffesoli argumenta que a "imagem" desempenha um papel fundamental na formação de identidades coletivas descentralizadas, constituindo assim uma emoção coletiva. Em vez de um único ponto de referência cultural dominante, as imagens são multiplicadas em diversas subculturas e tribos. Cada grupo pode ter sua própria estética, ícones e símbolos que contribuem para a sua identidade. Além disso, Maffesoli observa que a "imagem" na sociedade contemporânea tende a ser efêmera e fragmentada. Isso significa que as imagens e representações culturais mudam rapidamente e podem ser altamente contextualizadas. As tribos pós-modernas frequentemente criam e recriam suas imagens de acordo com suas próprias dinâmicas culturais. A "imagem" também está ligada à estética e ao estilo de vida. Maffesoli argumenta que as tribos e subculturas frequentemente se identificam por meio de uma estética visual compartilhada, que inclui moda, música, arte e outros elementos culturais. Essa estética não é apenas uma expressão de preferências individuais, mas uma forma de comunicação e pertencimento ao grupo. Maffesoli sugere também que a "imagem" desempenha um papel no reencantamento desse mundo pós-moderno. Ela evoca, muitas vezes, um senso de magia, mistério e emoção que está ausente nas estruturas sociais mais racionais e burocráticas. Isso é particularmente evidente nas celebrações e rituais das tribos contemporâneas. Portanto, para Michel Maffesoli o conceito de "imagem" descreve um aspecto fundamental da cultura pós-moderna, onde a comunicação, a identidade e a expressão cultural são mediadas por uma multiplicidade de representações visuais, símbolos e estilos de vida. Essa imagem é dinâmica, descentralizada e desafia as estruturas culturais tradicionais, contribuindo para a diversidade e a efemeridade da sociedade contemporânea. Ver: *O tempo das tribos*: o declínio do individualismo nas sociedades de massa. Rio de Janeiro: Forense Universitária, 1989, p. 106 e 115. **(Rômulo Medeiros Pereira e Eunice Simões Lins/GEPAI)**

Imaginal – A força, em muitos aspectos imaterial, que serve de suporte ao político, isto é, funciona como um duplo do político, e é um recurso utilizável, quando o instituído tende a enrijecer-se. O racionalismo tende a minimizar o poder do imaginal. Mas, nas épocas em que predominarem os fenômenos emocionais e o contágio afetual, que geram um tribalismo exacerbado, observar-se-á a dominância do imaginal. "Assim como a máfia, os diversos grupos de influência político-administrativos são 'abstrações', tanto quanto Deus pode sê-lo, ou os ideais e outras utopias que não constituem menos o que chamei de 'forças imaginais', isto é, forças ou realidades imateriais que operam nas profundezas da vida social, modelando-lhe de diversas maneiras os contornos." Ver: *A transfiguração do político*: a tribalização do mundo. Porto Alegre: Sulina, 2011, p. 55. **(Christina Ferraz Musse/Comcime)**

Imaginário, imaginário social – O conceito de imaginário social é central na obra do sociólogo Michel Maffesoli. Para o autor, o imaginário social não é um conjunto estático de crenças e valores, mas sim uma força dinâmica e em constante transformação. O imaginário transcende a esfera individual e se configura como um conjunto de crenças, valores, símbolos e representações compartilhadas por um grupo social. Essa dimensão simbólica permeia o cotidiano e molda a vida social, influenciando as formas de pensar, sentir e agir dos indivíduos. Ele se adapta às mudanças sociais, históricas e culturais, incorporando novos elementos e reinterpretando os antigos. Essa multiplicidade de formas de expressão reflete a riqueza e a complexidade da vida social. Assim, o imaginário atua como uma força social de ordem espiritual, influenciando as relações entre os indivíduos e a sua percepção da realidade. Apesar de ser intangível, ele se manifesta de forma concreta nas ações e comportamentos dos indivíduos, fornecendo aos mesmos elementos para sua socialização e construção de identidade: os indivíduos se identificam com um grupo e desenvolvem um sentimento de pertencimento. Maffesoli argumenta que o imaginário social se manifesta como uma dimensão ambiental, uma matriz ou atmosfera que envolve os indivíduos. Essa atmosfera é semelhante ao que Walter Benjamin chamou de "aura", uma qualidade intangível que emana de um objeto e o torna único e especial. "O imaginário social é dinâmico, mutável e multifacetado. Ele se manifesta de diversas formas, desde mitos e ritos religiosos até símbolos presentes na mídia e na cultura popular." Ver: *A contemplação do mundo*. Porto Alegre: Artes e Ofícios, 1995, p. 45. **(Heloisa Juncklaus Preis Moraes/ Imaginário e Cotidiano)**

Imoralismo ético e plural – Para Michel Maffesoli a ética não deve ser vista como uma "moral transcendente, que espera um mundo futuro e baseia-se num valor único, monoteísta". O pensador da pós-modernidade plástica vê, ao contrário, uma ética "baseada no presente", ou seja, "ao mesmo tempo imanente e politeísta". É isso, segundo ele, que permite "promover um imoralismo ético". Algo que se "pode ver em jogo em inúmeras práticas juvenis", nas vivências do que ele batizou de "tribos pós-modernas", nas quais prevalece o "viver junto", a força das "experiências coletivas", a vibração em comum. Fundamentalmente se trata de formas e regras do "viver com" capazes de não se render a ortodoxias, dogmas e manipulações do poder (ver *Pactos emocionais: reflexões em torno da moral, da ética e da deontologia*, 2018, p. 44). Temática recorrente na obra de Maffesoli, pode ser encontrada em seus primeiros livros: "Falei de imoralismo ético. Em sua condensação algo provocante, esta expressão quer designar uma sólida e subterrânea consciência que o corpo coletivo possui de si próprio". Ver: *À sombra de Dionísio*: contribuição a uma sociologia da orgia. Rio de Janeiro: Graal, 1985, p. 26. **(Juremir Machado da Silva/GTI)**

Inconsciente coletivo – Michel Maffesoli aborda o conceito de "inconsciente coletivo", proposto pelo psiquiatra Carl Gustav Jung, ao longo de diversos capítulos de sua obra *A república dos bons sentimentos*, incluindo "A paranoia do Saber-Poder", "Nada vale mais que a vida", "O retorno do arcaico" e "Ruptura". Ele argumenta que somos profundamente influenciados pelos acontecimentos sociais, o que molda nossas ações, percepções e comportamentos. Maffesoli sugere que existe uma camada mais profunda de experiências compartilhadas pela sociedade e dentro desse contexto estão incluídos valores, sentimentos e emoções que são compartilhados por um grupo social, apesar da crescente individualização humana, algo que ele critica na obra. Assim, Maffesoli faz referência à influência dos símbolos, mitos e valores compartilhados pela sociedade na maneira como as pessoas pensam, agem e percebem o mundo ao seu redor, muitas vezes sem estarem plenamente conscientes desse processo. **(Luciana Soares de Morais/Namidia)**

Individualismo – Um dos elementos principais da modernidade. Para Michel Maffesoli o individualismo se fundamenta filosoficamente no cartesianismo, "penso, logo existo", religiosamente na reforma protestante e politicamente no iluminismo de Rousseau. O individualismo expressa a ideia de um indivíduo autônomo. Bom etimologista, Maffesoli destaca que, em grego, autônomo significa seguir sua própria lei. O eixo expressivo desse individualismo seria o racionalismo, como controle do emocional e instrumento do projeto de dominação da natureza e de eliminação de todo mistério existencial, o que leva, na fórmula de Max Weber, ao "desencantamento do mundo". O terceiro termo da tríade moderna é progresso. Individualismo, racionalismo e progresso foram o tripé moderno por excelência. O indivíduo autônomo progride por meio da razão, avançando sempre em direção ao esclarecimento absoluto. Essa ideologia moderna, alheia ao cotidiano das pessoas, será posta em xeque pela sensibilidade pós-moderna valorizadora do coletivo e do emocional. Ver: *A violência totalitária* (2001) e *O tempo das tribos* (2006). **(Juremir Machado da Silva/GTI)**

Iniciação – A iniciação poderia ser uma forma alternativa que se via nas sociedades primitivas e que está renascendo atualmente. Neste sentido, Michel Maffesoli desenvolveu a ideia de tribos urbanas como um modelo alternativo às instituições sociais construídas ao longo do século XIX. Na iniciação, segundo o autor, há um processo de interação entre o professor e o aluno. O que está em jogo é o retorno do ideal da comunidade. Ele propõe a seguinte distinção: no modelo educacional, o professor tinha um poder que se impunha de cima; ele deve ter uma autoridade, e isso no seu sentido etimológico (*autoritas*), aquele que faz crescer. As novas gerações rejeitam o poder educacional e demonstram apetite por autoridade iniciática. O conceito pressupõe fusão por algum tempo ou circunstância; vem de baixo, isto é, de gerações mais jovens; representa compartilhamento e ritualização. A educação como iniciação promove o estar-junto, o laço social e afetivo. Ver: *Homo eroticus*: des communions émotionnelles. Paris: CNRS Editions, 2012. **(Lara Ely/GTI)**

Instante eterno – A sensibilidade trágica – ao contrário do drama moderno com sua velocidade e valorização do futuro – promove, na pós-modernidade, uma desaceleração do tempo repleta de instantes eternos em que a figura de Dionísio impera. São paixões, pensamentos e criações que se esgotam no ato, sem economia. Os rituais e a rotina da vida cotidiana aprofundam as relações sociais e o gozo do mundo da forma como ele é, escapando de uma temporalidade moderna. Essa característica é a marca do instante eterno. Michel Maffesoli destaca que, independente de bons ou maus momentos, o que importa é o fato de vivenciarmos esses momentos de maneira qualitativa, com intensidade. Instante eterno, portanto, pode-se dizer do momento repleto de emoções e sensações que edificam a vida cotidiana ou que fazem com que ela seja rememorada em sua essência, passando de simples conexões para efetivas relações interpessoais. Importante esclarecer que o instante eterno não é a busca pela eternidade, mas sim em evidenciar o presente, em gozar o instante em um período da existência em que a velocidade tomou conta e fez desaparecer ou, pelo menos, camuflar valores e crenças. Assim, o instante eterno é aquele que "redinamiza a presença no mundo, favorece a contemplação, ou seja, a apreciação deste mundo tal como é, tal como se dá a viver, aqui e agora, no cotidiano". Ver: *O instante eterno*: o retorno do trágico nas sociedades pós-modernas. São Paulo: Zouk, 2003, p. 51 e 65. **(Kênia Zanella/ Imaginário e Cotidiano)**

Inteireza – No pensamento de Michel Maffesoli, a inteireza está intrinsecamente associada ao holismo, termo que o autor resgata de Émile Durkheim para pensar o contemporâneo. O holismo é a relação estabelecida entre o particular e o conjunto do qual ele faz parte. No que tange ao ser humano, seria entendê-lo segundo sua complexidade e não apenas a partir do cognitivo ou da razão; seria se debruçar sobre a "inteireza" do ser. Inteireza, portanto, pode ser tomada como um sinônimo de totalidade. Ou, nas palavras de Maffesoli, "é devolver suas cartas de nobreza aos sonhos, à paixão, à emoção", entendendo cada um desses como componentes de um ser indivisível (*Pactos emocionais: reflexões em torno da mo-*

ral, da ética e da deontologia, 2018, p. 8). Ao discorrer acerca da inteireza, Maffesoli acaba por romper, portanto, com a cisão cartesiana estabelecida entre corpo/alma e a mente, exaltada como única capaz de levar o homem à verdade absoluta. A defesa do autor diz respeito ao retorno dos sentidos na pós-modernidade (sonhos, paixão, emoção), antes rechaçados. **(Luiza Gould/MULTIS)**

Intuição – Na perspectiva compreensiva e fenomenológica de Michel Maffesoli três noções parecem andar sempre juntas: descrição, intuição e metáfora. É o que ele sustenta em vários momentos, especialmente no quinto capítulo de seu *Elogio da razão sensível* (2001). Mostrar pode ser mais generoso e prospectivo do que se apegar a tentativas abstratas de demonstração. A metáfora, "amplamente desconsiderada na modernidade", na esteira das suspeitas racionais em relação à imagem, permite capturar a "globalidade societal". A intuição é um poderoso mecanismo de antecipação. Em ciência, utiliza-se o termo, talvez por algum pudor objetivista, *insight* para descrever algo que faz parte da própria natureza da intuição. Para Maffesoli a intuição não é uma "simples qualidade psicológica" nem se reduz ao individual, podendo ser vista, ao menos do ponto de vista hipotético, como parte do "inconsciente coletivo", que se traduz como sedimentação da experiência ancestral, concentrado pelo sociólogo como "saber incorporado". Em correspondência pessoal, Michel Maffesoli me dizia: "Considero, de fato, que existe uma estreita relação entre o 'inconsciente coletivo' junguiano e o 'imaginário social'. Estou relendo *As estruturas antropológicas do imaginário* e essa relação é óbvia. Minha análise do imaginário depende inteiramente da de Gilbert Durand. A única diferença é o ângulo de ataque. Durand é mais antropológico (o que fica explícito no prefácio da 1ª edição, 1960), o meu é mais social e centrado na vida cotidiana contemporânea (e agora pós-moderna)". Nessa leitura do "societal" a intuição faz par com a compreensão para, por meio da empatia, ir além da "saturação da cultura objetiva ou objetivista". **(Juremir Machado da Silva/GTI)**

Invaginação – Para Michel Maffesoli, a invaginação emerge como uma característica da pós-modernidade, em oposição à modernidade, representada pela ideia de um retorno simbólico ao ventre, cujo significado remete a uma busca por sentido a partir do sensível. O autor sustenta que essa busca é realizada por meio do *carpe diem*: "[...] atualmente, o sentido não é mais procurado no longínquo, porém, muito ao contrário, no aqui e no agora" (Maffesoli, 2012, p. 59). Desta forma, ao invés de sucumbirmos ao fluxo incessante do progresso, entramos em harmonia com os ritmos da existência. Este deslocamento implica a transgressão do pensamento racional em favor do emocional, resultando na criação de um ambiente propício para relações humanas fundamentadas na emoção, bem como uma aceitação do natural, com o homem olhando para dentro de sua própria natureza e renunciando à busca pela perfeição em prol do desenvolvimento. Ver: *O tempo retorna*: formas elementares da pós-modernidade. Rio de Janeiro: Forense Universitária, 2012. **(Leonardo Alexsander Lessa/Memória, Afeto e Redes Convergentes)**

Irmanação – Permite entender que não é a raiva que liga fortemente os homens, mas a benevolência, bem como coloca o qualitativo como fundamental, sendo o maravilhoso "segredo" da sabedoria esotérica. Colocar o qualitativo como alternativa ao quantitativo é estar atento tanto às alegrias quanto aos sofrimentos que são próprios da nossa espécie. A abordagem maçônica é uma ontologia da relação e a irmanação maçônica corresponde ao neotribalismo pós-moderno, ou seja, um "estar-com" sem finalidade nem emprego, mas pelo simples prazer de ser. Assim, as tribos estão de volta. É a ordem do dia: o estar-com, (re)novando o viver-junto que privilegia o ideal comunitário e a irmanação (existir apenas por e em função do outro). Pela irmanação se considera o amor como elemento fundador de todo viver-junto. Logo, "estamos sempre em relação. A religação é bem o elemento essencial do momento". Ver: *O tesouro escondido*: carta aberta aos franco-maçons e a outros. Porto Alegre: Sulina, 2019, p. 144. **(Glória Rückert Jungkeen/GTI)**

– J –

Jogo das diferenças – Ver **Harmonia diferencial**.

Jogo duplo – O jogo duplo, assim como a astúcia, está entre as "pequenas utopias intersticiais" necessárias à conservação dos indivíduos. É o que permite "dobrar sem quebrar", como um mecanismo de faz de conta onde se pretende aceitar as morais estabelecidas e as imposições dominantes, mas guardando uma distância. O jogo duplo é uma prática astuciosa de sobrevivência, necessário para "salvaguardar o equilíbrio físico e psicológico, gravemente ameaçado" (Maffesoli, Liberdades intersticiais, *in*: Morin, E.; Baudrillard, J.; Maffesoli, M., *A decadência do futuro e a construção do presente*, 1993, p. 65). O âmbito do lúdico também faz parte do jogo duplo, através das festas, do entretenimento e da carnavalização/teatralização do viver em sociedade. O jogo duplo é o "corpo mole" que a massa faz ao tentar fazer crer que é dominada quando, em realidade, determina-se por si própria. O estudo e observação do cotidiano por Michel Maffesoli nos revela que os seres humanos, através dessas transgressões e do jogo duplo, estão constantemente desafiando e driblando as normas, sendo potência quando não podem ser poder. **(Soraya Bertoncello/GTI)**

Jogo social – Ver **Harmonia diferencial**. Junto com essa noção estão agrupados outros termos que remetem à flexibilidade e à versatilidade do societal em ato. Vale destacar que para Michel Maffesoli o vivido tem sempre uma parte agonística. Viver é jogar. **(Juremir Machado da Silva/GTI)**

– K –

Kairós – O cotidiano é um tecido costurado pelo fio do tempo. Mas esse tempo não é cronológico, linear. Michel Maffesoli recorre a um outro elemento temporal, o *kairós*, o momento oportuno, que expande a dimensão do presente para abraçar a complexidade da existência. *Kairós* é uma rica herança da Grécia antiga, celeiro dos estudos da retórica, que explica o fenômeno da *hora certa* para dizer as coisas. Uma sociedade mobilizada por narrativas mitológicas – onde personagens reconfiguram seus destinos a partir de momentos perpetuantes – é o local perfeito para Maffesoli resgatar a metáfora do "instante eterno", uma noção determinante do cotidiano. Assimilar o *kairós* facilita a compreensão dos fenômenos sociais. Dá à ciência capacidade para se atentar às várias instâncias do cotidiano e pavimenta a metodologia com um caminho sintonizado no espírito do tempo. *Kairós* joga para o presente, onde as tribos se juntam para viver a própria história. Do *kairós* somos capazes de ver novos sentidos, num retorno ao trágico, em que a sensação se impõe à razão. Esse instante eterno, mito arcaico, derruba um outro mito, o do progresso. Maffesoli vê *kairós* como uma unidade temporal que questiona a racionalidade porque parte sem a obrigação de chegar a um destino. A cronologia (*cronos*) precisa do fio do tempo oportuno (*kairós*) para acimentar o social. É a composição dos dois que dá a costura do cotidiano, sem mirar um fim ou uma utilidade aparente. Quando nos damos conta que *cronos* (quantitativo) convive com o *kairós* (qualitativo), há um salto compreensivo. Está em todas as histórias: a partida de futebol é *cronos*, o gol é *kairós*. A postagem na rede social é *cronos*, a viralização é *kairós*. Este texto é *cronos*, a sua compreensão é *kairós*. São os *kairós* do tempo que formam o tecido da vida. Ver: *O instante eterno*: o retorno do trágico nas sociedades pós-modernas. São Paulo: Zouk, 2003, p. 46. **(Filipe Speck/GTI)**

– L –

Laço de reciprocidade – "Trata-se, de algum modo, de um laço em que o entrecruzamento das ações, das situações e dos afetos forma um todo. Daí a metáfora: dinâmica da tecelagem, e estática do tecido social. Assim, tal como a forma artística se cria a partir da multiplicidade dos fenômenos reais ou fantasmáticos, também a forma societal poderia ser uma criação específica, partindo dos minúsculos fatos que são os fatos da vida corrente." (Maffesoli, 1998, p. 114). Segundo Michel Maffesoli, a sociedade redescobriu que o indivíduo não pode existir isolado. Todos nós estamos ligados a uma comunidade, seja pela cultura, pelo lazer, pela comunicação, pela moda ou outra forma de identificação. Dessa forma, há a existência de um laço de reciprocidade que tece os indivíduos, criado por meio de ações, situações e afetos que formam o todo, que é a comunidade. Ver: *O tempo das tribos*: o declínio do individualismo nas sociedades de massa. 2. ed. Rio de Janeiro: Forense Universitária, 1998. **(Gracielle Nocelli/Comcime)**

Laço social – Especialmente na obra *O tempo das tribos* e, em outros textos subsequentes, como a obra *O mistério da conjunção* (2005), Michel Maffesoli propõe uma abordagem que contrasta com a visão moderna de sociedade como uma estrutura rígida e hierárquica, destacando a importância dos laços sociais informais e das comunidades efêmeras na contemporaneidade. Para Maffesoli, vivemos em uma era pós-moderna ou pós-industrial caracterizada pela fragmentação, pela fluidez e pela multiplicidade de identidades. Em sua concepção, os indivíduos não estão mais vinculados por grandes narrativas ou ideologias unificadoras, mas sim por uma série de pequenos grupos, tribos ou comunidades. Na visão de Maffesoli, assim, tais laços sociais são caracterizados pela proximidade, pela afetividade e pela intensidade das relações interpessoais, que se manifestam em atividades cotidianas, como festas, celebrações, rituais, festivais e outras formas de encontros sociais informais, tidos pelo autor como momentos efêmeros, em que a verdadeira essência da vida social é experimentada e expressa. Maffesoli sugere que esses laços sociais não são apenas uma resposta à fragmentação da modernidade, mas também uma forma de resistência ao racionalismo e à racionalização da sociedade, como tais, representam uma espécie de retorno ao sagrado, ao mítico e ao simbólico, que são aspectos fundamentais da experiência humana e que foram suprimidos pelo projeto moderno. Para o autor, "[...] o laço social não é mais unicamente contratual, racional, simplesmente utilitário ou funcional, mas contém uma boa parte de não racional, de não lógico, algo que se exprime na efervescência de todas as formas ritualizadas (esporte, música, canções, consumo, consumição, revoltas, explosões sociais) ou, em geral, totalmente espontâneas" (2005, p. 7). Neste sentido, o laço social é tido por Michel Maffesoli como sendo uma rede de relações interpessoais baseada na proximidade, na afetividade e na intensidade, que se manifestam em formas de sociabilidade efêmeras e informais, como uma abordagem que oferece uma visão alternativa e complementar à compreensão convencional da sociedade, enfatizando a importância dos aspectos emocionais, simbólicos e ritualísticos da vida social. Ver: *O mistério da conjunção*: ensaios sobre comunicação, corpo e socialidade. Porto Alegre: Sulina, 2005. **(Valdirene da Silva Campos e Mario Abel Bressan Júnior/Memória, Afeto e Redes Convergentes)**

Lei dos irmãos – Para Michel Maffesoli a lei dos irmãos é uma forma de socialidade que expressa coesão e compromisso entre pessoas da mesma sensibilidade e que não mantêm entre si uma relação hierárquica ou contratualização racional. Tal como acontece frequentemente com Maffesoli, o termo funciona em conjunto com outra expressão, a lei dos pais, que descreve, inversamente, uma dinâmica social de filiação, uma relação de subordinação, por vezes, econômica ou política, e que é um clássico nas ciências sociais. Essa noção permite ampliar uma diferenciação clássica nas ciências humanas entre sociedade e comunidade, que encontramos nomeadamente em F. Tönnies. A lei dos irmãos é provavelmente um dos termos maffesolianos mais utilizados e difundidos. Note-se que a socialidade dos irmãos não está isenta de obrigações, nem mesmo de constrangimentos. Tem os seus códigos, que por vezes jogam com a força de uma lei informal. Comentando essa noção de direito fraterno, Pierre le Quéau mostra como a comunidade em Maffesoli é descrita não como uma condição duradoura e de longo prazo, mas antes como situações não exclusivas, como um acontecimento, uma experiência. A lei dos irmãos é uma relação pontilhada, diz Maffesoli. Observe-se que em francês a palavra pai, *père*, é homófona de pares, *pairs*. Maffesoli utilizou por vezes esse jogo de palavras para ilustrar a transição das sociedades patriarcais para comunidades *fratriarcais*, e que constitui um índice do advento da pós-modernidade. A lei dos irmãos está muito presente na obra de Maffesoli, principalmente em *O tempo das tribos* (1988), mas também em *À sombra de Dionísio* (1991) e *A transfiguração do político* (1995). **(Stéphane Hugon/ Eranos – Paris – Seul)**

Libertário (pensamento) – O pensamento libertário permite liberdade de visão e liberdade de movimento na postura de pesquisa. O pensamento libertário corresponde à “gaya scienza” defendida por Nietzsche, levando da desenvoltura à flexibilidade absoluta do intelectual. Com as devidas nuances, o pensamento libertário na postura intelectual do pesquisador das ciências humanas corresponde a mais liberdade nas escolhas teóricas e ao abandono do “pronto para pensar” e das teorias feitas. No método, esta liberdade permite abrir-se para mais empatia com o objeto, ou, pelo menos, a mais interações entre o observador e o seu objeto de estudo: cumplicidade, compreensão, proximidade e conexão. Ver: *O conhecimento comum*: introdução à sociologia compreensiva. Porto Alegre: Sulina, 2007. **(Martine Xiberras/UPVM3)**

Atitude de espírito feita de ironia e independência. Segundo Michel Maffesoli: "Sensibilidade somente capaz de identificar e, principalmente, de analisar o plural da existência. Sensibilidade algo anômica ou heterodoxa que, sempre, se situa na contracorrente do bom pensamento dogmático. E isso, em particular, porque ela relativiza o saber absoluto e algo abstrato, em proveito de um conhecimento que privilegia as singularidades concretas". Ver: *A ordem das coisas*: pensar a pós-modernidade. Rio de Janeiro: Forense Universitária, 2016, p. 57). **(Christina Ferraz Musse/Comcime)**

Lógica de rede – Significa a forma social em rede. "Conjunto inorganizado e, no entanto, sólido, invisível, porém, servindo de ossatura a qualquer conjunto, seja ele qual for." (Maffesoli, 1998, p. 119). Os modos de vida contemporâneos não se estruturam mais a partir de um polo unificado (experiências e situações variadas). As experiências e situações variadas induzem os agrupamentos afinitários. O prazer de estar junto é determinado pelo gosto comum. Ver: *O tempo das tribos*: o declínio do individualismo nas sociedades de massa. 2. ed. Rio de Janeiro: Forense Universitária, 1998. **(Ana Paula Dessupoio Chaves/Comcime)**

Lúdico, ludismo – De acordo com Michel Maffesoli, no momento em que o dever-ser e as tradições deixam de ter o impacto a eles atribuído, o jogo deixa de ser uma exceção para tornar-se a maneira natural de viver "a poesia da existência que se capilariza na totalidade das práticas e das situações diárias" (2005, p. 53). O lúdico/ludismo, contraponto do utilitarismo, é o querer-viver da sociedade e está encarnado cotidianamente na forma de rituais que pontuam a vida social, não restrito às experiências de lazer, mas em qualquer vivência onde exista a comunhão de emoções e sensações. Para o autor, as relações familiares, as festas rituais, as relações harmoniosas ou conflituais que, por alguma razão, precisam de encenação, também são o lúdico. Mais do que um "divertimento de uso privado" (*id.*, p. 55), o lúdico é "o efeito e a consequência de toda a socialidade em ato". A essência da vida coletiva e também da existência individual é lúdica, pois é o lúdico que permite aos indivíduos viverem um presente essencialmente precário e finito. Ver: *O mistério da conjunção*: ensaios sobre comunicação, corpo e socialidade. Porto Alegre: Sulina, 2005. **(Soraya D. Bertoncello/GTI)**

Luzes – A obra de Michel Maffesoli é um libelo contra a racionalização de tudo como resultado do iluminismo emancipador e com pretensões ao esclarecimento total. O "ousar saber" não pode se transformar em algo como nenhum mistério pode existir ou em toda emoção deve ser controlada e explicada racionalmente. A eliminação de toda zona de sombra acaba no "desencantamento do mundo". O iluminismo é um dos pilares do individualismo moderno com sua aspiração à autonomia do ser humano em relação ao seu meio. Em *Ecosofia: sabedoria da casa comum* (*Revista Famecos*, v. 24, n. 1, 2017), ele escreve: "Dominar e controlar a natureza, tal será o *leitmotiv* lancinante constitutivo da modernidade. Origem bíblica, legitimação filosófica com Descartes e os filósofos iluministas, apogeu dos grandes sistemas sociais do século XIX, o marxismo sendo sua forma acabada, tal é o processo inelutável que, em dois mil anos, conduzirá a esta devastação do mundo. A natureza não sendo mais uma parceira com a qual se pode jogar, parceira que convém respeitar, mas sim um objeto explorável, sem pudor, que se pode violar à saciedade". No mesmo texto, criticando um subjetivismo nefasto, ele diz: "Subjetivismo que, ainda que não seja consciente, permanece o princípio e o fim de inúmeros observadores sociais e decididores de todo tipo. É este subjetivismo que, a partir do iluminismo, serviu de fundamento para os diversos sonhos de emancipação. E que se mantém, sob forma encantatória, neste psitacismo, esta repetição mecânica de fórmulas vazias que substituem a análise". O enfrentamento com a filosofia das luzes está polvilhado na obra de Michel Maffesoli, nas suas entrevistas e conferências. **(Juremir Machado da Silva/GTI)**

– M –

Máscara – A noção de máscara está diretamente relacionada à *persona* que é construída na e pela comunicação. *Persona* diz respeito às distintas potencialidades do humano como o afeto, imaginação, sentido e razão que fazem o indivíduo ir na direção do outro. Dessa maneira, a *persona* possui diversas máscaras que possibilitam ao eu se reconhecer no outro por meio de múltiplas identificações. A multiplicidade do eu, figurada pelas máscaras, permite a compreensão das emoções e das distintas lógicas de diferenciação. "O aspecto aberto da *persona* em direção ao outro e aberto em mim podem explicar as diversas inclinações sociais que fazem a sociedade." (*Au creux des apparences,* 1990, p. 255). Assim, a máscara faz parte da "teatralidade cotidiana", subordinada à comunicação. Ver: *No fundo das aparências*. Petrópolis: Vozes, 1994. **(Cristiane Freitas/Kinepoliticom)**

O conceito de "máscara" está ligado a papéis sociais que os indivíduos assumem. O termo "máscara" se refere à forma como as pessoas apresentam diferentes facetas de si mesmas, permitindo os indivíduos exercerem outras funções e atuar em contextos sociais variados. Michel Maffesoli argumenta que a máscara pode ser uma tatuagem, uma cabeleira extravagante, a reutilização de roupas fora de moda ou o conformismo a um estilo de "gente de bem". A máscara revela que na sociedade contemporânea as identidades individuais não são mais vistas como fixas e coerentes, como eram frequentemente consideradas na modernidade. Em vez disso, as identidades são mais fluidas e multifacetadas, e as pessoas frequentemente utilizam "máscaras" sociais para se adaptarem a diferentes situações e grupos. A ideia central da "máscara" de Maffesoli é que as pessoas podem adotar papéis e comportamentos diferentes em diferentes contextos sociais. Esses papéis não são necessariamente falsos, mas sim formas de se ajustar e se relacionar de maneira mais eficaz com os outros. Por exemplo, alguém pode se comportar de maneira diferente no trabalho, com a família, com amigos ou em um contexto de lazer, e essas diferentes "máscaras" podem refletir aspectos diferentes de sua personalidade. Maffesoli vê o uso de "máscaras" como uma forma de lidar com a complexidade da vida social contemporânea, na qual as relações podem ser mais fluidas e as identidades podem ser mais fragmentadas. Ele também destaca a importância das redes sociais, onde as pessoas frequentemente compartilham diferentes aspectos de suas vidas, contribuindo para a construção dessas múltiplas identidades. Portanto, o conceito de "máscara" em Maffesoli representa a ideia de que as pessoas adotam diferentes papéis e expressões de acordo com o contexto social, resultando em identidades multifacetadas que subordinam os indivíduos a uma sociedade secreta, ou seja, ao grupo afetivamente escolhido. Cf. *O tempo das tribos*: o declínio do individualismo nas sociedades de massa. Rio de Janeiro: Forense Universitária, 1989, p. 128. **(Rômulo Medeiros Pereira e Eunice Simões Lins/ GEPAI)**

Materialismo místico – Não sendo um materialista, mas um fisicalista, em referência ao mundo físico que é, segundo o que sabemos, energia/matéria, sou também, como meu amigo Michel Maffesoli, um místico, em comunhão e, por vezes, quase em êxtase com o desconhecido e com o Mistério que, ao mesmo tempo, nos envolvem e estão dentro de nós. **(Edgar Morin)**

Há uma dimensão orientalista, mística, espiritualista na obra de Michel Maffesoli, mas "nada tão esotérico assim". Esse matiz não sucumbe à influência do fundamentalismo religioso. Tampouco se afasta de uma materialidade em consonância com a organicidade do "mundo vivido". É raridade encontrar um cientista social na Sorbonne que lide com temas clássicos com um olhar contemporâneo. Maffesoli atualiza o debate sobre as instituições consagradas, orientado por uma "epistemologia sensível", às vezes contemplativo, crítico e com fina ironia. Uma "gaia ciência" que reconhece o trágico do social, sem ressentimento, mas impulsionado pela *libido sciendi* (o desejo de conhecer); vide as obras *A república dos bons sentimentos* (2008), *O conformismo dos intelectuais* (com Hélène Strohl, 2013) e *O tesouro escondido* (2019).

Maffesoli permanece atento às formas da vida comum na metrópole, mas buscando uma "união cósmica", lúdica, astuta, sapiente, como instância primordial que lança luzes para a filosofia do presente. *A conquista do presente* que se atualiza a cada dia. Leitor de Simmel, Nietzsche e Salomé, o nosso pensador não poderia se deixar fisgar pela razão instrumental, o saber cristalizado, as regras do método *a priori*. Interessa-lhe recolher *O conhecimento comum* para além da paisagem midiatizada, extrair a transcendência no *Instante eterno* do acontecimento, descobrir e valorizar (como Suassuna) a astúcia e inteligência dos "voyous", "hackers" e "dandies", cujas vivências errantes demonstram um estilo de religiosidade profana, um modo de *nomadismo* que experimenta as *vagabundagens iniciáticas*. Sua sociologia é includente, gregária, atenta ao dinamismo social, sem o mantra sociológico do "dever-ser".

Um saber matizado pelo simbolismo da *Sombra de Dionísio* (meio humano, meio divino), o anti-herói tribalista, sensual e comunitário, que reúne a dimensão orgânica e simbólica do social. Tal perspectiva se manifesta sob a forma do *Mistério da conjunção* (1997), pela coincidência dos opostos, "oxímoros" e "aproximação das fronteiras". Desta forma subverte a racionalidade cartesiana orientando-se por um "politeísmo de valores" que emana das leituras de Jung, Bachelard e Durand, fundadores de uma epistemologia do imaginário simbólico.

Uma senha básica para um entendimento do seu "materialismo místico" se revelaria na ideia de que "por trás de cada estereótipo há sempre um arquétipo revigorador". Maffesoli, antes de ser "pós-moderno", é um pensador pós-medievalista, que significa agir – como Baudelaire e Benjamin – sondando a "aura" dos objetos na sociedade de consumo, extraindo o "valor de culto" no repertório secular, na parte banal da "vida prosaica" do Atual e Cotidiano. Para ele, "é mobilizando a sensibilidade profunda que se pode estar em condições de reconhecer, ao mesmo tempo, o fim de um mundo e o renascimento de outro" (*O tesouro escondido*, 2019, p. 154). **(Cláudio Cardoso de Paiva/ UFPB)**

Mestiçagem – Para Michel Maffesoli, leitor de Max Weber, o politeísmo de valores, o policulturalismo, o multilateralismo, representam a mistura de ideias. Para Gilberto Freyre, em *Casa-grande & senzala*, a mistura de raças induz à abertura de espírito e leva ao relativismo cultural pela "miscigenação". O cruzamento é o relativismo em ação: uma conexão entre culturas e diversas formas de ser. Um exemplo de mistura de religiões está na intensidade dos cultos afro-brasileiros, o candomblé de Salvador da Bahia, o xangô em Recife, a umbanda no sul do Brasil. Os cultos de possessão e transe ocupam lugar de destaque. O terreiro, local desses cultos, é um mundo de forma abreviada: todas as classes sociais, todas as formas de solidariedade estão representadas. Ver: *Iconologies*: nos idol@tries postmodernes. Paris: Albin Michel, 2008. **(Martine Xiberras/UPVM3)**

Metapolítica – Ao longo da sua obra, com maior ou menor ênfase, Michel Maffesoli aborda a questão dos limites da política tradicional baseada no projeto racionalista e nas promessas de um futuro radioso. Em *Lógica do assentimento* (2023, p. 140), ele fala em metapolítica como expressão de algo mais orgânico e encarnado nas práticas sociais cotidianas, uma força capaz de despertar os "instintos primordiais que são o cimento social de todo estar-junto digno desse nome". Para ele se trata de mais um sinal do esgotamento da modernidade com sua ênfase no individualismo. **(Juremir Machado da Silva/GTI)**

Midiacracia – Pensador da comunicação, sem o ódio frankfurtiano contra a mídia, mas arguto na diferenciação entre opinião pública e opinião publicada, Michel Maffesoli inverte a relação clássica entre emissor e receptor. Em *A transfiguração do político* (1997, p. 90), ele fornece uma leitura original: "Os publicitários, jornalistas e outros 'líderes de opinião' não se enganaram ao, no lugar de querer dirigir as massas, preferir segui-las. Mostrei, a respeito da 'midiacracia', que os apresentadores vedetes da televisão, os jornalistas reputados e as diversas *stars* da telinha só alcançavam tal condição na medida que se dobravam às exigências dos telespectadores, cristalizando-lhes as expectativas. Em resumo, podiam dizer: eu sou o chefe deles; devo segui-los. Em contrário, eram destronados sem piedade. A usura explica menos as diversas mudanças acontecidas na 'midiacracia' do que a maior ou menor capacidade de saber captar o espírito do tempo para, em seguida, 'cuspi-lo novamente' com discernimento". A midiacracia é uma comédia. **(Juremir Machado da Silva/GTI)**

Misticismo da errância – O conceito de "misticismo da errância" é introduzido como uma reflexão sobre uma dimensão da experiência humana que transcende o tangível e é, paradoxalmente, algo que não pode ser feito, mas sim vivenciado de alguma forma. De acordo com o autor, esta ideia descreve uma sensação ou estado de espírito que permeia a jornada do indivíduo através da vida. É descrito como uma condição essencial para a existência em sociedade, influenciando profundamente as atitudes, modos de vida e interações sociais de uma pessoa. O "misticismo da errância" é visto como eficaz na geração de uma comunidade compartilhada e na formação de uma identidade coletiva, moldando os padrões culturais e comportamentais de uma época. Na contemporaneidade, exemplos como reuniões musicais, eventos esportivos ou consumistas são citados como evidências de sua influência, mostrando como esta sensação de pertencimento e busca por novas experiências impacta diferentes aspectos da vida moderna. Este conceito ressalta a importância da experiência subjetiva e da busca por significado na jornada humana, especialmente em um mundo onde as fronteiras entre o físico e o espiritual são cada vez mais tênues. Ver: *Sobre o nomadismo*: vagabundagens pós-modernas. Rio de Janeiro: Record, 2001, p. 170. **(Lara Rezek/Comcime)**

Mitema – Na percepção de Michel Maffesoli, "pequenos pedaços de mitos, cada um dos quais pode, por impacto, por ressonância, por capilaridade, por contaminação, referir-se a outros, sugerir outros". Ver: *Iconologies*: nos idol@tries postmodernes. Paris: Albin Michel, 2008. **(Martine Xiberras/ UPVM3)**

Mito coletivo – O desejo de estar-junto, essa força de atração cotidiana, que agrupa pessoas de classes sociais diferentes, de modo efêmero, como num jogo de futebol ou num show, na base de uma vibração comum, ou de maneira mais permanente, não existe sem catalisadores, esses elementos simbólicos que, como rios caudalosos, empurram uns em direção aos outros. Para Michel Maffesoli, o presente se alimenta de mistérios do passado, sem jamais esquecer, segundo ele, que "o mistério é que une iniciados entre eles, precisamente por compartilharem mitos coletivos, ou seja, o que fundamenta todo estar-junto fundamental". Mitos coletivos atuam como forças agregadoras, histórias transmitidas de geração em geração, sofrendo pequenas alterações em alguns momentos, mas preservando a capacidade central de juntar para o gozo coletivo. Ver: *Logique de l'assentiment*: dire oui à la vie. Paris: Cerf, 2023, p. 26. **(Juremir Machado da Silva/GTI)**

Modernidade – A modernidade, período que se estende do século XVII até metade do século XX, principalmente na Europa, é caracterizada pela racionalização generalizada da existência e pela prevalência do individualismo. Neste período, ocorre uma abstração da alteridade em favor da racionalidade cartesiana, que organiza socialmente a vida e busca o progresso como objetivo máximo. O futuro é idealizado como o momento em que esse progresso será plenamente alcançado, alimentando a utopia de uma sociedade melhor. No entanto, Michel Maffesoli argumenta que esses valores estão saturados e ultrapassados. O individualismo, a razão, a economia e o progresso, tidos como pilares da arquitetônica ocidental (2012, p. 5), são agora vistos como meras máscaras de um universalismo que alguns relutam em admitir como ultrapassado. Ele sugere que é necessário refletir sobre essas características modernas, não para reafirmá-las, mas para compreender como estão saturadas e buscar novas formas de pensar a sociedade atual, pós-moderna. Ver: *O tempo retorna*: formas elementares da pós-modernidade. Rio de Janeiro: Forense Universitária, 2012. **(Luana Chinazzo/GTI)**

Monstrar, (de)monstração – Hábil utilizador das palavras, torcendo-as quando necessário para delas tirar o sentido que traz à tona o encoberto, Michel Maffesoli joga com o verbo francês *montrer* (mostrar) e com o substantivo *démonstratation* (demonstração) fazendo aparecer outra figura, o monstro (*monstre*), como se demonstrar fosse um procedimento pelo qual se mostra o monstro à espreita. Para ele, mostrar pode ser mais relevante e urgente do que "monstrar", ou seja, demonstrar. A demonstração está ligada à prova cabal enquanto o ato de mostrar indica o contingente, aquilo que se dá a ver por um momento na sua singularidade, facticidade e transitoriedade. Em *A conquista do presente* (1984, p. 152), o sociólogo precisa: "Assim, ao contrário de uma sociologia que se havia constituído sobre a valorização do quantitativo, e diante dos magros resultados obtidos, uma análise do ritual a um engajamento da inflexível corda bamba do qualitativo. Atitude um pouco paradoxal, pois se trata de tornar o lábil, o eternamente em movimento numa forma mais coerente. Por isso, em nossa análise do cotidiano, torna-se mais importante uma 'mostração' do que demonstração". O monstro do quantitativo quer devorar o qualitativo. No dia a dia, por outro lado, existem outros monstros, que podem ser visualizados. Afinal, existe um "fantástico do cotidiano" que pode fazer do comum algo extraordinário para quem sabe ou consegue ver para além do racional. **(Juremir Machado da Silva/GTI)**

Moral – Conforme Michel Maffesoli explica no livro *Pactos emocionais* (2018, p. 23), a moral se configura no século XVIII, na qual pode ser aplicada em todos os lugares e em todos os tempos, privilegiando os valores abstratos e eternos, ou seja, o contexto da vida enquanto intuito longínquo (finalidade). Em resumo, é quando "é necessário agir não em princípios abstratos e gerais, mas concretamente e de acordo com o momento" (Maffesoli, 2018, p. 56). Logo, depreende-se de um modo global, generalista, o que é justo. Ainda, pode-se relacionar a moral com a revolução (consciente) ligada ao aspecto judicativo e normativo que prevalece na sua postura; e, também, com a essência religiosa (inconsciente), já que remete a uma vida além, ou seja, que está acima dela própria. Pontua-se, por fim, como uma lógica do "dever-ser", em que incentiva a consciência singular e sua parte filosófica, tendo como causa e efeito o progressismo. Ver: *Pactos emocionais*: reflexões em torno da moral, da ética e da deontologia. Curitiba: PucPress, 2018. **(Aline Pinna/MULTIS)**

Moralismo intelectual – Espírito libertário, Michel Maffesoli abomina os diferentes tipos de moralismo que, com máscaras diversas, tentam disciplinar a vida a cada época. Em *O mistério da conjunção* (2005) ele dedica um subcapítulo ao tema do "moralismo intelectual". Para ele, isso tem a ver com a vontade do intelectual de dizer como a vida deve ser regulada e vivida: "A principal razão disso é certamente o moralismo repugnante que, sem poupar nenhuma tendência, serve de terra fértil à produção intelectual. Em versão laica ou eclesiástica, o cardeal sempre quis ser o intérprete do dever-ser" (2005, p. 62). Moralismo intelectual e moralismo ambiente são duas faces de uma mesma vontade de controle social. Por quase toda parte, porém, no jogo duplo do cotidiano, são encontradas maneiras de conciliar elementos aparentemente inconciliáveis, adotando-se mil subterfúgios para driblar os imperativos categóricos do momento e seguir os imperativos atmosféricos que seguem o clima da vida como ela é. Em *No fundo das aparências* (1996), Maffesoli retoma o tema do moralismo intelectual. **(Juremir Machado da Silva/GTI)**

– N –

Não-trabalho – O "não-trabalho" contempla toda atividade que não faz parte da estrutura convencional de trabalho e produtividade existente no capitalismo. Por exemplo, eventos ligados ao lazer, convivência afetiva e descanso são considerados como "não-trabalho". De maneira oposta à lógica racional e individualista da produtividade ligada aos empregos modernos, o "não-trabalho" se firma em momentos regidos pela emoção, caracterizados pela formação de vínculos e busca por atividades prazerosas. Tal movimento em direção ao rompimento com instituições tradicionais na sociedade pós-moderna indica uma reaproximação ao tribalismo, com as pessoas desejando envolvimento emocional com grupos aos quais se identificam. A busca por tal improdutividade não racional gera equilíbrio às pessoas dentro da sociedade pós-moderna, que balanceiam suas vidas entre trabalhar e "não-trabalhar", produção e lazer, individualidade e convívio. Assim, tal ideia se guia pelo contraste à racionalidade da prioridade máxima ao trabalho e produção, ainda que não rompa totalmente com a existência de tal conceito na vida dos indivíduos. Ver: *O tempo das tribos*: o declínio do individualismo nas sociedades de massa. 2. ed. Rio de Janeiro: Forense Universitária, 1998. **(João Gabriel Xavier/Comcime)**

Narcisismo – Conta o mito que Narciso, ao se ver e descobrir sua própria beleza, se apaixona perdidamente por si mesmo. Sua obsessão pela própria imagem foi tão intensa que o levou a definhar e morrer. A modernidade rejeita o narcisismo; ao fazê-lo, ignora o sentimento profundo que causa o encantamento pelo corpo refletido. Compreender essa autodescoberta – um processo imprescindível de reconhecimento –, nos permite enxergar os elementos que formam a *persona* dentro do seu contexto social. Michel Maffesoli se interessa pelo narcisismo como um fenômeno que integra o indivíduo ao coletivo. O narcisismo não surge apenas de um mergulho no reflexo de si mesmo, mas também da imersão no ambiente social que conforma esse reflexo. Maffesoli percebe o "narcisismo coletivo" como um sentimento que fortalece o pertencimento de indivíduos ao corpo social. A prática de exibir seus adornos e vê-los refletidos nos outros consolida as tribos. Na comunicação contemporânea, isso se expande: o potencial técnico das redes sociais permite que um único usuário crie incontáveis avatares, cada um capaz de fazer um espetáculo à parte para cada grupo de seguidores. Tudo de forma autônoma, com capacidade de se conectar com quem quiser e estabelecer a regra que convier. Há, assim, uma ética estética por trás do narcisismo coletivo. Maffesoli a define como uma moralidade baseada no desejo e no impulso de se agregar sem obrigações formais ou sanções. Esse motor é alimentado pela energia de indivíduos encantados pelo presente. A potência é imprevisível, pois um grupo coeso mobiliza qualquer esfera social, da política à artística, da religiosa à hedonista. E assim se mantém enquanto aquela ética for compartilhada. Mas mesmo que o grupo venha a definhar e morrer, esse "corpo social" pode, como no mito de Narciso, se transformar em algo novo e sedutor – na história, uma flor; no presente, uma imagem que continuará a inspirar outros narcisistas ávidos por signos que alimentam o *être-ensemble*. Ver: *No fundo das aparências*. Petrópolis: Vozes, 2010, p. 17. **(Filipe Speck/GTI)**

Noção – Como alternativa à rigidez do conceito, Michel Maffesoli opta por falar de noção, uma abordagem mais flexível e suave, que permite a expressão da preocupação intelectual sem impor uma verdade absoluta. A noção é uma "instrumentação congruente com o momento vital" (Maffesoli, 2008, p. 7), reconhecendo, assim, a pluralidade da vida e possibilitando diferentes perspectivas sobre um mesmo objeto. Dessa forma, a noção permite que diversas visões coexistam, cada uma mantendo sua autonomia, sem a necessidade de reduzi-las a um único fator determinante. Ela enfatiza a modéstia intelectual e aceita as imperfeições e lacunas da existência, promovendo uma postura mais orgânica e respeitosa em relação à realidade. Enquanto o conceito busca a verdade, a noção busca a semelhança, descrevendo o mais próximo possível aquilo que é e se colocando à altura do cotidiano e de sua complexidade. "No que tange ao conhecimento, a atitude nocional se apercebe da heterogeneidade; acerca de um mesmo objeto, ela fornece esclarecimentos diversos; enfim, indica que tal objeto é a um só tempo isto e aquilo." (Maffesoli, 2010, p. 63). Ver: A terra fértil do cotidiano. *Revista Famecos*, Porto Alegre, n. 36, p. 5-9, ago. 2008; *O conhecimento comum*: introdução à sociologia compreensiva. Porto Alegre: Sulina, 2010. **(Luana Chinazzo/GTI)**

Nomadismo – Michel Maffesoli considera que o nomadismo revela a volta do dionisíaco ao nosso tempo e se opõe a formas de controle como aquela do Estado moderno, em que fixar significaria a possibilidade de dominar, sendo o sedentarismo uma espécie de dominação. O nomadismo, por outro lado, revela a preocupação com um tipo de vida marcado pelo qualitativo, a quebra do enclausuramento e o compromisso de residência, que privilegiam simultaneamente a dinâmica do exílio e a da reintegração. "Também é tempo de levar a sério a intensificação da pulsão de errância, que, em todos os domínios, numa espécie de materialismo místico, lembra a impermanência de qualquer coisa." (*Sobre o nomadismo: vagabundagens pós-modernas*, 2001, p. 17). Assim, o autor posiciona a imobilidade absoluta como ideal do poder, do qual a morte é o exemplo mais bem-acabado. Por outro lado, o ser social é circulação, fluidez, devir. "Desarticulando o que está estabelecido quanto a coisas e gentes, o nomadismo é a expressão de um sonho imemorial que o embrutecimento do que está instituído, o cinismo econômico, a reificação social ou o conformismo intelectual jamais chegam a ocultar totalmente." (2001, p.

41). Aproxima-se assim a pós-modernidade com a pré-modernidade, no sentido de não se preocupar com o amanhã, gozar o instante e se acomodar ao mundo como ele é, Maffesoli propõe não ser mais admissível opor uma errância elitista, a do *jet-set*, a uma errância da pobreza. E completa: "Será que uma e outra não participam de um mesmo nomadismo, tendo sua parte de miséria, existencial para este, física para aquele, mas fundamentando-se em uma concepção de vida eminentemente presenteísta?". (2001, p. 132). Outra comparação interessante: o nomadismo é relacionado a uma espécie de ascese. "É um exercício de ser melhor, de estar bem. O que o aproxima do hedonismo, que é preciso não entender, claro, em seu sentido trivial, como a busca de um gozo vulgar e egoísta, mas como aquilo que permite uma ampliação de si para qualquer coisa de maior, englobando a terra e seus frutos, os outros, o mundo em sua globalidade, quer dizer, o divino que está em nós, que está em todas as coisas." (2001, p. 152). **(Christina Ferraz Musse/ Comcime)**

O nomadismo, um estilo de vida e de organização social arcaico, foi revisto por Michel Maffesoli em 1997, no final do século XX, e associado a novos significantes. No original em francês, e na tradução em espanhol (México, 2004), o título do livro *Nomadismo* vem associado à ideia de "vagabundagens iniciáticas". Em português, publicado em 2001 pela Record, o título foi modificado para "Sobre o nomadismo, vagabundagens pós-modernas". Este fato nos chama a atenção porque as ideias, pesquisas e propostas sobre o significante "pós-modernas" foram introduzidas, com vigor, no século XXI. O nomadismo tem sua raiz na errância, que, segundo o autor, provoca no indivíduo um desejo de evasão, de outro lugar, da busca de outras condições sociais, ou mesmo da necessidade de novas experiências. Em 1939, Sigmund Freud, em tempo de exílio na Inglaterra, escreveu a obra *Moisés e o monoteísmo*, na qual lança a hipótese de que o deslocamento de um grupo social, para outra região, conhecido como o Êxodo (1350 a 1215 a.C.), deu origem a um outro povo. Neste texto, Freud faz uma bela comparação entre o indivíduo e o social, como interpreta Betty Fuks (2014), para quem Freud planta a ideia da identidade do povo judeu baseada na errância e no nomadismo. Para Maffesoli, se o monoteísmo pode se amenizar com o domínio do indivíduo e do universo, o politeísmo possui por natureza uma parte mais itinerante e "evoca um destino que não se pode determinar, pois se vive ao largo de um 'caminho' em constante devir que se compõe de iniciações sucessivas. Neste sentido, a vida errante pós-moderna é precisamente a que pode permitir uma ponte entre o mundo contemporâneo e os valores tradicionais, cuja atual revitalização atrai a atenção de todos os observadores sociais" (Maffesoli, 2001. p. 112). Talvez, seja o nomadismo o desafio pós-moderno mais mobilizante para o caminho do fenômeno da migração e o que leva milhares de indivíduos à diáspora. Outra hipótese de Maffesoli sobre o nomadismo e pós-modernidade é que as iniciações produzem "uma espécie de iluminação para reconhecermos que as experiências vividas nos conduziram até um porto seguro" (2001, p. 203). Ver: Freud, Sigmund. *Moisés e o monoteísmo*. São Paulo: Companhia das Letras, v. 19, 2018; Fuks, Betty. *O homem Moisés e a religião monoteísta - Três ensaios*: o desvelar de um assassinato. Rio de Janeiro: Civilização Brasileira, 2014; Maffesoli, Michel. *Sobre o nomadismo*: vagabundagens pós-modernas. Rio de Janeiro: Record, 2001. **(Regina Gloria Nunes Andrade/ UERJ)**

Nomadismo passional – Para Michel Maffesoli, o nomadismo está cada vez mais presente nas sociedades pós-modernas, as quais possuem outras perspectivas em relação ao tempo, em que tudo é mais efêmero e modificado muito rapidamente. O nomadismo passional sugere uma noção de viver o momento presente, como uma necessidade de uma espécie de fuga ou desapego das angústias e preocupações do cotidiano e de sua rotina metódica. Trata-se do indivíduo pós-moderno em sua busca em tentar respirar novos ares, a buscar o prazer e no desejo de mudança do estado de coisas (*Sobre o nomadismo: vagabundagens pós-modernas*, 2001, p. 127). O nomadismo passional é a busca por aventuras e descobertas ao estranho e ao estrangeiro. Maffesoli compara a uma metáfora dionisíaca para ressaltar a importância do improdutivo à sobrevivência da sociedade. Não interessa muito o futuro e as coisas, e sim o momento de viver o prazer (2001, p. 130). **(Igor Portela/Comcime)**

Nós – Para Michel Maffesoli, o conceito de "nós" transcende a visão convencional da sociologia, sendo fundamental para compreender as intricadas teias sociais contemporâneas. Ele destaca a importância dos laços coletivos, enfatizando a ideia de pertencimento a tribos e subculturas. Nesse contexto, o "nós" representa a força vital que impulsiona as interações humanas, proporcionando um sentido mais profundo de identidade e significado compartilhado. Maffesoli desafia abordagens individualistas, propondo uma análise mais holística, onde as relações sociais são fundamentais para entender a complexidade da vida em sociedade. Assim, o "nós" não se limita a uma mera coexistência, mas configura-se como uma estética comum que é expressão autêntica desse "nós", da interdependência, onde os sujeitos encontram na coletividade um terreno fértil para construir experiências enriquecedoras e dar significado à sua existência. Essa perspectiva dinâmica reforça a ideia de que somos seres intrinsecamente sociais, moldando e sendo moldados pelas relações que estabelecemos ao longo da jornada humana. Cf. *O tempo das tribos*: o declínio do individualismo nas sociedades de massa. Rio de Janeiro: Forense Universitária, 1989, p. 15, 93 e 193. **(Rômulo Medeiros Pereira e Eunice Simões Lins/GEPAI)**

– O –

Objetos – Aberta ao mundo sensível, a obra de Michel Maffesoli atribui grande importância aos objetos: "Há de fato uma estética da vida quotidiana que se inaugura com os objetos e que é reforçada pela sua valorização". Essa afirmação evidencia o potencial que o objeto, mesmo o mais "comum", carrega no que diz respeito a uma sensibilidade partilhada. Concebido desta forma, e não como uma ferramenta ou sinal de distinção, o objeto material cria uma conexão: fortalece as nossas relações com os outros e com o mundo. Contudo, se esta é uma constante neste pensamento sociológico, é particularmente em *No fundo das aparências* que o objeto recebe particular atenção. Daí o apelo a considerar, para além de qualquer desconfiança moderna, a "participação coletiva no mundo dos objetos", isto é, ir além da obsessão crítica para vislumbrar outras dimensões do objeto: por exemplo, as da memória e da identificação que isso induz. Contudo, se o objeto vai além do esquema crítico, também nos encoraja a ir além do esquema subjetivista. Num caso, dada a sua complexidade, o objeto já não pode ser reduzido ao puro ato de consumo, quer porque é "funcional" e, portanto, necessário, quer porque a "sociedade de consumo" consegue alienar o indivíduo, ou, finalmente, porque garante alguma "distinção social"; no outro caso, o objeto não se limita à satisfação de necessidades psicológicas, como um fetiche ao qual se retorna para sustentar a fortaleza da personalidade. O objeto, e é aqui que a obra de Michel Maffesoli se mostra muito lúcida, é muito mais do que uma imposição objetiva e uma escolha subjetiva. Fica aquém da estrutura e da liberdade, se quisermos evocar duas perspectivas que há muito são dominantes na sociologia. Se nos permitirmos apontar os antípodas em que se encontram estes dois diagramas, é para melhor situar o pensamento maffesoliano no que diz respeito ao objeto: "ele é uma 'ponte' com os outros", dirá ele tomando de empréstimo uma metáfora cara a Georg Simmel. É nesse sentido que o objeto carrega uma potência propriamente estética: "agrega-se a partir de uma função". Essa vocação do objeto a agregar, como dissemos, exprime-se em várias modulações: é um padrão em torno do qual nos reunimos para nos identificar, ou é um símbolo cuja mera presença anima uma tradição, ou seja, uma memória. Deste ponto de vista, o objeto não só cria um vínculo ao nos identificar com os outros, mas também nos enraíza no tempo. É, portanto, oportuno falar, como Michel Maffesoli, de objetos imagéticos, para recordar que o seu caráter material não esgota de forma alguma o que é capaz de gerar no plano imaginário. É isso que escondeu a ênfase um tanto desproporcional no objeto como marcador social, que a obra de Michel Maffesoli continua a trazer à luz: além do "efeito de realidade", o objeto induz mais um efeito imaginário que a sociologia, pois o conhecimento comum (e especialmente do comum) não pode ser negligenciado. Ver: *No Fundo das aparências* (1996) e *A Contemplação do mundo* (1995). **(Pablo Cuartas/Colômbia)**

Opinião pública/opinião publicada – No contundente e provocativo *Apocalipse* (2010, p. 9), Michel Maffesoli fustiga o poder dos emissores privilegiados com uma límpida e aguda diferenciação entre opinião pública e opinião publicada. Ele alerta para a dificuldade de ver adequadamente as coisas: "Não é fácil porque, especialmente em nossa época, confundimos opinião pública com opinião publicada. A publicada é realmente uma *opinião*, mas pretende ser saber, expertise ou até mesmo ciência, enquanto que a pública tem consciência da sua fragilidade, da sua versatilidade, logo da sua humanidade. Seria isso que Maquiavel chamava 'o pensamento da praça pública'?". O sociólogo do cotidiano faz uma recomendação: "Considero conveniente ficar o mais perto possível da última. Seguir perto de um *real* que não é, simplesmente, o *princípio da realidade*, sufocador permanente de todas as audácias existenciais. A 'opinião publicada' continua a martelar algumas ideias convencionais, lugares-comuns e outras tagarelices baseadas em bons sentimentos". A força do homem comum está na capacidade de iludir a opinião publicada com a sua aparente adesão a ela. **(Juremir Machado da Silva/ GTI)**

Orgiástico – Forma de o indivíduo se reconectar com o mundo e buscar uma conexão com o divino, é uma maneira de expressar a saúde popular e uma forma de reconciliação com o mundo e com os demais. Pode ser considerado um meio de extravasar o que fica represado pelos critérios estabelecidos de civilidade e organização social que definem como as pessoas devem se comportar no contexto social. Dessa forma, faz parte das estruturas da sociedade desenvolver mecanismos para extravasar os desejos que não podem ser livremente explorados à luz do dia. Nesse caso, o orgiástico está ligado às possibilidades eróticas, mas estas não se reduzem apenas à necessidade de "(re)produção". A reprodução é grafada de tal forma pelo autor (2005), como referência ao produtivismo e o foco no trabalho e no progresso, em que o corpo é instrumento de produção. Ver: *À sombra de Dionísio*. São Paulo: Zouk, 2005, p. 25. **(Taíla Lopes Quadros/ GTI)**

Orientalismos – Contaminação no cotidiano, na cultura das coisas simples e essenciais, como vestir, viver, comer, etc. pela cultura oriental. Exemplos: "restaurantes chineses, japoneses, de *world music*, alta costura ou *design* de moda oriental, *prêt-à-porter* com cortes não estruturados, multiplicação de centros de meditação, círculos de budismos diversos, reestruturação de escritórios segundo os princípios do paisagismo vindos de muito longe" (p. 139). Uma mutação cultural sendo anunciada por indícios da "saturação da mitologia iluminista". O declínio do Ocidente dá lugar ao Oriente? Os "Orientes míticos" já estão aí: orientalismos secretos do romantismo, discretos no surrealismo, exibidos nas nossas sociedades. A partir do século XIX, pequenos grupos românticos e o seu apetite por vários orientalismos sublinharam essa multiplicidade de exotismos, revelando-se uma atração pelo "outro lado", uma "sede do infinito". Na literatura, na música, na pintura, na arquitetura, com uma "egiptomania identificável". No início do século XX, o sucesso do "Japonismo", depois da "arte negra", sublinha a abertura do "Ocidental Universal" a orientações míticas e, portanto, a sonhos, fantasias e fantasmagorias vindos de lugares distantes. Existe um "grande mercado" para budismo tibetano, zen, tantra, ayurveda, shiatsu, reiki, Feng shui (filosofias Yin e Yang); e também o candomblé ou a umbanda brasileira, os horóscopos chineses ou a não dualidade hindu, a meditação Tao; atração por Gandhi, frequência a ashrams, *dojos* e outros locais de meditação transcendental e até peregrinação a Santiago de Compostela. Na moda, o estilo japonês e as formas étnicas triunfam. A aparência ampla e desestruturada do quimono japonês, do *boubou* africano, da túnica hindu, do *burnous* magrebino, contrasta com o traje uniforme do homem conquistador, senhor e possuidor, atitude heroica, copiada pelas mulheres no vestuário feminino executivo. Uma nova mitologia evoca um "deixar estar" e um "querer viver" contidos nestes orientes míticos. As formas amplas, envolventes e arredondadas remetem às formas naturais, deixando ao "caso" que é o ambiente natural. Ver: *Iconologies*: nos idol@tries postmodernes. Paris: Albin Michel, 2008. **(Martine Xiberras/UPVM3)**

Orientalização do mundo – Michel Maffesoli afirma que, depois de dois séculos de hegemonia ocidental, pode-se observar um novo fenômeno, que ele denomina de orientalização do mundo, que explica um tempo social mais descontraído, que deixa "correr as coisas" e permite também a cada um "ser ele mesmo". "Poder-se-ia, com facilidade, multiplicar as expressões, mais ou menos triviais, que valorizam a serenidade, não como característica psicológica, mas enquanto especificidade do espírito do tempo." (*A transfiguração do político: a tribalização do mundo,* 2011, p. 95). Para o autor, a orientalização do mundo é fruto do nomadismo contemporâneo, que descobre em diversas civilizações elementos que o racionalismo tinha ocultado, e faz deles o centro da sociabilidade contemporânea (*Sobre o nomadismo: vagabundagens pós-modernas,* 2001, p. 69). Aquilo que a ocidentalização do mundo tentou considerar como retrógrado ou obscurantista, ou até erradicar totalmente, retorna com a força de um novo elo social. "No caso, essa 'orientalização' equivale a *reorientar-se* de novo quando se perdeu a significação original do viver-junto." (*A ordem das coisas: pensar a pós-modernidade,* 2016, p. 14). **(Christina Ferraz Musse/ Comcime)**

Outro – Duas imagens são recorrentes quando Michel Maffesoli se refere a esse "outro", a do "bárbaro", que já está dentro do espaço cercado por nossos muros, ou seja, somos nós mesmos, e a frase do poeta Jean-Arthur Rimbaud: "O eu é um outro". O "outro" tem sido o estrangeiro, o desconhecido, o estranho, todo aquele que não corresponde ao tipo local. Cada um de nós é o "outro" de um "outro". Antes de tudo, porém, cada um é outro de si mesmo, alguém cuja identidade por vezes se dilui. Em tempos "queer" o outro é uma projeção de uma unidade inexistente, um espelho que devolve a quem nele se observa uma identificação hiper-real, mais real do que o real, aparentemente distorcida por revelar o que não era visto ou não era para ser visto. **(Juremir Machado da Silva/GTI)**

Oximoro – São figuras de linguagem em que se combinam palavras de sentido oposto expressando uma lógica contraditória. Eles materializam uma forma de pensar dialógica, na qual é possível a interação de elementos considerados contrários, mas que conduzem a uma "harmonia conflitual", que é característica da natureza humana. Em suas análises, Michel Maffesoli prioriza o uso do "e" ao invés do "ou" e cria diversas noções que buscam estar à altura da dimensão aberta da vida. Nesse sentido, os oximoros são recursos que ele utiliza para caracterizar a pós-modernidade, como, por exemplo: enraizamento dinâmico, razão sensível, fundo aparente, entre outros. O oximoro, como uma figura composta, expressa uma retórica social que se distingue pela prevalência da ambivalência e ambiguidade. "É o reconhecimento de que existe 'ao mesmo tempo' uma multiplicidade de coisas que constituem a riqueza de um Real repleto de irreal. É precisamente um estar-junto societal [...] estruturam as sociedades pós-modernas." (Maffesoli, 2018, p. 27). Ver: *Être posmoderne.* Paris: Cerf, 2018. **(Luana Chinazzo/GTI)**

– P –

Pacto societal – O termo refere-se a um acordo implícito, simbólico e não formal entre os membros de uma comunidade ou sociedade e estabelece as bases para a convivência e coesão social. Trata-se de uma noção fundamental para a compreensão das relações e dinâmicas sociais na pós-modernidade, especialmente no contexto de complexas e rápidas transformações. Na visão de Michel Maffesoli, o pacto societal é uma forma de contrato que se estabelece a partir de valores compartilhados, símbolos culturais, rituais sociais e laços afetivos, para além das leis e das normas jurídicas. O pacto social pode ser manifestado de diferentes maneiras na vida ordinária, em movimentos políticos, sociais e anódinos, e busca mudanças na sociedade. Esse tipo de pacto é dinâmico e pode também refletir mudanças nas percepções coletivas e nas próprias normas sociais e/ou relações de poder. Ver: *Pactos Emocionais*: reflexões em torno da moral, da ética e da deontologia. Curitiba: PucPress, 2018. **(Renata Rezende Ribeiro/ MULTIS)**

Pactos emocionais – Baseados em laços afetivos, emocionais e simbólicos, esses pactos referem-se aos acordos tácitos e não formais desenvolvidos entre os membros de grupos sociais. São caracterizados por relações de confiança mútua, cumplicidade e solidariedade e, na maior parte das vezes, não são formalizados ou têm regras explícitas, sendo construídos de forma orgânica através de interações sociais cotidianas, rituais ou experiências partilhadas e valores simbólicos comuns. Os pactos emocionais diferem das formas tradicionais de contrato social, baseadas em obrigações legais, e são constituídos por afinidades, pela busca de sentido e pertencimento dentro de comunidades ou redes de sociabilidade mais descentralizadas. Michel Maffesoli enfatiza a importância dos pactos emocionais no cotidiano, especialmente no contexto em que as instituições tradicionais e os vínculos formais se enfraqueceram. Esse tipo de pacto (emocional) representado por grupos de amigos, movimentos culturais, comunidades online, etc. são uma forma de coesão social baseada em laços afetivos e simbólicos, como uma "ética comunitária" e proporcionam aos indivíduos um senso de identidade coletiva, de suporte social e segurança emocional. Ver: *Pactos emocionais*: reflexões em torno da moral, da ética e da deontologia. Curitiba: PucPress, 2018. **(Renata Rezende Ribeiro/ MULTIS)**

Pansofia – Conhecimento que une o diverso ou também conhecimento transversal, enquanto a ecosofia é a sabedoria da casa comum. Dessa forma, reconhece a alteridade, compreendendo que é a diferença que nos enriquece. A ênfase está em uma ciência do homem que reúne as partes, enxergando o universo como a harmonia dos contrários. É o conhecimento coletivo que elabora o humanismo real e não aquele apenas encantatório. Esse conhecimento é composto de um lado pela tradição (sedimentação dos usos e costumes) e de outro pela experiência da vida corrente. Por isso, a ênfase está em uma ciência do homem que reúne as partes em vez de fatiar a realidade, baseando-se na conjunção do que se considerava separado. Nesse contexto, o "*homo aeconomicus* deixa o lugar para um *homo eroticus*, para o qual as paixões, emoções e afetos diversos entram em interação com uma razão que não é mais simplesmente soberana, mas elemento de uma pluralidade de outro modo mais dinâmica". Ver: *O tesouro escondido*: carta aberta aos franco-maçons e a outros. Porto Alegre: Sulina, 2019, p. 83. **(Glória Rückert Jungkenn /GTI)**

Paradigma estético – É a expressão da complexa vida pós-moderna e, contrariamente ao que nos diz o pensamento dual cartesiano, demonstra como a aparência, a externalidade e a estética estão imbricadas nas subjetividades. Essas paradoxais identidades pós-modernas agenciam signos visuais de pertencimento, aderem a marcadores empíricos que são reclamados como modos de anunciar articulações transitórias ao grupo social (Maffesoli, 1998). Esta ideia se alia às novas socialidades, cuja lógica se assenta na coexistência entre o desejo de singularização e o desejo de adesão ao coletivo. Ver: *O tempo das tribos*: o declínio do individualismo nas sociedades de massa. 2. ed. Rio de Janeiro: Forense Universitária, 1998. **(Ana Paula Dessupoio Chaves/Comcime)**

Parte da sombra – A dimensão do momento obscuro, do secreto, do oculto, do enterrado, do inconsciente, do mistério, dimensão específica dos objetos sociais. Para alcançar e identificar a dimensão oculta, os procedimentos metodológicos exigem mais do que simpatia, até mesmo empatia. Para dar conta desta dimensão velada, é preciso recorrer ao procedimento da "pintura impressionista". Ver: *O conhecimento comum*: introdução à sociologia compreensiva. Porto Alegre: Sulina, 2007. **(Martine Xiberras/UPVM3)**

Passividade ativa e fecunda – Ver **Harmonia diferencial**.

Pensamento da encarnação – O pensamento da encarnação, segundo Michel Maffesoli, é aquele que mais afirma do que nega, isto é, o pensamento que surge do desejo e se contrapõe ao "racionalismo mórbido" de uma atitude desencarnada. "Um 'sim' difuso à existência, perceptível nos modos de vida, no vitalismo ambiente, nas novas formas de generosidade e de solidariedade de que se começa, com dificuldade, a medir a amplitude. Os *sites* comunitários, *blogs* e diversos fóruns de discussão manifestam-se com todas essas iniciativas quotidianas que fazem a entreajuda, a hospitalidade, a busca da alma irmã, o intercâmbio e múltiplas *trocas* e as concretas modulações de um viver-junto encarnado." Ver: *A ordem das coisas*: pensar a pós-modernidade. Rio de Janeiro: Forense Universitária, 2016, p. 231). **(Christina Ferraz Musse/Comcime)**

Perdurância societal – A expressão é usada por Michel Maffesoli para se referir à capacidade de que as massas têm de resistir para sobreviver às adversidades e decisões governamentais que interferem diretamente na vida dos indivíduos. Dessa forma, é responsável por assegurar a permanência da vida em sociedade. Trata-se de um saber não consciente, que opera de modo subterrâneo e informal. Sua existência se impõe para aquém e além das formas instituídas, por vezes dominantes, incorporando-se ao tecido social. Tal capacidade permite que a humanidade continue a prosperar, mesmo diante de carnificinas, guerras, migrações e outras formas de transformações profundas sofridas por diversas populações ao longo da história. Reconhecendo que a percepção é tão mística, quanto esclarecedora, o sociólogo crê que a perdurância societal faz do povo uma entidade natural. "Esta capacidade, de certo, não é consciente. Existe incorporada. De forma algo mineral, ela sobrevive às peripécias políticas. Eu arriscaria dizer que existe no povo um 'saber de fonte segura', uma 'direção certa', à maneira heideggeriana, que faz dele uma entidade natural. Esta ultrapassa de muito suas diversas modulações históricas ou sociais." (1998, p. 50). Ver: *O tempo das tribos*: o declínio do individualismo nas sociedades de massa. 2. ed. Rio de Janeiro: Forense Universitária, 1998. **(Gracielle Nocelli/Comcime e Rafael Rezende/Namidia)**

Permanência social – Em *A conquista do presente* (1984, p. 154), Michel Maffesoli fala da "maravilhosa metáfora do quantitativo que se inverte em qualitativo" e diz: "Talvez seja isso a 'energia inversa', essa reserva fundadora da potência social que não se inscreve no esquema energético do progressismo ocidental, não permitindo assim que se aplique ao social a imagem da entropia. Em resumo, o cotidiano, o banal, o interesse do 'aqui e agora'. Tudo isso é o que procura dizer o que chamamos de permanência social". Aquilo que resta depois que as modas e abstrações passam. **(Juremir Machado da Silva/GTI)**

Persona – O indivíduo pode possuir diversas identidades durante sua vida, uma multiplicidade de facetas, que Michel Maffesoli reconhece como a ideia de *persona*, uma máscara mutável e que se integra em várias cenas, em momentos que apenas têm validade se for representado através de grupos. Na modernidade, percebíamos grupos estruturados, estáveis e formados por indivíduos com identidades fixas, que eram centradas e racionais, e que existiam em função de seu grupo, seja este um partido, uma associação ou um sindicato, ou seja, grupos com um ideal em comum. A sociedade se consolidava em uma lógica da identidade, com "características do social". Já na pós-modernidade, a estrutura se modifica, pois, com as "características da socialidade", surge uma nova lógica que se baseia na emoção, nas experiências e nos sentimentos compartilhados, no tribalismo. O indivíduo agora se une ao outro pelo prazer de compartilhar o tempo em comum e viver o presente, em sentir e experimentar. Assim, surge a *persona*, uma máscara social que pode ser trocada de acordo com os seus gostos (sexuais, culturais, religiosos, amicais) e com os lugares, sejam eles profissionais ou de lazer. Uma *persona* só existe em relação ao outro, não possuindo uma identidade separada e fechada em si mesma, ela atua em um contexto de multiplicidade. Ver: *O tempo das tribos*: o declínio do individualismo nas sociedades de massa. 2. ed. Rio de Janeiro: Forense Universitária, 1998, p. 15 e 108. **(Susana Azevedo Reis/Comcime)**

Pertencimento – Se toda a obra de Michel Maffesoli tivesse de ser resumida numa palavra, de modo incompleto e exigindo permanentes complementações, seria talvez pertencimento. A cada página, cada obra, ele parece repetir uma ideia incontornável em imagens diferentes: o ser humano adora se sentir pertencendo a alguma coisa, uma tribo, um grupo, um conjunto qualquer, um coletivo caloroso, absorvente e vibrante. Essa vontade de pertencimento pode adotar diferentes modos de satisfação, até mesmo as que, em princípio, lhe são estranhas ou antagônicas, como integrar um partido, servir a uma causa, não pelo futuro abstrato, mas pelo presente feito de pequenos rituais e de trocas simbólicas. Todas as formas são boas para sentir o prazer do estar-junto: clube, associação, sociedade secreta, religião, política, esporte. Muitas vezes uma forma é desviada para servir ao gozo do pertencimento. Ocupar o tempo da vida de um modo significativo, que dê prazer e a sensação de êxtase, por mais banal e cotidiana que seja a prática em questão, parece atrair os seres humanos como um magnetismo. Uma espécie de astúcia permite ludibriar determinadas estruturas ou instituições, tomando-as para a satisfação de estar em grupo. Cf. *O tempo das tribos* (2006), *A transfiguração do político* (1997) ou qualquer livro de Maffesoli. Se é possível falar em vontade de poder e vontade de potência, também deve ser, a partir de Michel Maffesoli, falar em vontade de pertencimento. **(Juremir Machado da Silva/GTI)**

Pluralismo – Entendido como um conjunto de valores antagônicos que se completam em equilíbrio natural e cultural, formando a "consciência dos opostos" – a expressão de uma simbiose misteriosa. O protagonismo pós-moderno está na não crítica, no não julgo, pois é do "duplo" da *persona* que o pluralismo se fortalece formando o indivíduo sociocultural. É da natureza de todas as coisas a junção de polos distintos. "Em todas as coisas existe um misto de atração-repulsa, amor-ódio, generosidade e egoísmo." (Maffesoli, 2014, p. 62). A pós-modernidade configura a *persona* plural, em tribos emocionais. As manifestações naturais e culturais são sempre múltiplas, policulturais e polissêmicas. Negar o pluralismo é uma tentativa de mutilação cultural, pois até mesmo "[...] a matéria e o espírito são ao mesmo tempo reais e irreais. A maior verdade de alguma coisa é e não é, ao mesmo tempo" (Maffesoli, 2014, p. 127). É no cotidiano que se percebe que a sociedade é complexa e é no cotidiano que o erudito se faz útil, desenvolvendo relações de significância social. A coletividade necessita do pluralismo, para se estruturar enquanto conjunto, pois "[...] é por ser múltiplo em si mesmo que o indivíduo não se reconhece na rigidez social" (Maffesoli, 2014, p. 116). As manifestações plurais da vida cotidiana são fenômenos estéticos, enquanto uniões entre o "belo" e o "societal", quando neles reside a emoção. Ver: *A parte do diabo*: resumo da subversão pós-moderna. Rio de Janeiro: Record, 2014; *O tempo retorna*: formas elementares da pós-modernidade. Rio de Janeiro: Forense Universitária, 2012. **(Elizandra Nazario Silva/Memória, Afeto e Redes Convergentes)**

O conceito de "pluralismo" de Michel Maffesoli está intimamente ligado à sua análise do comportamento social nas sociedades pós-modernas, em que as estruturas tradicionais estão cedendo lugar a formas mais fluidas de organização social e cultural. O pluralismo, nesse contexto, refere-se à multiplicidade de grupos, subculturas e tribos que coexistem em sociedades pós-modernas. Esses grupos muitas vezes operam fora das estruturas tradicionais de classe, gênero ou etnia e são formados com base em interesses compartilhados, estilos de vida e afinidades culturais. O pluralismo, para Maffesoli, também implica a coexistência de diferentes sistemas de valores e sistemas de crenças em uma sociedade. Ele argumenta que as tribos pós-modernas frequentemente têm seus próprios conjuntos de valores e práticas culturais, que podem ser diferentes dos valores dominantes da sociedade em que estão inseridas. Dentro das tribos e subculturas, Maffesoli observa uma forma de convivialidade e comunhão que está ausente nas estruturas sociais tradicionais. Ele descreve como os membros desses grupos experimentam uma sensação de pertencimento e intimidade uns com os outros, muitas vezes se reunindo para celebrações e rituais compartilhados. O pluralismo também se refere à natureza fluida e efêmera das conexões sociais na sociedade pós-moderna. As pessoas podem participar de várias tribos ao longo de suas vidas, e essas associações podem ser temporárias. Essa fluidez contrasta com as estruturas sociais mais rígidas do passado. Por isso, Maffesoli argumenta que o pluralismo pós-moderno representa uma rejeição do universalismo e das narrativas unificadoras. Em vez disso, as pessoas encontram significado e identidade em suas tribos e subculturas específicas, muitas vezes resistindo às tentativas de homogeneização cultural. Em resumo, o conceito de pluralismo descreve a diversidade, a multiplicidade de valores e a convivialidade presentes nas sociedades pós-modernas, onde as tribos e subculturas desempenham um papel significativo na vida das pessoas. O pluralismo é a muralha mais sólida da não domesticação das massas. Cf. *O tempo das tribos*: o declínio do individualismo nas sociedades de massa. Rio de Janeiro: Forense Universitária, 1989, p. 70 e 143. **(Rômulo Medeiros Pereira e Eunice Simões Lins/ GEPAI)**

Poder – Refere-se à força institucionalizada, pertencente àqueles que detêm o domínio das decisões acerca da sociedade e os meios legítimos de controle social. A noção de poder para Michel Maffesoli não difere do que concebemos tradicionalmente. Contudo, nas demais concepções teóricas anteriores o conceito de poder, em geral, é utilizado para enrijecer a compreensão da dinâmica comunitária, simplificando o entendimento do tecido social. Isso porque, através da ideia de poder, pensamos em categorias opostas (dominantes x dominados; poder x fraqueza, sucesso x fracasso, etc.). Geralmente o poder é relacionado ao exercício "de cima para baixo" das ordens dos dominantes, o que implica uma visão redutora dos "de baixo", das ações cotidianas. É, aliás, através da noção de potência (incluída neste dicionário) que Maffesoli propõe o balanceamento dessas compreensões mais "duras". Para o autor, o poder está relacionado à coerção social que determina o vivido. É consequência da dominação, da supremacia de alguns grupos sobre os outros. A manutenção do poder é assegurada através das diferenças e por meio do desejo de submissão, no qual o conformismo é o elemento central na medida em que apresenta a necessidade do estabelecimento de relações ou a necessidade de enraizamento social, o que impede a quebra da segurança tradicional. O poder está ligado ao campo da mudança acompanhada de conflitos violentos efêmeros que fazem parte do ritual da violência coletiva. Ver: *A violência totalitária*: ensaio de antropologia política. Porto Alegre: Sulina, 2001. p. 35-55. **(Wagner Machado da Silva, Pâmela Becker e Larissa Caldeira de Fraga /GTI)**

Politeísmo de valores – Significa diversidade social e existencial. As forças do Uno, essas poderosas energias de padronização, enfrentam um poder dissipativo ainda maior: a tendência para o heterogêneo. Articulam-se de modo complexo o singular, como único que não aspira a ser Uno, e o coletivo, lago de imaginários onde tudo se confunde sem perder a dimensão original. Politeísmo de valores quer dizer também ser capaz de aceitar esse outro enquanto Outro, que não se deixa reduzir ao mínimo denominador comum nem se humilhar para ser aceito. Politeísmo de deuses, de credos, de religiões, de ideologias, de mitos, de narrativas sobre o existir. Todo o pensamento de Maffesoli está marcado por esse respeito ao diferente, por essa apologia da diversidade, por essa inclinação para o múltiplo. Posição de princípio que não se acomoda a qualquer igualitarismo impositivo ou moralmente, por moralismo, apresentado como o ápice da perfeição social. Se algo caracteriza profundamente o olhar herético de Maffesoli é essa admiração pelo plural. Politeísmo de valores que é, talvez acima de tudo, uma forma de dizer com elegância, erudição e certa suavidade para se aceitar os deuses alheios. Ver: *O conhecimento comum*: introdução à sociologia compreensiva. Porto Alegre: Sulina, 2007, p. 66-67; *Sobre o nomadismo*: vagabundagens pós-modernas. Rio de Janeiro: Record, 2001, p. 109-110. **(Juremir Machado da Silva/GTI)**

Pós-modernidade – Noção basilar na obra maffesoliniana, refere-se à "sinergia dos fenômenos arcaicos com o desenvolvimento tecnológico" (2004, p. 21), isto é, os sentimentos fundantes do ser humano são potencializados com o advento da internet. As pessoas se identificam de forma eletiva, empática e momentânea, as chamadas tribos; comunhões orgânicas que se traduzem em regras de solidariedade e proteção do grupo. O ambiente pós-moderno dá lugar à *persona*, plural e desempenhando papéis sucessivos de acordo com as identificações. Trata-se de uma atmosfera predominantemente emocional resultante da saturação dos valores modernos. A imagem é o elemento constitutivo do estar-junto e provoca o reencantamento do mundo. O compartilhamento de imagens no ciberespaço promove o simbolismo generalizado e mantém a tribo unida. A pós-modernidade marca o retorno ao local, a importância da tribo, o sentimento reforçado de inserção, afinal, o lugar produz o elo e este localismo implica a heterogeneização dos valores de acordo com as tribos. Eis outra marca da pós-modernidade; o dispêndio, o perder-se no outro, a fusão emocional simbolizada pela figura de Dionísio, espírito da época. A comunhão sensível ou afetiva se sobrepõe ao utilitarismo moderno; a ordem confusional evoca a festa, o lúdico e a despesa improdutiva. O corpo adquire importância primordial, pois a forma agrega, daí decorrem todos os tipos de investimentos e prazeres corpóreos. Nesse ambiente hedonista e trágico, é preciso viver intensamente, já que o fim é a única certeza. O "carpe diem" implica a contração do tempo no espaço, a intensificação do presente ou o "presenteísmo", como refere Maffesoli. A pós-modernidade é caracterizada pelo pluralismo de valores em que prevalece a lógica contraditorial, isto é, a tensão permanente entre valores que se modificam de acordo com as circunstâncias, por isso, a verdade é também relativizada, fragmentada em narrativas de acordo com as tribos. O paradigma da pós-modernidade é estético, uma ética do sentir baseada na emoção compartilhada que exacerba o tátil, a proximidade, o contato com o outro. Não se trata de dominar o mundo, mas contemplá-lo de modo festivo, como um fim em si mesmo. Assim, ao invés das grandes ideologias que dominaram a modernidade, a experiência comum passa a ser o motor das histórias humanas. Ver: *Notas sobre a pós-modernidade*: o lugar faz o elo. Rio de Janeiro: Atlântica Editora, 2004. **(Denise Cristina Ayres Gomes/Communicare)**

Potência – Refere-se à forma como a sociedade, em outras palavras os dominados, reinventa as estruturas de poder, multiplicando as formas de viver. Aplicada à sociedade, não possui o objetivo de subverter o poder, mas coexistir junto a esse, reinterpretá-lo, promovendo a liberdade de ação dos agentes, a pluralidade de desejos e de aspirações. Por meio da potência, desfaz-se de uma separação abrupta entre dominantes e dominados, que permeou mesmo as análises científicas do social. Michel Maffesoli busca um caminho intermediário, em que nem os dominantes são tão poderosos quanto as análises sociais anteriores afirmavam, nem os dominados são completamente reprimidos e reduzidos, social, física e culturalmente. Entre as categorias da ciência, teóricas, existe um espaço de vida, de práticas que superam as classificações. A potência social consiste em um conjunto de elementos que se articulam, como a força, o coletivo e a diferença. O papel da potência é estabelecer uma barreira ao poder, remetendo ao pluralismo e à diversidade que estrutura a vida social. A força é o elemento central da potência, simbolicamente integrada ao jogo do dinamismo social e do coletivo, a unidade da comunidade. O coletivo se refere ao funcionamento ordenado da diferença. A valorização do cotidiano faz parte da potência e do coletivo que integra a tessitura da vida cotidiana e do presente. A potência social está relacionada ao solidarismo, à reciprocidade e à união simbólica do viver em sociedade. Ver: *A violência totalitária*: ensaio de antropologia política. Porto Alegre: Sulina, 2001, p. 55-85. **(Larissa Caldeira de Fraga, Pâmela Becker e Wagner Machado da Silva/GTI – Talita Magnolo/Comcime)**

Para Michel Maffesoli, a "potência" é uma ação que ora pode ocorrer de forma secreta, ora discreta e ora notória. A potência quando não se exprime através de revoltas, levantes, festas, ela se exerce no segredo das seitas, das vanguardas. E hipocentrada nas comunidades, nas redes, nas tribos e em todos os fatos menores da vida quotidiana mesmo que não tenha uma finalidade aparente. Potência refere-se a uma tradição mística ou gnóstica que se opõe à linhagem crítica ou racionalista. Para Maffesoli, a potência é o fio condutor que não se rompe, pois é uma atitude espiritual dionisíaca que se apoia no primado das experiências. Potência é esse vitalismo profundo que orienta os grupos, essa forma menos explícita de organicidade dos diversos elementos do cosmos. Potência relaciona-se com inúmeras questões que dizem respeito à saturação do político, às mudanças de valores e ao fracasso do mito progressista. Em resumo, potência é pluralismo e polissemia das relações sociais, capacidade de agir, criar e transformar que reside nas interações sociais e nos laços comunitários. Cf. *O tempo das tribos*: o declínio do individualismo nas sociedades de massa. Rio de Janeiro: Forense Universitária, 1989, p. 55, 70 e 77-78. **(Rômulo Medeiros Pereira e Eunice Simões Lins/GEPAI)**

Potência difusa – Quando fala sobre potência difusa, Michel Maffesoli a considera como uma oposição do poder centralizado. Segundo o autor, "'caçadores de absoluto', que querem fazer da sociedade um conjunto perfeito, para os quais nenhuma zona de sombra poderia ser tolerada, que legiferam e planejam a sociedade nos menores detalhes, são os mais seguros instigadores das revoluções". É como se este movimento preparasse o terreno para a efervescência social, já que "de tanto querer tomar conta de tudo, inclusive dos detalhes, a instância paralisa-se". Para exemplificar seu ponto de vista, Maffesoli usa a metáfora das forças centrífuga e centrípeta, sendo a primeira aquela que concentra o poder e a segunda que contraria os efeitos dessa concentração. Ver: *A transfiguração do político*: a tribalização do mundo. 3. ed. Porto Alegre: Sulina, 2005. p. 58-59. **(Talita Magnolo/Comcime)**

Potência popular – Quando fala sobre a potência popular, Michel Maffesoli contextualiza: "Com efeito, o chefe só pode ser o que é por sempre existir a possibilidade do seu sacrifício. A História ecoa furores e gritos acompanhando esses sacrifícios. Seja de maneira ritual nas sociedades tradicionais ou sob a forma da demissão, do assassinato, do atentado ou de outro procedimento violento, a morte do chefe vem sempre selar o seu destino". Mas, de acordo com o autor, esse destino ultrapassa a pessoa como tal. Sendo assim, é quando a potência popular retoma os seus direitos e lembra que é dela que emana toda e qualquer delegação, que para ser perpetuada deve manter-se enraizada nesta potência. Por fim, Maffesoli afirma que a energia coletiva, a força imaginal do estar-junto deve sempre buscar uma vida, fora dos caminhos predeterminados pelo racionalismo da modernidade, para aprender a viver em sociedade. Ver: *A transfiguração do político*: a tribalização do mundo. 3. ed. Porto Alegre: Sulina, 2005. p. 70-71. **(Talita Magnolo/Comcime)**

Presenteísmo – Para Michel Maffesoli, a modernidade caracteriza-se pela crença e aposta no futuro como ideal social redentor, quando, por força da razão, do progresso, da ciência e da tecnologia, as sociedades atingiriam o seu maior grau de desencantamento, no sentido weberiano do termo: uma era sem mistério e, portanto, sem imaginário. Em contraposição a essa promessa, o pensador da pós-modernidade vê o presente como horizonte possível, temporalidade de vida mais intensa possível aqui e agora, perpassada pelo hedonismo (gozo da existência), pelo narcisismo saudável (gostar de si), por um vitalismo (vontade incoercível de viver) e por um sentimento trágico: agarrar a vida como ela se apresenta, sem esperar "a verdadeira vida, a sociedade perfeita, o paraíso ou o amanhã que canta". No presenteísmo, o "vivido não é sintoma de outra coisa: vale por si mesmo e nós temos de apreciar-lhe a força de afirmação (mesmo relativa)" (*A conquista do presente*, 1984, p. 7). Em outro momento desse livro (p. 49), ele diz: "Não se deve esperar a realização da existência em amanhãs que cantam, em outros mundos quaisquer ou em profundezas particulares, a sabedoria dos limites que se realiza na massa ensina que é preciso encontrá-la no presente". **(Juremir Machado da Silva/GTI)**

Produtivismo – Contexto de organização social no qual o foco são o trabalho e o progresso, nos quais o corpo é útil enquanto funciona como instrumento de produção. Michel Maffesoli defende que é preciso compreender que a improdutividade faz parte da organização da sociedade e é necessária para manter o equilíbrio dos indivíduos. A visão produtivista se apresenta como uma "organização asséptica da existência onde tudo tende a integrar uma ordem contável e produtiva". Ver: *À sombra de Dionísio*. São Paulo: Zouk, 2005, p. 28. **(Taíla Lopes Quadros/ GTI)**

Progressividade – Filosofia progressiva, do reconhecimento da autoridade do passado, ignorada pelo progresso, e da vitalidade da tradição, refutada pelo progressismo. Correspondência do presente com a ancestralidade, com o imemorial. A florescência depende do enraizamento. O ser, da essência e do existente. A progressividade incorpora as dobras do ser, as imperfeições, os desvios e desordenamentos (2010, p. 63). Para Michel Maffesoli, a representação imagética da progressividade é uma espiral, sempre em movimento e mudança: o primeiro, em relação ao tempo, na alquimia do contemporâneo com os primórdios; e o segundo, em frequente adequação ao presente (2019, p. 116). Se sob o progressismo o desejado está sempre léguas à frente do alcançável (2001, p. 184), com a progressividade há a valorização da impermanência: "É isso a progressividade. Não a simples projeção para um futuro perfeito a esperar, mas uma deambulação jamais acabada que, enraizando-se profundamente, se vive no presente. O futuro sendo, portanto, dado de acréscimo" (2019, p. 117). Ver: *A violência totalitária*: ensaio de antropologia política. Porto Alegre: Sulina, 2001; *O tesouro escondido*: carta aberta aos franco-maçons e a outros. Porto Alegre: Sulina, 2019; *Saturação*. São Paulo: Iluminuras: Itaú Cultural, 2010. **(Álvaro Nunes Larangeira/GTI)**

Progresso – Entidade por excelência da modernidade: absoluta, autoexplicativa e unidirecional, cuja soberba se expressa na inferiorização a tudo relacionado ao passado, à anterioridade, ao nativo e à tradição. Pensamento estático enraizado em uma proposição transcendental do produtivismo paranoico e irrefreável e do movimento ininterrupto no encalço de porvires inalcançáveis, expressões matriciais da ideologia do progressismo. Invenção mítica ocidental planificada sob a pretensão do domínio da natureza, naturalização do ordenamento de culturas e povos insubordinados, predição do futuro e controle da fugacidade e relatividade histórica: "Há, de fato, no progresso, uma concepção estática que se enfeita de evolucionismo dinâmico para se proteger contra o real movimento cíclico e o eterno retorno das coisas" (2001, p. 205). Para assenhorar-se do presente e assegurar o comando das articulações e estruturas das engrenagens e modelações do poder, o progresso se apresenta como o senhor do futuro. O progresso enquanto entidade linear mitificada acarreta consequências devastadoras em âmbitos climáticos, econômicos, sociais e de mentalidade. Isso se dá tanto pelo propósito de assepsiar a vida social, destituindo-a dos erros, ambiguidades, dissensões, imperfeições, inseguranças e perigos próprios da natureza e convívio humanos (2009, p. 120), quanto da indução a um totalitarismo propositivo do regrar o existente pelo idealizado: "O *totalitarismo* [grifo próprio] a que ele [o mito do progresso] induz termina, inelutavelmente, pela devastação do mundo e dos espíritos. Hoje em dia, não há mais dúvidas quanto a isso" (2010, p. 60). É imperativo, para Michel Maffesoli, desconstruir concepções divinizadas, dogmáticas, com pendores clericais e perenes, porém passíveis das naturais evidências de saturação e declínio apensos à obsolescência do espírito do tempo de determinada época, "quando esta se acaba ou está em vias de acabar" (2019, p. 101), processo contumaz na efervescência e dinamismo contemporâneos. Ver: *A república dos bons sentimentos*: documento. São Paulo: Iluminuras: Itaú Cultural, 2009; *A violência totalitária*: ensaio de antropologia política. Porto Alegre: Sulina, 2001; *O tesouro escondido*: carta aberta aos franco-maçons e a outros. Porto Alegre: Sulina, 2019; *Saturação*. São Paulo: Iluminuras: Itaú Cultural, 2010. **(Álvaro Nunes Larangeira/GTI)**

Projeto – Categoria futurista por definição, remete a poder, conquista do poder, objetivos longínquos, sacrifício do imediato, disciplina existencial, obediência a partido, missão racional, doutrina, objetivos lineares, revolução, redenção, metas a cumprir, sociedade perfeita a ser alcançada, alvo a ser atingido, promessa de paraíso, causa pela qual viver. Em *A transfiguração do político* (1997, p. 96), Michel Maffesoli precisa: "O político, como princípio, é ação, projeto, tanto no que diz respeito ao mundo, a sociedade, quanto a si e aos outros. Coisas que supõem um corpo doutrinário categórico, a consciência da Verdade, da intolerância e até mesmo do fanatismo e disciplina: organização, estratégia e tática para colocar em prática tudo isso". O projeto é uma forma de controle das pulsões imediatas em nome do devir. **(Juremir Machado da Silva/GTI)**

Prometeico – O termo prometeico aparece, entre outras obras, em *Elogio da razão sensível*, na qual Michel Maffesoli faz referência ao mito de Prometeu, aquele que roubou o fogo dos deuses, sendo por isso condenado ao martírio eterno. Segundo o autor, seria uma referência ao que, com o conhecimento e a racionalidade, consegue ultrapassar o poder do dominador e passa a dominar, pois agora é detentor de conhecimento suficiente para isso. Neste sentido, cita o elemento prometeico como forma agressiva (conforme fora feito por Prometeu ao roubar a chama dos deuses) de reduzir o real ao simplesmente palpável, ignorando as faces produtivas do imaginário e dos sentimentos (referência ao dionisíaco). Ademais, a ideia relativa ao referido mito para este autor demonstra a redução do indivíduo ao racional, isolando-o na esfera material e retirando sua capacidade argumentativa imaginativa natural. **(Fernanda Sevarolli/ Namidia)**

Proxemia – Michel Maffesoli dedica um capítulo inteiro ao termo em *O tempo das tribos* (1998), propondo que a proxemia é a história do dia a dia em detrimento da história factual e na qual o individualismo perde força para o senso comunitário. Segundo o autor, existem momentos em que a comunidade é mais importante que o indivíduo, assim como a grande história factual é menos importante que as histórias vividas cotidianamente, cujas situações diminutas compõem a urdidura e a trama comunitária, já que os indivíduos precisam das relações para interagir, mas também necessitam manter a reserva em relação aos outros. Por isso, a proxemia não significa apenas unanismo, pois não busca a superação do contraditório, mas "é preciso fazer com", desenvolvendo uma riqueza existencial e relacional em que se possa apreciar o "trágico cotidiano". O termo proxemia foi utilizado primeiramente, em 1963, pelo antropólogo estadunidense Edward T. Hall, no livro *A dimensão oculta*. O autor assinala proxemia como o mundo sensório em que estamos envolvidos e que moldam nossa forma de sentir o mundo através da arquitetura e do espaço em que vivemos. A aproximação ou o afastamento entre os seres humanos permite a interpretação de como aquela cultura é, haja vista que os indivíduos se relacionam uns com os outros e mantêm um grau de pertencimento a um determinado território. Todavia, não é apenas o homem que interessa a Maffesoli, mas igualmente o território que habita e as relações de pertencimento que constrói ao longo da história. O autor descreve a proxemia como os laços simbólicos ou reais que unem os indivíduos aos lugares e a descreve em quatro subcapítulos com os seguintes temas: a comunidade de destino, o gênio do lugar, as tribos e as redes, a rede das redes. Sendo assim, as tribos reforçam o que o autor chama de "sentimento de pertença" e favorecem "uma nova relação com o ambiente social". A comunidade de destino diz respeito ao papel que os rituais, os odores, os ruídos, as imagens, os objetos e as construções arquitetônicas exercem num determinado território, pois são histórias partilhadas pelos indivíduos e pela comunidade. É um tempo que se cristaliza no espaço como se fosse um diário das maneiras de amar, pensar e comunicar, criando o espírito do lugar e da tribo, em que é possível perceber determinados mitos formadores que estruturam a memória coletiva. O gênio do lugar é o povo no espaço, espécie de "cimento societal" em que o sentimento coletivo e comunitário faz com que os indivíduos retornem para casa depois de um dia de trabalho. O gênio do lugar cria um laço de enraizamento e pode ser percebido tanto nos momentos festivos quanto no viajante que carrega um pouco de si durante a viagem, fazendo associações e comparações com os ritos do lugar da comunidade de destino, porquanto os rituais são causa e efeito da permanência. Portanto, na esfera da "estética existencial", proposta pelo autor, o gênio do lugar possui uma força de sociabilidade que não necessita da estrutura socioeconômica para que ocorra o sentimento de pertencimento, haja vista que diversas tribos podem conviver num mesmo território. Dessa forma, a tribo e as redes, o terceiro tema dos laços simbólicos ou reais que unem os indivíduos aos lugares, diz respeito ao pertencimento que vincula os sujeitos à territorialidade por meio dos traços e rastros construídos em comum nos diversos papéis que eles desempenham na sociedade. É dessa rede comunicacional que surgem as tribos e os seus rituais, seja nos bairros, nos lugares, no escritório, em oficinas ou nas mídias sociais, cujos interesses são moldados no momento presente, de forma maleável e aberta. Por fim, *last but not least*, temos a rede das redes. De acordo com o autor, os jogos proxêmicos se organizam como "nebulosas policentradas" que permitem a coexistência da segregação e da tolerância no interior dos grupos. Um exemplo é a fofoca, aquela informação que sai-de-um e vai-a-outro no universo ficcional das relações afetuosas e conflituosas. Assim, no interior de uma certa matriz societal se cristaliza uma infinidade de polos de fascínio, dados pela experiência e pelo sensível do minúsculo cotidiano. Ver: *O tempo das tribos*: o declínio do individualismo nas sociedades de massa. 2. ed. Rio de Janeiro: Forense Universitária, 1998, p. 169-208. **(Ramsés Albertoni e Talita Magnolo/Comcime)**

Puer aeternus – Expressão erudita usada fartamente por Michel Maffesoli do "eterno jovem" que se infiltra no cotidiano. Em *A transfiguração do político* (1997, p. 174), Maffesoli indica a energia libidinal dessa força: "As efervescências lúdicas – festas, turismo, festival, esporte, música – demonstram-no compondo aos poucos um ritmo social no qual o *puer aeternus*, um tanto irresponsável, tende a tornar-se, de maneira escancarada ou discreta, o derradeiro referente da imagem que uma sociedade tem de si mesma e, em consequência, cada indivíduo possui de si mesmo". Trata-se de um elemento de ligação orgânica: "O *Puer aeternus* remete à verdadeira personalidade impessoal dos místicos; não se trata de um 'ego' egotista e limitado, o do pequeno-burguês ou do intelectual crítico, mas o 'eu' que se esgota no outro". **(Juremir Machado da Silva/GTI)**

Punk – A partir do final da década de 1970, começou a prevalecer a ideia de unir-se ao mundo para celebrá-lo (Maffesoli, *Notas sobre a pós-modernidade*, 2003) em vez de querer mudá-lo. Na era da crise do individualismo moderno (Maffesoli, *O tempo das tribos*, 1988), a tríade "indivíduo, história e razão" (*ibid.*) é inexoravelmente substituída pela "pessoa, razão presente e razão sensível" (*ibid.*). Nesta fragmentação do eu e nesta explosão de valores tradicionais, a complexidade e a alteridade aparecem pela primeira vez tragicamente e inspiram medo e desconfiança no Outro, a tal ponto que durante o século XX, muitos movimentos políticos e artísticos continuaram a lutar com armas e princípios modernos apesar de ver claramente a "saturação de valores que há muito moldam o ser social" (*ibid.*). O caráter monológico do sujeito como princípio do pensamento positivista ocidental entrou em crise no início do século passado, quando grupos sociais de todos os cantos do mundo chegaram à Europa como resultado da colonização. Enquanto a década de 1980 na Europa decretava a falência dos últimos bastiões do individualismo moderno – dos quais o thatcherismo britânico é um exemplo com a sua repressão dos ideais libertários – lenta mas simultaneamente e sub-repticiamente, surgiram cenas urbanas e neotribos que, em vez de procurarem na música e no ativismo político, identificaram diretamente necessidades que pretendiam satisfazer imediatamente. Depois da era dos festivais coletivos que defendiam slogans como "paz, amor e harmonia" e se expressavam na luz do sol nas colinas e nos parques, como em Woodstock em 1969, que a contracultura hippie queria. A comunicação com as instituições ainda está aberta, as áreas metropolitanas e suburbanas seguiram os princípios do "nomadismo como errante" (Maffesoli, *Sobre o nomadismo: vagabundagens iniciáticas*, 1997) dos punks. Os lugares escuros e os rostos pálidos e emaciados com o olhar perdido no "vazio das aparências" (Maffesoli, *No fundo das aparências,* 1990) são os dos punks do final dos anos 1970 que pisam em cenas onde se pratica uma suspensão das regras do sistema, locais definidos como "zonas autônomas temporárias – ZAT" (Bey, *Zona Autônoma Temporária*, 1991), marcados por sons estridentes, drogas aceleradas e um hedonismo neobarroco decadente.

A barroquização do mundo (Maffesoli, 1990) encontra na estetização punk do mal-estar a caveira como sua efígie mais poderosa. Tudo isso ajudou a consolidar a crença de que estes grupos urbanos – as protoneotribos punk e cyberpunk – se caracterizavam pelo desengajamento e pela procura de um prazer efêmero, um fim em si mesmo, superficial, para o tempo de uma noite. Na realidade, é precisamente a inversão do significado do conceito de superfície que é a chave para a compreensão das práticas subterrâneas: ser esquivo, extemporâneo, nômade (Maffesoli, 1997) e mutante significou reconfigurar-se para uma dimensão de ser abordado no nível das práxis da comunicação linguística e dos signos do vestuário, e não mais na dos ideais políticos. A profundidade das coisas está escondida na sua superfície.

O próprio slogan punk "Sem Futuro" – se excluirmos o niilismo inicial – representava o presente e o presenteísmo, o sentido de *hic et nunc*, a transição da ação política e politizada para a ação comunicativa e estética, em que a política é transfigurada, delegada às palavras, corpos e imagens. Para os punks, tratava-se de relembrar o futuro agora através de uma imaginação deliberadamente obscena e provocativa, escrita em camisetas (como a suástica na camiseta de Sid Vicious, desenhada por Vivienne Westwood), dada a nomes de bandas (*Sid Vicious, Johnny Rotten, The Slits, Dead Kennedys*), capas de discos e tatuadas na pele. Nas décadas de 1990 e 2000, ocorreu a adoração do presente sensual, e hoje assistimos cada vez mais à expressão underground, artística, sensual e trágica nos lugares mais superficiais: a web, do Instagram ao TikTok, e a Internet em geral, são os Pequenos Grandes Lugares (Maffesoli, 2003) que vivem para ser visíveis e se espalhar no ar numa "grande despesa improdutiva ligada à festa" (*ibid.*). **(Claudia Attimonelli/UniBari)**

– Q –

Quotidiano – A história, tal como a cultura ocidental e moderna a concebeu, é acima de tudo escrita, moldada e pensada pelas elites, para as elites (políticas, econômicas, artísticas, intelectuais). Neste quadro, a vida comum é apenas uma continuação, uma reflexão ou o descanso sem importância – o que permanece à sombra do poder. É, do ponto de vista epistemológico, um "objeto" a ser controlado e dirigido, e não um sujeito vivo e imprevisível. Segundo a sociologia de Henri Lefebvre, a vida cotidiana é, portanto, o lugar por excelência da alienação, onde o poder é exercido sem margem de manobra para o corpo social (*Crítica da vida cotidiana*, Paris, 1977). Mesmo os situacionistas consideram este ambiente como uma simples presa do espetáculo, no qual "o verdadeiro é um momento do falso" (Debord, *A sociedade do espetáculo*, 1967). Pelo contrário, Michel Maffesoli descreve-o e interpreta-o – de uma forma próxima das propostas por Michel de Certeau e Jean Baudrillard – como um lugar elevado de comunhão social, artimanhas, truques, diversão (*A conquista do presente*, 1979), sugerindo até que ponto as táticas de resistência empregadas por todos em todos são capazes de cristalizar "zonas temporárias de autonomia" (Hakim Bey) além e abaixo do poder. Na pós-modernidade, em particular, atraves da estética da rua, da teatralização da existência, da Web e das redes digitais, há uma inversão fundamental da hierarquia, o que significa que o que era marginal torna-se central. A crescente e perpétua estetização da existência em ação hoje é, neste sentido, o sinal revelador do poder da vida cotidiana, na qual se expressa aquele a quem Georg Simmel chamou o "rei clandestino" de todos os tempos. Esta é a transição entre o "poder instituído" e a "potência instituinte". Aqui está um poder que permanece em seu estado bruto, investindo em formas sociais localizadas, temporárias, revogáveis e tendencialmente não hierárquicas, ou, em qualquer caso, respondendo a outras hierarquias comparadas àquelas a que estamos acostumados, de acordo com uma ordem que favorece, contra a lei dos pais, a dos irmãos (Maffesoli, *A ordem das coisas*, 2014). Surge assim "um vínculo que não se formou a partir de um ideal distante, mas, pelo contrário, se baseia, organicamente, na posse comum de valores enraizados: língua, costumes, culinária, posturas corporais. Todas as coisas cotidianas, concretas, combinando num paradoxo, que não é apenas aparente, o material e o espiritual de um povo. Há razões para refletir sobre isto: tal materialismo espiritual, experimentado localmente, é exatamente aquilo que irá, cada vez mais, tomar o lugar da política nas suas diversas modulações" (Maffesoli, *Notas sobre a pós-modernidade*). **(Vincenzo Susca/ UPVM3)**

– R –

Racionalismo – O rechaço de Michel Maffesoli ao que chama de racionalismo se debruça sobre os contornos positivistas dos conceitualismos modernos. Para o pós-modernista, os enquadramentos dogmáticos da razão moderna empobrecem as compreensões sobre fenômenos contemporâneos, pois convergem para uma unidimensionalidade do pensamento. Sob sua perspectiva, tal racionalização não daria cabo das complexidades do ser em sociedade, na medida que ignora ou não dá o devido valor às emoções e às experiências dos indivíduos em suas vidas cotidianas. É a partir deste inverso do racionalismo que o sociólogo irá propor uma relação mais carnal com o mundo social, isto é, mais dionisíaca, pois "a separação típica da objetividade está em vias de dar (seu) lugar à intuição da experiência" (*O conhecimento comum: introdução à sociologia compreensiva*, 2007, p. 216). Em contraponto ao racionalismo, Maffesoli construirá sua ideia de "razão sensível", justamente por valorizar o conhecimento empírico cotidiano, a experiência e a polidimensionalidade do vivido. **(Diego Cotta/MULTIS)**

Racionalismo abstrato – Segundo Michel Maffesoli, em

Pactos emocionais, o racionalismo abstrato, ou moralista, explica "o mundo reduzindo-o ao seu menor denominador comum: economia, cultura ou religião e outras atitudes disjuntivas" (2018, p. 7). Pode-se compreender que há uma redução da natureza a apenas uma representação que é construída pelo sujeito consciente, submetendo-se, assim, a vida, a afastá-la do sensível. Tal racionalismo pode ser representado pela realidade, em que se inserem as participações dos indivíduos e das coisas de forma natural e/ou social. É um puro espetáculo com seus correspondentes protagonistas essenciais. Ver: *Pactos emocionais*: reflexões em torno da moral, da ética e da deontologia. Curitiba: PucPress, 2018. **(Aline Pinna/MULTIS)**

Racionalismo progressivo – Podemos considerar o racionalismo progressivo na conjuntura do não falado, tendo como referência a essencialidade das atividades e das narrações da inteligência em sua totalidade. Michel Maffesoli ainda argumenta, em *Pactos emocionais* (2018, p. 5), que se pode perceber o progresso na vivência e em seu hedonismo rotineiro. Ter certo afastamento, praticar o direito ao desapego e inserir um relativismo conceitual que esteja conforme com o relativismo que é experimentado no âmbito social. Como exemplo, temos a mudança do arcaico para o desenvolvimento da técnica, ou seja, a internet é considerada como o lugar, pois conta com *sites*, fóruns, *blogs*, redes sociais, etc., locais que reverberam variados conhecimentos, saberes, reuniões, trocas de experiências, comercialização, entre outros. Deste modo, uma nova maneira de vivência diária se forma e/ou é reformulada. Ver: *Pactos emocionais*: reflexões em torno da moral, da ética e da deontologia. Curitiba: PucPress, 2018. **(Aline Pinna/MULTIS)**

Raciovitalismo – Abertura da razão ao sensível, aos domínios do não racional e do não lógico, à razão interna preexistente e contraposta às racionalidades funcional ou instrumental. Constatação de ser a realidade maior em comparação ao mundo real. Amálgama dos opostos. Nexo entre o conceito e a existência da qual deriva. Conhecimento e pulsões vitais conjugados. "É este o interesse do 'raciovitalismo': não negligenciar nada naquilo que nos cerca, neste mundo, no qual estamos e que é, ao mesmo tempo, sentimento e razão", explica Michel Maffesoli (1998, p. 59). A razão desvinculada do emocional, do sensitivo e do instintivo, moldada para formas e fins últimos, preponderou na modernidade. Agora, no contemporâneo, desponta a revitalização do existente, da expansão da consciência, do valor do cotidiano, do viver e pensar em concomitância. Em termos de recorte temporal, o racionalismo clássico seria o vetor da modernidade e o raciovitalismo, a emoção adicionada à razão, simbolizaria a pós-modernidade (2019, p. 22 e 188). Ver: *Elogio da razão sensível*. Petrópolis: Vozes, 1998; *O tesouro escondido*: carta aberta aos franco-maçons e a outros. Porto Alegre: Sulina, 2019. **(Álvaro Nunes Larangeira/ GTI)**

Razão – Termo onipresente na obra de Michel Maffesoli. Para ele a modernidade pode ser resumida na tríade razão, progresso e emancipação (autonomia). A razão, força motriz do iluminismo, converte-se em racionalismo no auge da modernidade progressista, prometeica e salvacionista, produzindo um devastador desencantamento do mundo, como observou Max Weber, um dos pilares da visão compreensiva de Maffesoli. Não é a racionalidade que o sociólogo da pós-modernidade combate, mas o racionalismo como ideologia que pretende eliminar todo mistério, imaginário, zona de sombra, encantação mágica, crença, espiritualidade, dimensão onírica. Praticamente em todos os seus livros, como se pode ver claramente em *A conquista do presente, À sombra de Dionísio* e *Lógica do assentimento*, a questão da razão está posta. Neste último ela é apresentada, mais uma vez, como característica inegável da modernidade. Abstrata, a razão tem mais a ver com a ideia de sociedade. Concreta, a comunidade, que mescla racionalidade e emoção, remete sempre ao retorno à terra. Se a modernidade separa pela razão, a pós-modernidade junta pela emoção. Não se trata, porém, de uma negação das competências da racionalidade. O ponto crucial é o corte entre corpo e mente por meio de um instrumento de excisão da animalidade emocional. Maffesoli parece indicar o tempo inteiro que o ser humano racionalizado é um produto histórico mutilado, amputado de sua parte não redutível ao cerebral. **(Juremir Machado da Silva/GTI)**

Razão sensível – Michel Maffesoli (1998) propõe uma abordagem que contrasta com a visão racionalista predominante, advogando pela razão sensível na era pós-moderna. Enquanto Descartes (2009) delineou os contornos da modernidade, Maffesoli desafia a crença na dominação total da razão sobre a realidade. A razão sensível integra os opostos, harmonizando razão e sentidos, corpo e alma, essência e aparência. Em contraponto à racionalidade unidimensional, destaca-se a vitalidade do irracional, cuja intensidade é proporcional à razão. Esta perspectiva enriquece-se com descrições, intuições e metáforas, captando a complexidade do mundo. Maffesoli preconiza a razão sensível como alavanca metodológica (1998, p. 72), essencial para compreender os fenômenos sociais contemporâneos. A razão sensível une intelecto e sensibilidade, integrando subjetividade e coletividade, e recusa a dicotomia entre afetividade e cognição. Em contraste com a razão moderna, que promove distinções e separações, a razão sensível celebra a fusão e a confusão como motores dos vínculos sociais na atualidade. Ver: *Elogio da razão sensível*. Petrópolis: Vozes, 1998; Descartes, R. *Discurso do método*. São Paulo: Editora Escala, 2009. **(Andrea Ferreira Passos e Vitória Batista Nunes de Vasconcelos//Communicare)**

Refere-se à abordagem de compreensão e interpretação do mundo que valoriza as emoções, as sensações e as experiências subjetivas como elementos cruciais na formação do tecido social. Essa noção de Michel Maffesoli se traduz numa crítica à abordagem puramente racionalista, enfatizando a importância da intuição, da poesia da arte e da sensibilidade como também responsáveis pela produção de conhecimento e de uma coesão social. A razão sensível nos convida a transcender os limites da racionalidade, dos contratos, e a abraçar a essência vibrante da essência humana, enxergando a potência das emoções, dos afetos e intuições como elementos vitais para a compreensão da vida humana em toda a sua totalidade política, cultural e social. Nesse ponto Maffesoli não reduz a vida a contextos puramente racionais e utilitários, indo além de uma lógica positivista cartesiana que por muito tempo inibiu qualquer forma de conhecimento que não esteja associada à razão moderna. Em vez disso, Maffesoli nos estimula a mergulhar nas profundezas do que nos torna humanos: nossas emoções, nossas poesias, nossos laços afetivos e nossas conexões sensoriais com o mundo ao nosso redor. Ao trazer esse conceito o filósofo não pretende fazer uma distinção entre *logos* e mitos, mas sim agregar esses elementos na constituição da nossa natureza humana, não dissociando o ser *symbolicus* do ser natural. Ao mergulharmos no conceito de "razão sensível", somos então convidados a reconhecer a influência sutil das nossas emoções no processo de tomada de decisão e na produção de sentidos sobre o mundo e sobre nós mesmos. A razão sensível não é inferior à razão da modernidade, contudo a razão sensível nos lembra que a imaginação e a intuição, muitas vezes ofuscadas pelas luzes dos discursos iluministas e da filosofia moderna, possuem um valor essencial para as interações da vida cotidiana. Todo esse cenário nos estimula a prestigiar as narrativas subjetivas que dão forma à nossa visão de mundo, revelando a interconexão entre indivíduos e sociedade. Dessa forma, a razão sensível de Maffesoli é uma ferramenta contrária à rigidez das estruturas racionais, das verdades absolutas, nos revelando uma nova estética da vida cotidiana. Ver: *Elogio da razão sensível*. São Paulo: Iluminuras, 2001. **(Zulenilton Sobreira Leal e Eunice Simões Lins/GEPAI)**

Realismo popular – Michel Maffesoli vê nas atitudes cotidianas das pessoas, nas mais diversas situações e no contexto das camadas ditas populares, numa espécie de jogo contra tudo e todos, ou apesar de tudo e todos, uma capacidade extraordinária de viver com sabedoria e realismo. Para ele, "o realismo popular repousa, essencialmente, sobre a aceitação das misérias humanas, sendo, nesse sentido, trágico". Um saber viver conforme as circunstâncias, as possibilidades e os obstáculos, sem que isso represente um conformismo ou uma incapacidade de sonhar. A ideia de um mundo perfeito parece mais uma ilusão das elites determinadas a dizer como o mundo deve ser e qual o caminho a ser tomado para atingir o "paraíso" terreno, que, não raro, vira um inferno. Ver: *Logique de l'assentiment*: dire oui à la vie. Paris: Cerf, 2023, p. 220. **(Juremir Machado da Silva/GTI)**

Reencantamento do mundo – Michel Maffesoli (2012, p. 85) diz-nos que o advento da modernidade promoveu uma racionalização generalizada da existência, o que teria culminado em um fenômeno: o desencantamento do mundo, "[...] que é a causa e o efeito de uma existência em que toda irregularidade teria sido banida, em que o natural terá, definitivamente, deixado lugar ao artificial [...]". A tecnologia pós-moderna, entretanto, nos proporciona um reencantamento do mundo, uma vez que ela traz consigo a possibilidade de um retorno do lúdico, do gozo real, bem como da criação de laços e da comunhão com o outro. Ver: *O tempo retorna*: formas elementares da pós-modernidade. Rio de Janeiro: Forense Universitária, 2012. **(Leonardo Alexsander Lessa/Memória, Afeto e Redes Convergentes)**

Rei clandestino – O rei clandestino da época é a expressão que Michel Maffesoli usa para mostrar que a sociedade se anima em torno de figuras, muitas vezes arquetípicas, que geram um poder de atração e que cristalizam o imaginário de uma determinada época. Retomando aqui a hipótese de Gilbert Durand, Maffesoli propõe o termo paradoxal de rei clandestino para sublinhar tanto o seu poder agregador (como figura, personalidade, história mítica, etc.) como a sua dimensão muitas vezes subterrânea, atuando num ciclo que o próprio Maffesoli descreveu como secreto, discreto e depois aberto. O termo rei clandestino é um empréstimo a Georg Simmel. Essa ideia de clandestinidade é importante porque indica que as instituições e os poderes existentes são muitas vezes frágeis e carecem de legitimidade. Cada época tem as suas formas de legitimidade e eficácia, o rei clandestino é a expressão que indica claramente que o poder não está onde pensamos que está. Maffesoli insistiu muitas vezes, com estilo irônico ou mesmo panfletário, sobre a diferença entre a sociedade que se diz e a que se vive. O rei clandestino constitui uma ideia recorrente na obra de Maffesoli, pois manifesta uma dinâmica histórica que começa sempre num momento fundador, marginal, efervescente, por vezes violento, mas sempre secreto, para depois se desdobrar numa dimensão mais visível, até mesmo institucionalizada. Maffesoli ilustra frequentemente essa lógica com os dois termos cultura/civilização. Sendo a cultura o momento generativo – que produz o rei clandestino – e a civilização o momento de desenvolvimento mais massivo desse mote cultural, com uma dimensão de higienização, até de morbidez, na sua gestão quantitativa. Entre esses dois grandes momentos estruturais das sociedades, Maffesoli recorda-nos que existe um vitalismo social contínuo, muitas vezes ilegível, malcompreendido, por vezes desordenado, mas que é sempre fecundo e virtuoso a longo prazo. Cf. *Sobre o nomadismo* (1997), *A parte do diabo* (2002), *O reencantamento do mundo* (2007). **(Stéphane Hugon/Eranos – Paris – Seul)**

Para Michel Maffesoli a "cultura é a restauração da potência", que se alimenta de forças visíveis e invisíveis e alimenta um querer viver que contorna os obstáculos ou os derruba em levantes concretos. O sociólogo cita Georg Simmel para resgatar a imagem do "rei clandestino de uma época". Potência, segundo Maffesoli, em *Lógica do assentimento* (2023), "escondida, mas não menos eficaz". Na prática, o poder é sacudido pelas expressões dessa realeza escondida que reclama seus direitos. Nesse ponto, com uma citação de Santo Tomás de Aquino, o olhar libertário de Maffesoli se revela por inteiro: "Não é o rebelde que é sedicioso, mas o tirano". As tiranias, sublinha Maffesoli, assumem várias formas, "totalitarismos duros", "totalitarismos suaves", como, enumera ele, "economicismo, materialismo, racionalismo, higienismo" e, certamente, partidarismo, ideologismo, etc. O rei clandestino não se cala. Prepara-se secretamente para a erupção. **(Juremir Machado da Silva/GTI)**

Relativismo – Uma sensibilidade relativista e uma posição teórica relativista, que consistem em uma compreensão sistêmica de amplo espectro, contra a redução e o reducionismo operados pelo positivismo e por todos os grandes sistemas explicativos (freudismo, marxismo). Uma visão estereoscópica de objetos complexos (como sociabilidade, imaginação, vida cotidiana). Uma reflexão sistêmica que saiba lidar com o paradoxo face ao conceito que hipostasia, que procede por aproximações sucessivas. Sentir versus gerenciar. Ver: *O conhecimento comum*: introdução à sociologia compreensiva. Porto Alegre: Sulina, 2007. **(Martine Xiberras/ UPVM3)**

Religação – Para Michel Maffesoli, o estado de religação revela uma necessidade que não é forçosamente consciente, com frequência é sentida de modo confuso, mas nem por isso é menos eficaz. Sugere aquilo que o autor considera o aspecto religioso do político, que suscita a adesão em torno de uma ideia, uma imagem, uma emoção. Pode ser considerada como a surpreendente pulsão que leva a reunir-se, a entregar-se ao outro. Mas esta religação também é observada em situações mais profanas. "Basta neste sentido pensar nas aglomerações musicais, esportivas ou consumistas para medir contemporaneamente essa eficácia. Mudança de cultura, não se falará mais da *Stimmung* de uma paisagem ou de uma catedral, mas do *feeling* de uma relação, do sentimento induzido por um lugar ou de outras categorias não menos vaporosas para descrever um 'situacionismo' amoroso, profissional ou cotidiano de consequências nada desconsideráveis na *criação*, na sua acepção mais ampla, de determinado período." (Maffesoli, *A transfiguração do político: a tribalização do mundo,* 2011, p. 110). Para completar, esta reflexão: "Iniciação, socialização, estabilidade do elo social, tudo isso repousa sobre a interdependência ou, para dizê-lo por meio de um neologismo esclarecedor: *religação*. O que religa todos e cada um à lateralidade (*religare*), o que o põe em confiança ('religante') com essa estranha, estrangeira alteridade!" (Maffesoli, *A ordem das coisas: pensar a pós-modernidade*, 2016, p. 84). **(Christina Ferraz Musse/Comcime)**

Repetição – Ver **Harmonia diferencial**.

Ritual – Difícil dizer onde se aprende mais com Michel Maffesoli, se nas suas aulas, nos seus livros, nas suas palestras, tal a linha de continuidade entre todos esses elementos. Em seus cursos, no anfiteatro Durkheim, na Sorbonne, Paris V, recorrentes eram as suas observações sobre o termo "ritual". Em certo sentido, sugeria que não há vida comum e significativa sem rituais, sagrados ou profanos, pomposos ou plenamente incorporados à moldura do cotidiano. Dito de outra maneira, não há imaginário social sem rituais, nem rituais sem imaginários sociais. No ritual há repetição, atualização, experiência, vivência, prazer, entrega, expiação, gozo e sentimento de pertença. Um estar-junto fortalecido por cada nova enunciação. Em *A conquista do presente* (1984, p. 157), livro que parece contar todos os que viriam depois, embora cada um seja potente e original, Maffesoli, em poucas e próximas linhas, situa ritual e imaginário social: "A polissemia das situações e a polissemia das palavras iniciam um balé sem fim, remetem uma à outra, incessantemente, e se inserem, por fim, num vasto quadro cênico que nada mais é do que aquilo que poderíamos chamar, no sentido forte do termo, de imaginário social". Vale, talvez, repetir ritualmente: o imaginário social nada mais é do que um vasto quadro cênico. Em seguida, ele faz a ponte entre imaginário social e ritual, dois termos unidos pelo pontilhado de "pequenos fatos" do cotidiano: "Isso pode nos levar a dizer que o que chamamos de ritual nada mais é do que uma *retórica pictural*. Portanto, o ritual faz parte desse jogo teatral da existência cotidiana". Há nessa perspectiva imagética uma espécie de admiração pelos seres humanos simples às voltas no dia a dia com suas rotinas, expectativas, fantasias, sonhos, realizações, como se, para escapar da banalidade, transfigurassem o banal pela sua ritualização. Simplesmente humano, simbolicamente humano. Para Maffesoli (1984, p. 15), por exemplo, "ao se ritualizar, toda violência se canaliza". No ritual se pratica a simbolização do estar-junto encarnado. Para o sociólogo (1984, p. 124), "pode-se dizer que todo ritual religioso, assim como todo ritual profano, possui como única função justificar a existência injustificável". **(Juremir Machado da Silva/GTI)**

– S –

Sabedoria demoníaca – Michel Maffesoli defende que existe uma relação entre o nômade e o iniciado. Ambos condenam os diversos conformismos de ser e de pensar, sendo vetores de uma verdadeira espiritualidade. Isso porque a liberdade exterior só pode existir se estiver fundamentada em uma sólida liberdade interior. A sabedoria demoníaca é simplesmente o desejo de outra coisa, o instinto de um a mais. "Além da paixão da aventura, sabedoria demoníaca e sabedoria dionisíaca participam da mesma sensibilidade: a da inquietude, ou ainda a de um equilíbrio que repousa sobre a tensão de elementos heterogêneos, a de uma harmonia em permanente conflito consigo mesma." (Maffesoli, *Sobre o nomadismo: vagabundagens pós-modernas*, 2001, p. 172). **(Christina Ferraz Musse/Comcime)**

Sabedoria popular – Para Michel Maffesoli, a "sabedoria popular" refere-se ao conhecimento prático e à sensibilidade cultural que emergem das experiências cotidianas e das tradições comuns de uma comunidade ou sociedade, considerando que, na era pós-moderna, há uma redescoberta e uma valorização crescente da sabedoria enraizada nas práticas sociais e nas interações humanas. Em *Elogio da razão sensível*, Maffesoli destaca a importância da sabedoria popular como uma fonte de *insight* e orientação na vida cotidiana, contrastando-a com a racionalidade excessiva da modernidade. O autor defende uma abordagem mais holística que valorize a intuição, a emoção e a experiência prática na busca pelo conhecimento e pela compreensão. Em *O ritmo da vida*, Maffesoli explora como a sabedoria popular está intrinsecamente ligada aos ritmos e padrões da vida cotidiana na sociedade contemporânea. Destaca como as práticas culturais e as tradições compartilhadas contribuem para a preservação e transmissão da sabedoria popular ao longo do tempo. Por fim, em *A república dos bons sentimentos*, Maffesoli examina como a sabedoria popular se manifesta na sociedade atual, enfatizando a importância das narrativas locais, dos rituais comunitários e das expressões culturais na construção de identidades coletivas e no fortalecimento dos laços sociais. Portanto, o termo "sabedoria popular", conforme abordado por Maffesoli, destaca a importância do conhecimento prático, das tradições culturais e das experiências compartilhadas na compreensão da vida social e na promoção da coesão comunitária. **(Marco Aurelio Reis/Namidia)**

Sacral – Foi uma ideia perspicaz e generosa de Dominique Grisoni, um dos editores amigos de Michel Maffesoli, pedir-

-lhe que escrevesse uma espécie de prefácio (apresentação) para a edição de bolso das *Formas elementares da vida religiosa*, de Durkheim. Daí ele derivou a noção de "divino social" que atribuiu ao pai francês da sociologia (talvez falsamente) e, em todo caso, esta primeira concepção do sagrado como resultado e força motriz do desejo de efervescência, como uma perda do outro no Outro e reversivelmente do Outro no outro que é a sociedade. Encontramos, portanto, muito cedo na obra de Michel Maffesoli uma concepção do sagrado como manifestação de uma transcendência imanente. A encarnação cristã é então vista como a metáfora do presenteísmo pós-moderno: para retomar Gilbert Durand em seu posfácio à *Conquista do presente*: "O presente é de fato o lugar onde, como escreve MM, a forma invariante assume-se e torna-se dinâmica e situação intensa".

Nos livros maduros, o tríptico *A palavra do silêncio*, *Nostalgia do sagrado* e *Lógica do assentimento*, o sagrado torna-se sacral (Jacques Maritain). Maffesoli fala de "sacral" utilizando a desinência "al" para dar um valor estrutural à noção (historial em Heidegger, objetal em Lukács, imaginal em Durand e Corbin). O sacral não é apenas um fato social total, origem e fim da interpenetração das consciências, é inter-relação entre o natural e o sobrenatural. A religião é mais do que um conjunto de crenças e rituais resultantes da interpenetração de consciências. É também uma "ligação" do microcosmo ao macrocosmo através deste "mesocosmo" que é a comunidade. A comunhão dos santos, os mistérios da Encarnação e da Trindade, no sentido católico destes dogmas, não são apenas metáforas da socialidade pós-moderna. São também a realidade no sentido de Santo Tomás de Aquino, aquilo que é acessível através dos sentidos e da razão. Como Serge Moscovici apontou com fineza: "Qualquer pessoa que leia atentamente as obras de Michel Maffesoli não pode duvidar da impressão de que a prática da sociologia é para ele uma busca pelo número, pelo que os alemães chamam *das ganz Andere*. Cabe então aos leitores apropriarem-se deste caminho de pensamento que é também um caminho de vida para todos". Ver: Maffesoli. *A conquista do presente* (1982) em *Compendium aprés la modernité*, CNRS Éditions 2008, posfácio Gilbert Durand – *A palavra do silêncio* (2016), *Nostalgia do sagrado* (2020), *Lógica do assentimento* (2023). Apresentação para a edição de bolso de *As formas elementares da vida religiosa*, Pocket ensaios, 2007. Serge Moscovici em *Reflexões: em torno da obra de Michel Maffesoli*, 2004, CNRS Éditions, 2011. **(Hélène Strohl-Maffesoli)**

Saturação – Termo tomado de empréstimo de P. Sorokin, refere-se a um processo que se desestrutura e se reestrutura com os mesmos elementos. Michel Maffesoli utiliza saturação para aludir a uma estrutura antropológica, neste caso o paradigma moderno que, tendo chegado ao apogeu, inicia seu declínio. A modernidade reduziu a complexidade da vida social a uma realidade mensurável e utilitária, tornando-se insuficiente para dar conta do vivido. A saturação é uma "inversão de polaridade, causa e efeito de uma profunda mutação societal ou antropológica" (2010, p. 60). Os fundamentos da modernidade Indivíduo, Razão, Economia e Progresso estão saturados. A sociedade perdeu a confiança nos valores que garantiam a solidez do vínculo social e entrou em crise, ensejando uma nova forma de estar-junto baseada na solidariedade, no lúdico e na experiência comum da criatividade. O ideal unitário se saturou, fazendo emergir o comunitarismo, a heterogeneização dos modos de ser ou o politeísmo de valores, de acordo com a expressão weberiana. Neste espírito de época, ao que Maffesoli denominou pós-modernidade, o sentimento de pertença promove a comunhão, a emoção compartilhada com o grupo: a tribo. Trata-se de uma nova sensibilidade ou paradigma caracterizado por um potente imanentismo que se traduz na importância do vivido, o hedonismo, a proeminência da forma, os cuidados corporais, a intensificação do presente, enfim, a estetização da existência que são formas de contemplação do mundo. Ver: Maffesoli, Michel. *Saturação*. São Paulo: Iluminuras: Itaú Cultural, 2010.

(Denise Cristina Ayres Gomes/Communicare)

Secundariedade – Costuma-se brincar que a humanidade se divide entre os que estão indo e os que estão voltando. Michel Maffesoli, no tesouro de noções singulares que é *A conquista do presente* (1984, p. 69), destaca o gosto dos seus compatriotas por "residências secundárias". Ter uma casa na cidade e outra no campo, na montanha, na praia, no vilarejo natal mobiliza as pessoas com algumas posses. Estabelece-se um vaivém que ocupa o tempo, impõe-se como necessário, dá sentido: "Na verdade, em todos os atos da vida cotidiana existe um desdobramento, uma secundariedade, expressão da mobilidade existencial no seio da rotina diária. Uma maneira como outra de recusar a injunção da identidade, mas de recusá-la de modo brando e não frontal". O deslocamento quebra a rotina dentro da rotina. Alterna-se o papel social desempenhado. Professor durante a semana na casa principal; agricultor amador no final de semana no sítio, explorador de trilhas, em outro momento, na montanha, etc. Por esse mecanismo a vida diária é pontuada de pequenos acontecimentos, posturas, agendamentos, providências, encontros, experiências. Sentir-se parte de algo e manter-se significativamente ocupado parecem ser duas preocupações fundamentais do ser humano. Maffesoli explora essa vontade de pertencimento e esse prazer na ocupação prazerosa, mesmo trivial, como poucos. A segunda pele dá a satisfação das mudanças sem que elas precisem ser permanentes ou desagregadoras. Quanto mais limitada nos espaços urbanos, mais parece crescer essa inclinação para as alternativas exercidas na curta duração, secundariedade que motiva, acalma, alivia o estresse e ocupa a mente e o corpo. Aos que dizem a alguém "você não para", a resposta, às vezes, é de uma sinceridade sociológica fascinante: "Se parar morro, ou me deprimo". Há sabedoria nessas acomodações ao cotidiano que permitem seguir em frente com pequenos deslocamentos para trás ou em círculo. **(Juremir Machado da Silva/GTI)**

Sensibilidade apofática – A apofática contempla a consciência dos limites da inteligência e da linguagem humanas. Michel Maffesoli defende o privilégio do silêncio como indissociável da noção de apofático, considerando o que não pode ser racionalizado. Trata-se de um argumento, portanto, coerente com toda a sua obra, com a defesa do retorno do sensível na pós-modernidade. O silêncio é, para ele, sinônimo do apelo aos sentidos. Embora empregue diversas palavras unidas à noção de apofático (linguagem, atitude, sabedoria, teologia, pensamento, visão, fluxo, silêncio, abstinência e abordagem), é possível demarcar a sensibilidade apofática como a aparição mais dialógica ao seu pensamento: "A abordagem, talvez valesse mais a pena dizer a sensibilidade apofática, vai privilegiar o silêncio" (*A palavra do silêncio*, 2019, p. 19). Diz respeito a esta noção: calar-se; alinhar-se ao irrevelável; a prática dos rituais que criam um senso de comum, de estar-junto; a linguagem indireta que não revela nada de imediato, apenas *a posteriori*; a desconexão de conceitos, categorizações. **(Luiza Gould/ MULTIS)**

Senso comum – Segundo Michel Maffesoli, o senso comum é uma forma de conhecimento que está enraizada na experiência vivida e nas interações sociais do indivíduo e que fundamenta a vida corrente. Em obras como *Elogio da razão sensível*, a noção é contrastada com o discurso especializado e com a racionalização da fé. E destaca, ainda, a importância da vivência e da reprodução desse tipo de conhecimento para outros sujeitos na construção da socialidade. O senso comum é apresentado como uma forma de sabedoria do ordinário, que está na base do que o autor chama de "reencantamento do mundo". Essa sabedoria do ordinário é representada pelos rituais cotidianos, muitas vezes não verbalizados, que constituem a verdadeira densidade da existência individual e social. Esses pequenos rituais cotidianos são descritos como mais vividos do que conscientizados, e desempenham um papel fundamental na construção da solidariedade orgânica e do sentimento de pertencimento a um grupo social. O autor destaca a importância de levar em conta o senso comum, pois ele representa a vida cotidiana em sua complexidade e concretude, permitindo a compreensão das diversas interações que constituem a trama da existência. Portanto, o senso comum pode ser caracterizado por algumas particularidades: base na experiência vivida, concretude e empirismo, comunitariedade e sabedoria do ordinário. **(Pedro Miranda/Namidia)**

Sexualidade – A noção de sexualidade, na perspectiva de Michel Maffesoli, é complexa, porque envolve várias expressões simbólicas que no decorrer do livro *À sombra de Dionísio* (Maffesoli, 1985) são expostas. Resumidamente, ele sugere que a sexualidade é expressão de uma pessoa com maior ou menor controle sobre si. Mas o que mais temos que envolve essa sexualidade? O sexo é perpassado em um mundo imaginal, ainda mais que o ato sexual não deixa de ser um jogo entre sedução e desejo. Há a questão do misticismo erótico, ou seja, forças sobrenaturais que atravessam um desregramento orgíaco, o fervor popular em torno do religioso, um amor excedente e logo o excesso de vitalidade sexual. Quando fala sobre superação das limitações sexuais, Maffesoli destaca a imortalidade e aborda a bissexualidade como expressão simbólica de tal plenitude. A figura do hermafrodita, por exemplo, fascina e inquieta porque representa a síntese permanente, sempre buscada, entre o homem e a mulher. Uma verdadeira síntese contraditorial e conflitual. Obviamente, ele não deixaria de falar sobre a homossexualidade, afinal, na sua perspectiva, é uma forma de transcender ao sexo tipificado. Surpreendentemente, também há enorme aproximação entre a morte o sexo. De acordo com Maffesoli (1985, p. 94), "esta proximidade mística da morte e do sexo provém do fato de que o orgasmo ou, ainda, o êxtase remete ao sentimento de eternidade. E se o ato sexual é uma 'pequena morte', é porque diz respeito ao indivíduo [...]". Quanto às manifestações eróticas, Maffesoli (1985, p. 119) lembra, ao descrever o sadismo sexual, que "[...] a violência sexual assume uma forma visível quando da utilização de instrumentos – que, sem dúvida, são de origem muito antiga e que, em si mesmos, mereceriam um estudo instrutivo". **(Gabriela Ferreira Vieira/GTI)**

Simulação – A palavra Simulação não faz parte aprioristicamente da bacia semântica de Michel Maffesoli. O termo constitui um *leitmotiv* na obra de seu amigo-ex-contemporâneo e também filósofo social, Jean Baudrillard, com quem Maffesoli manteve uma relação não de rivalidade, mas de irônica paradoxalidade. Um exemplo dessa "coincidência dos opostos" reside na interface das obras *À sombra das maiorias silenciosas: o fim do social e o surgimento das massas* (Baudrillard, 1978) e *O tempo das tribos: o fim do individualismo nas sociedades de massa* (Maffesoli, 1988). Embora com dez anos de diferença, ambos se debruçam sobre a sociedade (e cultura) de massa e analisam com sinais opostos o sentido dessa experiência cultural massiva, mas ambos se encontram numa perspectiva dialógica que fortalece a área das Ciências Sociais. Maffesoli prefere usar o termo "aparência", cuja similitude com o termo "simulacro" vem de Deleuze (conceitualmente em *Diferença e repetição* e empiricamente em *A imagem-tempo: cinema 2*), cuja conotação pode ser positiva, como é empregado na obra *No fundo das aparências* (Maffesoli, 1990). Para Baudrillard, herdeiro da epistemologia hegeliano-marxista, os termos "simulacro" e "simulação" têm valor negativo, um efeito regressivo, como cópia, falsa representação, imagem destituída de sentido. Todavia, para Maffesoli, animado por uma fenomenologia simbólica, a "aparência" (mesmo como simulação ou simulacro do real), "imagem" ou a "forma imaginal", tem uma dimensão afirmativa, pois agrega valores e funciona como uma "cola social", e gera o "sentimento de pertença", uma forma de "socialidade", por mais efêmera e transitória que seja a situação. Em outro registro, a noção de "simulacro" diz respeito ao que não remete a um modelo original, daquilo que não busca se lançar para além das aparências a fim de atingir a essência.

A noção de simulacro deve ser entendida "como uma construção artificial destituída de um modelo original e incapaz de se constituir ela mesma como modelo original" (Maffesoli, *A conquista do presente*, 1984, p. 116). Entretanto, o Mestre da Sorbonne não vê aí um prejuízo. O que lhe importa é o nível de conjunção, aproximação, enlace entre os atores sociais na espessura do atual e cotidiano. **(Cláudio Cardoso de Paiva/UFPB)**

Simulacro – Michel Maffesoli prefere tentar compreender a julgar. A atitude judicativa, ensinava a cada aula sua, nos finais de tarde, no anfiteatro Durkheim, na Paris V, não era a sua "xícara de chá". Sendo assim, posiciona-se para entender os usos de máscaras, artifícios e simulacros pelos seres humanos. Não se trata de uma neutralidade axiológica de ocasião, mas de uma postura determinada a abraçar o pontilhado pictórico do imaginário social, essa cena emoldurada pelo cotidiano. Em *A conquista do presente* (1984, p. 109), o sociólogo explicita esse ponto de vista: "Isso equivale a dizer que, para além de um jogo de máscaras e de simulacros, a vida social transcorre sem referenciais. Isso não deixa de significar que cada ato, cada atitude, cada situação flui num molde formal (arquétipo, estereótipo) – única coisa que podemos explicar". O simulacro não é uma pérfida enganação condenável, mas um artifício do jogo social. A aparência, vale dizer, não se apresenta como impostura, falsificação, ameaça a alguma essência jamais encontrada. Ela é onde o principal se encontra. Em *No fundo das aparências* (1996, p. 155), Maffesoli reforça: "De fato, a prevalência da aparência é, de um lado, uma realidade (um conjunto de realidades) suficientemente verificada para que seja levada a sério. E, do outro, uma constante antropológica que se encontra em lugares e em tempos diversos". O preconceito com a aparência foi cultivado em diversos níveis, do filosófico ao estético, com, por exemplo, durante muito tempo, a rejeição a cirurgias plásticas. Quem fazia, não podia confessar. Para Maffesoli a aparência e o simulacro fazem parte da "teatralidade dos corpos", modo pelo qual cada um exibe a sua forma. Atualmente, corpos podem ser painéis, obras de arte, suporte de imagens tatuadas, meio de expressão. Simular faz parte de uma panóplia de cores e possibilidade. A aparência precede a essência. Talvez dela proceda. Mais uma vez no belo *A conquista do presente* (1984, p. 109), Maffesoli define: "Em resumo, sem a comédia da aparência, os desejos não podem, de modo algum, ser satisfeitos". O simulacro é um modo de aparecer. De resto, no mesmo livro, Maffesoli provoca (1984, p. 110): "É difícil opor um 'país real' a um país 'político', não existem enganadores e enganados, mas uma atitude global que faz com que a lucidez não impeça o investimento, ou mais exatamente uma situação que faz com que a paixão tenha uma grande importância no funcionamento da razão, perturbando-lhe os efeitos". Ser é dar-se a ver de acordo com o momento e com as possibilidades existenciais. Por fim, Maffesoli (1984, p. 146), citando Nietzsche, para quem a vida sem "falsos julgamentos" seria insuportável, afirma: "O simulacro que rege nossa vida social é imperturbável porque não tem sentido". Diversos sentidos, uma constatação: usamos artifícios. A autenticidade é uma propaganda enganosa da essência. **(Juremir Machado da Silva/GTI)**

Sinceridades sucessivas – A crise da modernidade é causa e efeito da implosão do conceito de verdade no sentido universal e abstrato pelo qual foi concebido, na cultura ocidental, desde as suas raízes judaico-cristãs até o capitalismo e o materialismo histórico. Embora cada uma caracterizada por uma base simbólica ou ideológica diferente, cada uma dessas visões de mundo implica a presença de uma essência que prevalece sobre todas as outras, a ser perseguida num horizonte utópico colocado além do presente, contra o que está aí, aqui e agora. O que se segue é uma injunção social, de acordo com uma espécie de "violência totalitária" (Maffesoli, *A violência totalitária*), para ser "um" e impor a todos a escolha entre uma "verdade" sobre outras. Pelo contrário, a condição contemporânea, investindo novamente no politeísmo de valores, no nomadismo e nas identificações múltiplas, favorece uma imaginação relativista, onde a "ligação" dos elementos desencadeia formas únicas de experiências baseadas em situações vividas (Maffesoli, *Ser pós-moderno*). Neste quadro, a verdade já não é objetiva, mas depende do contexto, do ambiente, das emoções que circulam no estar-junto. Prolifera assim uma série de "sinceridades sucessivas", essas tantas máscaras que expressam, conforme o caso, esta ou aquela outra face das pessoas envolvidas no *theatrum mundi*. Eis uma concepção de existência social capaz de apreender, antes de entrar na moda, a fluidez da identidade, o jogo das máscaras e outras andanças no seio da vida contemporânea, na base de um princípio pronto a integrar até mesmo a "coincidentia oppositorum": aprendendo a justapor coisas opostas em "harmonia conflitual". "Como no amor, pode-se ter sinceridades sucessivas. E dependendo da tribo a que nos juntamos. A partir daí, a sociedade não pode ser 'reduzida à unidade', mas, pelo contrário, aparece sob a forma de uma colcha de retalhos. Assim, a 'res publica', a coisa pública, torna-se um mosaico coerente das várias formas que a convivência assume." (Maffesoli, "Ética digital e pós-modernidade". GéopoWeb, julho de 2021). **(Vincenzo Susca/UPVM3)**

Sinergia – Um dos mais recorrentes termos da vasta obra de Michel Maffesoli. Funciona praticamente como um coringa num jogo argumentativo. Significa a união orgânica, profunda e inseminadora entre elementos díspares, numa efervescência, outro termo fundamental para o pensador, capaz de enraizar dinamicamente. Na própria definição de pós-modernidade, Maffesoli emprega o termo sinergia. Em *A transfiguração do político* (1997, p. 205) ele diz: "Penso que aí se acha o ponto nodal da pós-modernidade: a sinergia do arcaísmo, essencialmente a nostalgia do 'nós', com a tecnologia. Diante dessa onda violenta, que tudo arrasta ao passar, a independência, a personalidade, a crítica do indivíduo não fazem mais sentido, mas cedem lugar à interdependência, ao mimetismo e à aceitação do que é". **(Juremir Machado da Silva/GTI)**

Sinestesia – Cada parágrafo de Michel Maffesoli é uma profusão de noções capitais. Sinestesia aparece em várias obras, inclusive nesse livro de síntese que é *Lógica do assentimento* (2023), cujo título desafia a negatividade intelectual dominante com uma espécie de "viva e deixe viver". A sinestesia para Maffesoli atrela "syn" (com) e "aesthesis" (sensação). Eis para o sociólogo das emoções uma "hiperconectividade existencial", feita de "troca, compartilhamento, interação", em oposição à separação. Por esse viés se chega a uma "corporeidade espiritual", bem longe da lógica do "eu soberano" capaz de pensar que pode decifrar o mundo por meio único de uma "racionalidade explicativa". Racionalismo e individualismo andam juntos para Maffesoli, sempre atento ao que explicita como hipotipose, uma descrição realista capaz de considerar o concreto e a marca típica mais profunda dos seres. No cotidiano, a sinestesia é a experiência sensorial que não se pode tomar emprestada, esse sentimento de conexão com a flor que só o contato proporciona. **(Juremir Machado da Silva/GTI)**

Sistema D – Expressão coloquial do imaginário francês, equivalente ao jeitinho brasileiro, encontra na leitura de Michel Maffesoli uma interpretação generosa, compreensiva, em lugar do julgamento sumário feito, em geral, do ângulo da ética. Para Maffesoli, em *A conquista do presente* (1984, p. 127), o "sistema D" faz parte do arsenal da potência popular contra o poder: "Nesse sentido, o cinismo (do 'sistema D' à malandragem não revelada) é uma técnica de defesa incomparável, é a arma por excelência do social, é a arma do pobre, isto é, de todo mundo". Maffesoli vê no que chama de "cinismo popular" um meio de proteção contra as injunções da ordem. Por exemplo, "no que concerne ao trabalho, como sabemos, tudo serve para driblar a imposição mortífera que ele representa". A força do fraco é sua capacidade de jogar, de iludir, de fingir que se entrega enquanto se reserva para si mesmo. **(Juremir Machado da Silva/GTI)**

Sociabilidade – Relação social mecânica (cf. **Socialidade**).

Socialidade – Desde os seus primeiros trabalhos, Michel Maffesoli pretende evidenciar as dinâmicas internas de sociedades estruturalmente conflitantes. Três temas são o fio condutor de sua análise: 1) a crítica do progresso como ideologia; 2) a recusa do produtivismo (economia de si, do corpo, do mundo); 3) a vida cotidiana entendida como fundamento da socialidade através de suas ritualizações e de sua inventividade banal. A socialidade permite-nos formular uma questão socioantropológica: como é que o poder do estar-junto é regenerado na vida comum em que representações e valores se chocam, se aglutinam e se rejeitam? A esta questão relacionada com o problema weberiano do politeísmo social, Maffesoli responde convidando-nos a observar a permanência e a profundidade da socialidade – ou o interesse lúdico do sentimento localizado num lugar que cria uma ligação.

É o cotidiano, feito de momentos corriqueiros, de "pequenos contratos" com a realidade líquida (Z. Bauman), que sustenta na interface do poder – o "Grande Contrato" – o ardil caseiro do homem comum escapando temporária e silenciosamente do excesso de dominação e das injunções alienantes da civilização prometeica. A socialidade exprime a vitalidade da partilha, que apesar das imposturas do dever moralizante de ser, alimenta uma resistência sem projeto e difusa à monotonia e assepsia, às diversas formas de controle social e à gestão estatal das nossas existências. A partir de então, as muitas figuras de anomia, excesso ou excentricidade (risos, orgias, gastos, etc.) só aparecem extremadas à luz da canalização para trás das paixões e dos afetos, que são o lençol freático da energia social.

Enquanto a vida pública participa no drama, isto é, numa corrida de obstáculos cujos objetivos e meios são proporcionais ao investimento individualista ou coletivista, a socialidade recorda a aceitação trágica da relação com o mundo, uma negociação invisível com o destino sobre a qual se assenta a afirmação plena e completa da pessoa na pluralidade das suas identificações com a sua ecopaisagem social. É a intensidade do presente que caracteriza a socialidade, Michel Maffesoli insiste a este respeito no significado maior das ritualizações que todos os dias pontuam os nossos modos de viver, os nossos espaços e suavizam a nossa presença nas muralhas do tempo. Assim, das refeições festivas à solidariedade inofensiva da aldeia ou bairro, do escárnio aos detentores do poder à cumplicidade das tribos e dos pequenos grupos de afinidade, vemos revelada a organicidade efetiva das relações sociais que se mantêm distante da artificialidade do social e sua organização política e econômica. Nisto, a teatralidade, a encenação das aparências, a comédia e o jogo para os quais Maffesoli chama a atenção são formas antropológicas que estruturam profundamente a vida social. Ele usará a metáfora da "centralidade subterrânea" para designar o lugar das pulsações difíceis de perceber (memórias enterradas, arquétipos, sonhos acordados, utopias intersticiais) para mostrar que para além do mercantil e do calculável, a influência tecnocientífica sobre a natureza, uma razão sensível desdobra e orienta o conhecimento comum em sintonia com a experiência coletiva liberada de racionalidades segmentadas que dão conta dos tipos de socialização instituídas (educação, trabalho, atividades planejadas, etc.).

A socialidade abre o horizonte de uma teoria da ação apaixonada e instala a sociologia no cerne da experiência que é vivenciada em suas dimensões simbólicas e, às vezes, de forma incerta no sentido figurado para descrever com delicadeza uma arte serial, justaposta, de valores vivos e práticas e depois integrá-las numa partilha comum ou empática. "É isto então que constitui a socialidade: não a pura transparência, a comunicação perfeita e sem misturas, um coletivo unânime e sem conflitos, mas, pelo contrário, uma mistura de obscuridades experimentadas e iluminações intuitivas, uma mistura feita de sofisticações mais ou menos grosseiras e de sofisticações elaboradas, em suma, um sistema de ideias e atitudes com múltiplas concomitâncias que se baseia no entrelaçamento absoluto da subjetividade e do coletivo que num ir e vir incessante se geram e se sustentam." Cf. Maffesoli, Michel. *Dinâmicas sociais: a sociedade conflitual*. Serviço de reprodução de teses. Universidade de Lille III (1981), p. 534. **(Patrick Tacussel/UPVM3)**

Socialidade clandestina – Dentro do contexto dos estudos de Michel Maffesoli, versa sobre a necessidade que nós temos de encontrar equilíbrio dentro da opressão do sistema capitalista. O termo é um paralelo ao "mercado clandestino", onde se encontra produtos sem origem conhecida, ou por um valor mais barato. Na lógica de Maffesoli, a socialidade clandestina é a sociedade informal, o espaço em que humanizamos e nos reapropriamos da nossa própria existência. É a socialidade clandestina junto com a "sociedade real" que dita o dinamismo que encontramos e vivemos. Maffesoli aborda que há um estímulo a um "jogo duplo" na sociedade. É uma forma encontrada pelas pessoas, oprimidas pelo sistema, de se recusar a integrar totalmente a ordem do sistema vigente. Um dos exemplos usados é o carnaval, em que as pessoas pobres se vestem de ricas, e vice-versa. Ou seja, é através do lúdico, como a festa carnavalesca, que as pessoas conseguem demonstrar a recusa de aceitar a ordem imposta pelo sistema. Ver: *O tempo das tribos*: o declínio do individualismo nas sociedades de massa. 2. ed. Rio de Janeiro: Forense Universitária, 1998, p. 45-67. **(Matheus Brum/Comcime)**

Socialidade cotidiana – A socialidade, na visão de Michel Maffesoli, é caracterizada pelo cotidiano, um território banal onde se enraízam as cenas do comum. Em seus vários aspectos, ela possui uma dimensão social e é um eixo central nos estudos do autor. Socialidade é a materialização da "sociabilidade ordinária". A partir dela, Maffesoli interpreta os fatos sociais, sobretudo as relações cotidianas que, em um primeiro momento, podem parecer insignificantes, mas que são capazes de demonstrar aspectos significativos do social. De acordo com Maffesoli, olhar para o cotidiano é um exercício fundamental para que o sociólogo se reconheça e participe da vida social, isto é, do mundo comum. "Os menores gestos da vida cotidiana", como os rituais de vestuário, os passeios, as conversas, os debates sobre política e economia, "todos os pequenos nadas que materializam a existência e que são, de fato, os fatores da socialidade". Portanto, a noção de socialidade, para o autor, se trata de um convite para voltar os olhos à vida de todos os dias, um retorno às formas mais tribalistas de organização social, em que as pessoas buscam conexões mais próximas e afetivas. Ver: *A conquista do presente*. Rio de Janeiro: Rocco, 1984, p. 58. **(Suelen Gotardo/GTI)**

Socialidade pós-moderna – Uma ênfase demasiadamente longa no indivíduo e depois no "indivíduo social" pode ter-nos levado a esquecer o que, para o homem, é precisamente primordial. O que comumente se chama "estar-junto". Devemos, portanto, pensar neste "todo" de forma consistente. Assim, para além do social, em que se expressa a solidariedade mecânica, podemos observar que a socialidade se refere a uma solidariedade orgânica, na qual a relação com o cosmos e a relação com o outro do grupo se correspondem num movimento sem fim. O que chamo de "mistério dionisíaco" é, muito simplesmente, a manifestação de tal sentido do coletivo realizado. A socialidade pós-moderna é, portanto, a forma contemporânea da "comunhão dos santos" da memória antiga. Isso quer dizer que através dos meios tecnológicos, como a internet, as redes sociais, etc., estamos, misteriosamente, unidos a outros além do espaço e do tempo. Estamos muito longe do individualismo epistemológico que caracterizou os tempos modernos. Isso uniu os indivíduos por meio de um contrato econômico e jurídico. A socialidade pós-moderna, ao contrário, enfatiza não as características específicas de cada indivíduo, mas as situações vividas com os outros. O *primum relationis* é a base do estar junto. Uma mitologia da efervescência é assim delineada. Retorno de um "urgrund social". Isto é, uma "sociedade" profunda onde a simpatia, mesmo a empatia, prevalece sobre a racionalidade que dominou a modernidade. Nada resiste aos golpes do polimorfo Dionísio. Mas o que ele destrói é, ao mesmo tempo, uma garantia de criação. Isto, com suas múltiplas e minúsculas formas, caracteriza as pequenas utopias intersticiais das "tribos" pós-modernas que constituem a maior parte da vida cotidiana contemporânea. **(Michel Maffesoli/ Professor Emérito da Sorbonne)**

Sociedade oficial e oficiosa – Crítico do conceitualismo, que esconde o desejo de tudo explicar por meio de teorias capazes de submeter o vivido a lógicas abstratas universais e intemporais, Michel Maffesoli não se cansa de mostrar que, se existe uma sociedade oficial, existe uma sociedade oficiosa. Poder e potência, norma e transgressão, formalidade e informalidade, o sim e não, a ordem e a necessária desordem, o mandamento e os desmandos do cotidiano, a vida na moldura da foto oficial e os desenquadramentos da existência em movimento. Em *O ritmo da vida* (2007, p. 9), Maffesoli fala de uma "recusa do oficial": "A ambiência geral é de ceticismo. Ceticismo em relação aos grandes sistemas teóricos, sabemos todos. Mas também em relação àqueles que, das mais diversas maneiras, têm a pretensão de falar pelos outros e em nome dos outros". O oficial encontra no oficioso uma resistência feita de mil pequenos desvios, distorções e insubmissões. Pensar livremente implica "sacudir verdades assentadas". Vive-se oficialmente de um modo, de acordo com códigos, demandas, metas e valores. Vive-se oficiosamente de outra maneira, à margem, nas entrelinhas, no rodapé, relativizando o oficial pelo riso, pela descrença, pelo ceticismo ou pelo humor. Sabedoria popular incontrolável. **(Juremir Machado da Silva/GTI)**

Societal (pacto) – Michel Maffesoli utiliza a expressão "societal" para refletir sobre as questões simbólicas, simples e emocionais da vida em sociedade. Isso abrange fatos como a construção de tribos urbanas, a formação de comunidades afetivas e a importância da identidade e do sentimento de pertencimento nas interações sociais. Refletindo sobre as ideias de Max Weber sobre um "desencantamento do mundo", Maffesoli afirma que agora existe um "reencantamento", quando o afeto e a liberdade se libertam após um longo tempo de restrição. Esse reencantamento se dá a partir da relação com o outro, nas comunidades e nas trocas, provocando uma nova maneira de entender o mundo e se posicionar diante dele. Conforme o autor, a comunidade é o lugar onde se estabelece e se desenvolve o conjunto dos modos de estar-junto, como a arte, religião, pensamento, vida cotidiana. Por essa razão, o autor salienta que, na contemporaneidade, o que foi estabelecido como contrato social se converte em *pacto societal*. Nesse pacto, Maffesoli defende que se deve dar mais atenção às coisas simples da vida, ao cotidiano, pois as relações passam a ser formuladas a partir dos afetos, empatia e proximidade. Nesse sentido, o societal refere-se a uma camada social mais extensa e complexa, que surge das relações sociais, das vivências compartilhadas e das práticas culturais, auxiliando para a compreensão da sociedade como uma rede de relações comunitárias e interpessoais. Ver: *Homo eroticus*: comunhões emocionais. Rio de Janeiro: Forense Universitária, 2014. **(Mayara Gonçalves de Paulo/Memória, Afeto e Redes Convergentes)**

Subsolo, socialidade subterrânea – Em *A contemplação do mundo* (1995, p. 31), Michel Maffesoli diz: "A ideia de 'subsolo' é instrutiva". Para ele, "muitas sociedades teriam um duplo". Socialismo e capitalismo precisariam igualmente desse duplo: "Essa ideia, aliás, é encontrada, sob os mais diversos nomes, em outros autores que não eu: 'o preço das coisas sem preço' de Jean Duvignaud, ou a noção de 'imaterial', proposta por Jean-François Lyotard, e talvez até mesmo nas análises de Jean Baudrillard sobre o 'simulacro'. Em uma palavra, reafirma-se bem alto que a realidade engloba seu contrário e assim se pode compreender um 'trabalho do negativo' que não se resolve em uma síntese dialética: tendo o material cada vez mais necessidade do espiritual, não podendo mais o físico ser compreendido sem metafísica, a corporeidade só adquire sentido em função da mística". Quando a sociedade oficial controla a superfície, com suas instituições e disciplinas, a sociedade oficiosa instala-se nos subterrâneos com suas festas, rituais, entidades secretas, jogos, conspirações e subversões. **(Juremir Machado da Silva/GTI)**

Subversão – A partir de meados do século XX, o fosso entre o corpo social e as elites – anunciado e antecipado pelas vanguardas artísticas como Dada, os surrealistas e os futuristas, até os situacionistas – atingiu um nível paroxístico, do qual o movimento punk e Maio de 68 são sintomas poderosos e perturbadores. Os tumultos decorrentes da agitação cultural que emerge de baixo nesta passagem crucial diferem das perspectivas mobilizadas pelos movimentos políticos clássicos, centrados no princípio da dialética (antítese versus síntese). Se estes últimos visam à revolução, portanto, a tomada do poder em nome de um projeto, as formas contemporâneas de subversão, entre a rua e a web, expressam antes um desejo de reapropriação poética do mundo através de diversões, truques, artifícios e ironias, segundo uma arte de habitar poeticamente o mundo (Maffesoli, *A transfiguração do político*). É aqui que reside a diferença fundamental na variação entre o impulso revolucionário e o espírito subversivo. A primeira baseia-se no planeamento político de longo prazo e visa ao poder, enquanto a segunda está enraizada no atual e no quotidiano e baseia-se na sua própria efervescência, no seu estar-aí, estar-aí com, apesar de tudo. Assim, as performances propostas pelas culturas digitais – memes, cultura do cancelamento, fake – são gestos paradoxais que induzem uma sinergia entre as provocações dadaístas e a celebração do fetiche da mercadoria, entre a insurreição situacionista e a contemplação espetacular suscitada pelo cinema hollywoodiano, gestos que desencadeiam pequenas subversões, causa e efeito de uma nova ética da estética (Maffesoli, *No fundo das* *aparências*). Em muitos aspectos, se Walter Benjamin sublinhou corretamente a estreita relação entre a vanguarda e a revolução, hoje deveríamos tomar nota da ligação íntima que existe entre a vida quotidiana nas suas formas de resistência e recreação, e a subversão (Maffesoli, *A parte do diabo*), em que o compromisso político se sobrepõe ao jogo, onde a tensão em relação ao futuro é substituída pela conquista do presente e a centralidade da obra de arte se opõe à estetização da existência. **(Vincenzo Susca/ UPVM3)**

– T –

Tatilidade – O termo "tatilidade", cunhado por Michel Maffesoli, refere-se à dimensão sensível e corporal das relações sociais na contemporaneidade, em que o mesmo propõe uma análise que vai além do racionalismo e do individualismo predominantes na modernidade, reconhecendo a importância da experiência sensorial e emocional, nas interações sociais. Na visão de Maffesoli, a tatilidade é uma resposta à desmaterialização das relações sociais na era da tecnologia digital e da globalização, que em vez de se concentrar apenas na comunicação verbal ou visual, a tatilidade enfatiza o toque, a proximidade física, os gestos e as sensações corporais como formas significativas de interação social, como uma noção particularmente relevante em um mundo onde a virtualidade tende a substituir as relações presenciais e tangíveis. Ao destacar a importância da tatilidade, Maffesoli ressalta a necessidade humana fundamental de conexão física e emocional com os outros, em que a dimensão tátil das relações sociais é vista como uma fonte de autenticidade, de vitalidade e de prazer, contrastando com a superficialidade e a alienação muitas vezes associadas à vida contemporânea. Maffesoli argumenta que a tatilidade se manifesta em uma variedade de contextos, desde rituais sociais tradicionais até experiências cotidianas compartilhadas, como abraços, apertos de mão, danças, festas e outras formas de encontros físicos. Para ele, a tatilidade corresponde a "esse horror do vazio que leva à participação grupal sem reservas e faz com que sem razão alguma a gente se reúna" (2005, p. 20). Estes momentos de contato sensorial são vistos como oportunidades para se reconectar com a materialidade do mundo e com a humanidade compartilhada. Neste sentido, em sua noção de tatilidade, Maffesoli coloca em ênfase a importância do toque, da proximidade física e das sensações corporais, nas relações sociais contemporâneas, enfatizando a dimensão sensível da experiência humana, como uma crítica à crescente virtualização da vida social e uma defesa da vitalidade e autenticidade das interações tangíveis. Ver: *O mistério da conjunção*: ensaios sobre comunicação, corpo e socialidade. Porto Alegre: Sulina, 2005. **(Valdirene da Silva Campos/Memória, Afeto e Redes Convergentes)**

Teatralidade existencial – Erudito, Michel Maffesoli leu suficientemente os grandes dramaturgos, dos trágicos gregos aos franceses com suas tragédias, passando pelo incontornável William Shakespeare e pelo Calderón de la Barca, para sentir que o jogo social é feito de uma teatralidade permanente, que pode se tornar uma teatrocracia ou ser a teia de tessitura comum das múltiplas práticas cotidianas. Os súditos sabem que o rei está nu, mas fingem admirar as suas preciosas roupas. Cada um, no cotidiano, representa os seus papéis, com mais ou menos astúcia, de modo a sobreviver, manter o seu posto, gozar ou tentar realizar os seus sonhos. Em *O conhecimento comum* (2007, p. 205), Maffesoli dá pistas para o entendimento dessa percepção: "No jogo da teatralidade, as formas se dispõem, umas em relação às outras, em metáforas que valem menos isoladas do que concatenadas". Representar não é apenas se colocar no lugar do outro, nem mesmo delegar a outro o exercício de algo, mas se posicionar num palco onde se estará ora em primeiro plano, ora em segundo, encarnando situações diversas, porém, sempre numa postura trágica, pois, como ele diz em *A conquista do presente* (1984, p. 108), "o trágico pode ser resumido pela consciência de que todas as situações, todas as atitudes se esgotam no momento mesmo da sua realização". Na teatralidade existencial trágica tudo é vivido no "próprio presente sem referência a um passado ou a um futuro" (1984, p. 108). No aqui e agora do palco da vida toda representação é uma apresentação, ao mesmo tempo única e ritualizada. Na complexidade do cotidiano cada um é muitos. **(Juremir Machado da Silva/GTI)**

Techno – "Depois do longo domínio do princípio do *logos*, o de uma razão mecânica e previsível, de uma razão instrumental e estritamente utilitária, assistimos ao regresso do princípio *eros*" (Maffesoli, prefácio a *Techno. Ritmi Afrofuturisti* de Claudia Attimonelli, 2018), esta última ligada à tecnologia, da qual o techno, como música, cena e cultura, expressa a metáfora mais eficaz, manifestando-se através da tatilidade e da proxemia. A "tatilidade" (Maffesoli, 1988) na música eletrônica é responsável pela relação de "sintonia" que se estabelece com o público, tanto na pista – através da sensualidade da dança – como na escuta privada, através da ativação de imaginários sonoros. A tatilidade e a proxemia constituem a base do pensamento de Michel Maffesoli sobre as neotribos contemporâneas e são de particular importância em relação às formas dionisíacas e às práticas sociais implementadas pelo techno e outras cenas contemporâneas da música eletrônica; é por isso que a noção de neotribo aparece como uma consequência necessária daquela de subcultura – Subcultura (Hebdige, *Subculture. The Meaning of a Style*, 1979), uma vez que, encarnando o impulso para a aceitação do Outro e da própria alteridade, ela vive da complexidade à qual as subculturas têm sido histórica e intrinsecamente avessas.

Seguindo o rastro desses elementos sociais, podemos demarcar como momento significativo aquele do vitalismo político ou anárquico que animou as vanguardas "boêmias, marginais ou voluntariamente excluídas" (Maffesoli, 1988) das décadas de 1960 e 1970, e que foi substituída, durante a década de 1980, por uma fase de "vitalismo" voltada para a perda de si, uma perda infuncional e extática (*ex-stasis*, sair de si, filosoficamente: transcender), inaugurada pelo movimento punk. Essa perda é tanto um movimento em direção a alguém diferente de si mesmo quanto um abandono do individualismo por um nós radicalmente vivenciado, na década de 1990, pela cena rave e teorizado pela cena tecno. Mas o que Maffesoli questiona com os conceitos de perda e dissipação é também a recuperação do dionisíaco, entendido como o ato supremo de desindividualização capaz de devolver vigor e importância ao hedonismo das práticas coletivas, quando ativam processos de proximidade para estabelecer um vínculo com outros.

A metáfora do dionisíaco, sempre contestada pela crítica acadêmica como sendo superficial e irrelevante, interpreta bem, de fato, um desafio significativo para as disciplinas que pretendem compreender e estudar o presente e o quotidiano. "Valorizando a importância e a ligação entre erotismo e tecnologia, relembrando a carga de rebelião contida no tecno", Maffesoli (2018) atualiza, o "coração pulsante" do que chama "de poder social em ação no tribalismo neocontemporâneo" (*ibid.*).

No que diz respeito à vertente mais puramente musical do techno, a questão da repetição de que este gênero é emblemático é particularmente interessante: é claro que a repetição na música eletrônica não implica um regresso ao idêntico, mas sim o prazer de regressar. A música techno estabelece, sem sistematizá-la, a estética da repetição, pois trata de material generativo que se repete por meio de *samples*

DIY (Maffesoli, 1988), *sampling*, na verdade. Estes fragmentos sonoros são revestidos de novas intensidades, antes imperceptíveis, nas quais se joga o sucesso da composição, da banda sonora. Finalmente, o que convenientemente chamamos de repetição não é realmente uma, pois pelo simples fato de ocorrer uma segunda e depois uma terceira vez, cada uma das repetições é diferente daquela que a precede e daquela que a segue, como acontece na espiral maffesoliana do tempo pós-moderno. **(Claudia Attimonelli/UniBari)**

Tecnologia – A tecnologia, para Michel Maffesoli, é um dos domínios do social em que a sociabilidade atua, transforma. Pela apropriação dos processos tecnocientíficos as diversas expressões da sociedade pós-moderna encontram morada: tribalismo, presenteísmo, ética da estética, transfiguração do político (Maffesoli, 1979; 1984; 1987; 1990; 1992; 1997). Em muitas de suas palestras e aulas, Maffesoli se referia a Lenin que dizia que a modernidade era a junção dos soviéticos com a eletricidade. A tecnologia é apropriada pela dinâmica social e escapa ao sonho prometeico de uma ação racional e individualizada, ao contrário, é a lógica tribal, efêmera, estética e presenteísta que anima o atual desenvolvimento tecnológico. A pós-modernidade é para ele a junção da dimensão arcaica do social, aliada ao desenvolvimento das tecnologias digitais (ver verbete **Cibercultura**). Por exemplo, podemos entender o fenômeno da desinformação hoje nas redes sociais planetárias pela dinâmica arcaica do tribalismo, do presenteísmo e da transfiguração do político. Desinformação ou FN não é um fenômeno jornalístico, mas político. Não se trata de erro ou viés jornalístico, ou mesmo de boato, mas de uma ação intencional de circulação de informação inverídica, muitas vezes simulando uma matéria jornalística, visando atingir pessoas, grupos ou instituições. Ela funciona, pois, encontra eco na gramática das plataformas e na dinâmica tribal, presenteísta e transformadora do político das sociedades avançadas. Deve-se investir em regulação, mecanismos técnicos, checagem de fatos, mas nada disso resolverá a questão pois ela ganha força e alcance pela dinâmica da socialidade pós-moderna (ver verbete **Socialidade**). A recepção da informação inverídica não é acolhida por um sujeito individual, racional, mas por uma adesão à tribo, pelo apelo do que pensa no presente e pela ideologia política à qual pertence. Se recebo nas minhas redes sociais informações da minha tribo que confirmam a minha ideia de mundo, isso só pode ser verdade e assim passo também a circulá-la. A tecnologia é apropriada pela dinâmica vitalista, presenteísta e gregária da vida social contemporânea. Cf. Lemos, A. *Cibercultura*: tecnologia e vida social na cultura contemporânea. 9. ed. Porto Alegre: Sulina, 2023. Maffesoli, M. *La conquête du présent*: pour une sociologie de la vie quotidienne. Paris: P.U.F, 1979; *A conquista do presente*. Rio de Janeiro: Rocco, 1984; *O tempo das tribos*: o declínio do individualismo nas sociedades de massa. Rio de Janeiro: Forense Universitária, 1987; *Au creux des apparences*: pour une éthique de l'esthétique. Paris: Plon, 1990; *La transfiguration du politique*: la tribalisation du monde. Paris: Grasset, 1992; *Éloge de la Raison Sensible*. Paris: Grasset 1997. **(André Lemos/UFBA)**

Tecnomagia – O magma de memes, emojis, trolls, mundos falsos, creepypasta, desafios, nudes e avatares nos fluxos da web, bem como a proliferação de objetos de culto, estilos de roupas exorbitantes, consumo excessivo, práticas luxuosas e comportamentos de risco em torno de antigos e novos fetiches no contexto cotidiano, revelam uma verdade com graves consequências: a tecnologia deixou de ser a arte do *logos*, o instrumento do que Martin Heidegger definia como "pensamento calculador", para se tornar uma tecnomagia (Susca, *Tecnomagia*, Sulina, 2024), um totem em torno do qual cada um, através das suas próprias redes, máscaras e fantasias, experimenta uma espécie de êxtase místico que é, ao mesmo tempo, pura dança – celebração de nós aqui e agora – e fuga em direção a algo maior que si mesmo. Os laços que aí se tecem já não se baseiam num contrato racional e abstrato, no contrato social escrito pelas elites no corpo das massas, como é o caso da Colônia Penal de Kafka, mas em pactos onde as paixões, as emoções e os símbolos compartilhados são os novos eixos do estar-junto, os pressupostos de qualquer fusão coletiva (Maffesoli, *Homo eroticus*). A tecnomagia contemporânea, no magnetismo arcaico e na imaginação futurista que liberta, é o totem da sociabilidade digital e pós-urbana, a sua referência simbólica básica e a fonte de uma efervescência ambígua. Nos seus quadros convulsivos, o indivíduo está ao mesmo tempo em êxtase, fora de si, à beira de cair no abismo, mas também reunido com a Grande Mãe celebrada ao longo dos séculos sob vários nomes, Ishtar, na Mesopotâmia, Atar, na Arábia, Ashtoreth, Hathor, Afrodite e Vênus para os fenícios, egípcios, gregos e romanos. Entre a euforia do erotismo, nos braços dos outros, e a angústia da alienação, sob o olhar dos outros, perdemos o nosso ponto de vista e já não sabemos se somos os sujeitos ou os objetos da dinâmica em questão.

Aqui se acende uma sensibilidade para a qual o equilíbrio entre a razão e os sentidos se desloca em favor destes últimos (Maffesoli, *Elogio da razão sensível*), relativizando o paradigma do pensamento racional e abstrato que forjou a modernidade ocidental. Nesta esteira, depois de vários séculos marcados pela lógica da separação, onde os seres humanos atuaram sobre o mundo a distância, estamos envolvidos no regresso a uma lógica de dependência, até mesmo a um "reencantamento do mundo" (Maffesoli, *O reencantamento do mundo*). Assim, "o tempo contrai-se no espaço. Torna-se um 'site' que compartilho com outros e a partir do qual posso 'crescer'" (Maffesoli, "Iniciação ao presente", *in: Les Cahiers Européens de l'imaginaire*, Technomagie, CNRS Edições, Paris, 2013).

P.S.: Eu nunca teria conseguido sugerir o neologismo "tecnomagia" sem as reflexões e estudos sobre a relação entre tecnologia e cotidiano realizados por Maffesoli ao longo de sua carreira. **(Vincenzo Susca/UPVM3, com Lara Ely/GTI)**

Tempo vivido – Expressão utilizada por Michel Maffesoli para descrever o denso e multidimensional jogo social no cotidiano. Trata-se de um tempo encarnado nas mil práticas e manifestações pelas quais a vida, apesar de tudo, vale a pena. Pode-se pensar que uma existência é feita de tempos mortos, como, muitas vezes, o do trabalho, feito apenas pela sobrevivência, e o tempo vivido, aquele que, nas margens do institucional e do oficial, vive-se na comunhão com os outros, nos "pequenos nadas" que encantam ou reencantam, numa poesia da vida como ela é, tragicamente sentida como um destino do qual não se pode fugir e que, portanto, deve ser apropriado como uma oportunidade única de satisfação. Em *A conquista do presente* (1984, p. 22), Michel Maffesoli relaciona o tempo linear da modernidade e o tempo circular, dionisíaco, do cotidiano pós-moderno, esse tempo que sempre retorna: "É certo, e este fato já foi frequentemente ressaltado, que, em oposição a um tempo linear e progressivo, que se torna rapidamente homogêneo e exterior, o tempo vivido social e individualmente é o da repetição da circularidade". O tempo vivido é aquele que se vive de dentro, entregue ou se entregando aos seus círculos, narrativas, mitos, "magnificações", redundâncias, comunhões e fantasias, pois "a vivência cotidiana deposita toda a importância num presente caótico que deve ser vivido numa intensidade que transcende as projeções de todas as ordens (paraíso, sonhos de amanhã, sociedades perfeitas)" (1984, p. 25). O tempo vivido é do aqui e agora, até se acabar. **(Juremir Machado da Silva/GTI)**

Teologia apofática – Basilar a esta noção é a percepção de que a superioridade de Deus, interpretado filosoficamente como Uno-bem e Ser, não pode ser abarcada em sua natureza pela compreensão humana, nem por palavras humanas. A teologia apofática reitera a eficácia do mistério. Imageticamente, Michel Maffesoli alude à pintura *Ícone da Trindade*, de Andrei Rublev, no âmbito dessa reflexão. O pintor russo do século XV ilustra na tela a visita de três anjos a Abraão e

Sara, sendo os seres celestiais a representação da Santíssima Trindade: Pai, Filho e Espírito Santo. Para Maffesoli, a cor indecifrável do manto do anjo central, que alude a Deus Pai, é o exemplo perfeito do fluxo apofático, pois por meio dessa dubiedade nada é dito e tudo é dito: o próprio Deus é um mistério que não pode ser penetrado. Aqui está posta a teologia negativa, com a renúncia a uma pretensão racional dessa substância; qualquer interpretação de Deus está aquém d'Ele próprio. Ao mesmo tempo em que nenhuma palavra é adequada para descrevê-lo, Ele é o Verbo (*logos*) que se anuncia e se exprime em cada palavra. Ver: *A palavra do silêncio*. São Paulo: Palas Athena, 2019, p. 29 e 41. **(Luiza Gould/MULTIS)**

Totem – No pensamento de Michel Maffesoli, totem é todo elemento em torno do qual se pode vibrar em comum, compartilhar emoções, comungar, dividir sentimentos. Em *À sombra de Dionísio* (1985, p. 65), essa ideia é desenvolvida com a devida citação a Durkheim, mas sem se prender ao seu positivismo. Para Maffesoli, o totemismo evidencia uma "solidariedade cósmica" e a "estreita conexão existente entre o totem e o indivíduo". O totem, explicita ele, "animal, rochedo ou árvore", comporta-se como "o mediador entre o homem e o cosmos". Num sentido amplo, é o mediador entre o homem e o meio, o homem e o homem, o homem e o mundo. Pode ser a tecnologia. Durante muito tempo, o totem mais efetivo no mundo contemporâneo foi a televisão. **(Juremir Machado da Silva/GTI)**

Trágico – O trágico é aleatório, presta-se mal à previsão ou à predição segura. O trágico é pagão, não é linear, e pensa o mundo e a existência em termos de ciclos, todos imperfeitos por definição. O trágico é marcado pela repetição e pelo desespero. "Nada é seguro *a priori*, nada é sabido de uma vez por todas, mas tudo se ajusta passo a passo; tudo depende do que entre os gregos desempenha um grande papel: o *Kairós*, essa oportunidade imprevisível, de consequências sempre difíceis de avaliar." (Maffesoli, *A transfiguração do político: a tribalização do mundo*, 2011, p. 39).

O trágico se opõe ao esquema de uma sociedade prometeica, moderna, que se aperfeiçoaria constantemente. O trágico traz o ressurgimento de uma atitude politeísta, que é caracterizada pela impossibilidade de sínteses seguras e contempla uma tensão permanente. "Tensão existente entre, de um lado, a revolta contra um universalismo abstrato, contra um nacionalismo mecanicista, e, de outro, a aceitação de um mundo tal como é, a acomodação a esse mundo. Já o disse, essa tensão é para ser posta sob o signo do destino. Destino que é da ordem da incompletude, destino voltado a dizer sim à vida, sim *apesar de tudo* à vida." (Maffesoli, *Sobre o nomadismo: vagabundagens pós-modernas*, 2001, p. 143). **(Christina Ferraz Musse/Comcime)**

Trágico da existência – Na contramão do drama moderno e uma pretensão otimista de totalidade, Michel Maffesoli vê no trágico pós-moderno a lógica tribal, com o retorno de valores arcaicos em sinergia com as tecnologias. O trágico da vida é vivido no cotidiano, ambiência que acomoda a finitude do tempo no presente, logo, podemos dizer que está ligado ao instante eterno, pois destituído de passado e futuro. O trágico elimina a neurose da perfeição, busca prazer nas banalidades e afeições do dia a dia. O lugar de conflito é sempre atualizado. As tensões, assim como as celebrações vivenciadas e compartilhadas no presente, fazem parte do jogo trágico. Se, na modernidade, tínhamos que encontrar a solução para os problemas e conflitos, desempenhando a função dramática, na pós-modernidade vivemos apesar deles. Eis o sentimento trágico, sua teatralidade. "Tal é a marca, essencial do sentimento trágico da vida: reconhecimento de uma lógica da conjunção (e... e), mais do que uma lógica da disjunção (ou... ou)." Ver: *O instante eterno*: o retorno do trágico nas sociedades pós-modernas. São Paulo: Zouk, 2003, p. 7. **(Heloisa Juncklaus Preis Moraes e Leidiane Coelho Jorge/ Imaginário e Cotidiano)**

Transfiguração do político – O político tem sido a forma pela qual a modernidade ocidental tem sido contida e sustentada – o seu limite e estratégia de poder, o nosso mundo de vida e significado, a nossa casa – mas na busca do discurso e do estudo, muitos esqueceram ou omitiram que justamente por ser uma forma possível, de modo algum ontológica, ela pode ser superada. Com efeito, "a força 'imaginal' que anima uma sociedade, ou [...] um espaço civilizacional, não é a mesma em todas as épocas. Ela mesma continua um ciclo que a leva do nascimento à morte [...]. Aquele que presidiu o destino da política, por sua vez, ficou saturado. [...] Especialmente porque, ao implodir, a política dá origem a outra configuração" (Maffesoli, *A transfiguração do político*). A política é apenas uma forma transitória através da qual se expressa uma certa sensibilidade, se cristalizam os paradigmas relacionais e as relações de poder de uma época, se molda uma arquitetura na qual estamos provisoriamente contidos – um quadro válido tanto para que as suas fronteiras expressivas sejam capazes de conter os sujeitos e subjetividades que o habitam, o reproduzem e nele se reconhecem, espelho legítimo desde que suas fronteiras expressivas possam acomodar em sua narração e em sua linguagem os fragmentos que o compõem. Estamos, aliás, no centro da crise política, pois o cisma entre o corpo político e o corpo social, tema caro a Hannah Arendt, é sentido de forma mais sensível (abstenção eleitoral, desconfiança no poder, motins e revoltas populares como é o caso dos coletes amarelos na França, surgem no cenário de populismos de diversas gradações como Marine Le Pen, Emmanuel Macron, Giorgia Meloni, Victor Orban, Jair Bolsonaro, Donald Trump ou Javier Milei). Isto porque as linguagens, as ações, os modos de ser da sociedade que pensa e governa e daquela que vive desgovernada estão cada vez mais distantes e assíncronos, num contexto onde cada vez mais vêm à tona conflitos e oposições entre instituições e temas. A ferida está aberta, as lacerações difíceis de curar com tímidos ajustes de inspiração reformista. Não se trata de uma lágrima de última hora, mas sim de um mal-estar que se intensificou gradualmente, encontrando nas telas dos meios de comunicação social uma poderosa caixa de ressonância e um fator de proliferação.

O processo de reprodutibilidade técnica não fez desaparecer na realidade a aura, não a dissolveu na razão abstrata, mas antes deslocou-a e trouxe-a para a experiência coletiva através de uma dinâmica de reapropriação social – daí o reencantamento do mundo (Maffesoli). Ele vestiu as massas acompanhando o seu tornar-se arte, o seu tornar-se uma obra de arte, uma obra sem obra. Tudo o que até agora foi marginalizado e superficialmente rotulado como mera "distração" está, às vezes em voz alta, outras vezes subterraneamente, traduzindo-se em "distorção" e "destruição". Este é o aspecto irônico e dionisíaco dos dados sociais atuais (Maffesoli, *À sombra de Dionísio*). A imaginação contemporânea pode assim ser corretamente interpretada como um efeito perverso da iconoclastia, da racionalização geral da existência e do desencanto do mundo implementado pela modernidade. Este é o ponto de ruptura que não deve ser esquecido quando se tenta prefigurar as formas da pós-modernidade e decifrar os resultados da transfiguração da política. Mais uma vez, fornecemos a prova de que, para além dos sonhos de glória e de dominação do positivismo, do cientificismo e hoje do neoliberalismo, a sociedade continua a ser estruturalmente um "sujeito" imprevisível que não pode programar *a priori* os resultados. **(Vincenzo Susca/ UPVM3)**

Tribalismo – O tribalismo contemporâneo, ou neotribalismo, pode ser compreendido como uma característica cultural, presente, na maioria das vezes, no ambiente da cidade. Ele é baseado no encontro entre indivíduos que possuem os mesmos gostos, desejos e experiências, formando grupos, as tribos, que possibilitam vivências comuns, laços afetivos e de lealdade, comportamentos similares e códigos de comunicação internos. Segundo Michel Maffesoli, a base para o tribalismo é a aura que surge pela conversa jogada fora, o comer e beber juntos, as discussões de assuntos banais e aleatórios, mas que permitem ao indivíduo "sair de si". Assim, se, em uma visão moderna, os grupos sociais eram unidos, quase com exclusividade, pela razão, pela ideologia ou política, hoje, a subjetividade é parte fundamental para a formação de grupos. O que une os indivíduos em uma tribo é a partilha subjetiva de sentimentos, lugares e valores, bem circunscritos, sendo localizados em diversas experiências sociais. Nesse sentido, no contexto do tribalismo, os indivíduos podem se transportar entre os grupos de acordo com os seus interesses presentes, não possuindo uma identidade fixa, mas podendo apresentar *personas* diferenciadas. O importante para a *persona*, dentro de uma tribo, é estar-junto à toa, encontrar pessoas com os mesmos interesses e compartilhar pensamentos e ideias em comum, naquele momento de sua vida. O tribalismo se associa, assim, ao cotidiano, e pode emergir através dos mais variados contextos e temas: futebol, a religião, as festas, música, arte, moda, gastronomia, etc. Dessa forma, o neotribalismo é marcado pela fluidez, por encontros pontuais e por uma dispersão natural do indivíduo. Ver: *O tempo das tribos*: o declínio do individualismo nas sociedades de massa. 2. ed. Rio de Janeiro: Forense Universitária, 1998, p. 9, 28, 38 e 107. **(Susana Azevedo Reis/Comcime)**

O conceito de "tribalismo" se refere a uma nova forma de organização social que valoriza as afinidades emocionais, culturais e identitárias. Michel Maffesoli sugere que, na sociedade contemporânea, as pessoas estão se agrupando em "tribos" ou comunidades mais próximas, onde as conexões são baseadas em interesses compartilhados, estilos de vida semelhantes e uma sensação de pertencimento emocional. Ou seja, as conexões são alicerçadas por uma aura. A aura é o cimento para o tribalismo. As tribos não são rigidamente definidas, mas sim fluidas e mutáveis, e podem se formar em torno de interesses tão diversos quanto música, moda, hobbies, crenças espirituais e muito mais. O tribalismo de Maffesoli é uma reação à atomização e individualização da sociedade moderna, onde as relações sociais muitas vezes se tornam mais impessoais e distantes. O tribalismo, por outro lado, enfatiza a importância das relações interpessoais, da proximidade emocional e das interações cara a cara. Ele vê as tribos como espaços onde as pessoas podem se sentir mais autênticas, compartilhar valores e emoções e encontrar um senso de pertencimento mais profundo. Um aspecto notável do tribalismo para Maffesoli é a ênfase nas expressões culturais e nas celebrações dentro das tribos. Ele argumenta que essas expressões são fundamentais para a coesão social e para a criação de uma identidade tribal. Os rituais, festivais e eventos compartilhados dentro das tribos fortalecem os laços entre os membros e reforçam a sensação de "estar junto" e de fazer parte de uma comunidade. Portanto, o tribalismo de Michel Maffesoli representa unidades sociais mais próximas e emocionalmente carregadas, oferecendo um contraponto ao individualismo da modernidade. Cf. *O tempo das tribos*: o declínio do individualismo nas sociedades de massa. Rio de Janeiro: Forense Universitária, 1989, p. 28, 41, 60 e 101. **(Rômulo Medeiros Pereira e Eunice Simões Lins/GEPAI)**

Tribo – Michel Maffesoli utiliza o termo "tribos" para descrever formas contemporâneas de agrupamentos sociais que se baseiam em afinidades emocionais, valores compartilhados e identidades culturais, em contraposição à individualização e ao isolamento característicos da modernidade. Em *O ritmo da vida*, Maffesoli explora como as tribos surgem como uma resposta à fragmentação da vida social na era pós-moderna. Ele argumenta que, diante da perda de referências e da crescente pluralidade de estilos de vida, as pessoas buscam pertencimento e conexão em grupos menores e mais intimistas, onde podem compartilhar experiências e valores comuns. Já em *A república dos bons sentimentos*, Maffesoli examina como as tribos desempenham um papel significativo na construção de identidades coletivas e na formação de laços sociais. Ele destaca a importância das tribos como espaços de solidariedade, afetividade e pertencimento em uma sociedade cada vez mais individualista e fragmentada. Portanto, o conceito de "tribos", conforme desenvolvido por Maffesoli, enfatiza a importância das relações sociais baseadas na afinidade emocional e na identidade cultural na vida contemporânea, oferecendo uma perspectiva alternativa para compreender as dinâmicas sociais na era pós-moderna. **(Marco Aurelio Reis e Rafael Rezende/Namidia)**

De acordo com Michel Maffesoli, as tribos são agrupamentos sociais pequenos caracterizados por uma forte ligação emocional e afetiva entre seus membros, em oposição à ênfase na racionalidade e no individualismo da sociedade moderna. Esses agrupamentos são complexos e baseiam-se em sentimentos de pertencimento, identidade compartilhada e laços emocionais profundos, o que muitas vezes resulta em uma sensação de comunidade e solidariedade. As tribos podem ser entendidas como formas de resistência à homogeneização e à individualização promovidas pela modernidade. Elas muitas vezes se manifestam em subculturas, grupos étnicos, clubes sociais, movimentos culturais e outros contextos onde os indivíduos se reúnem em torno de interesses, valores ou estilos de vida compartilhados. Maffesoli argumenta que as tribos são uma resposta natural à busca de conexões e significado em um mundo cada vez mais complexo e fragmentado. Ele vê as tribos como uma forma de reintroduzir elementos emocionais e simbólicos na vida cotidiana, proporcionando aos indivíduos um senso de pertencimento e identidade que pode estar ausente em sociedades mais individualizadas. Em resumo, o conceito de tribo destaca a importância das relações sociais baseadas em afetos, vínculos emocionais e pertencimento compartilhado, como uma reação ao individualismo e à racionalização da modernidade. Cf. *O tempo das tribos*: o declínio do individualismo nas sociedades de massa. Rio de Janeiro: Forense Universitária, 1989, p. 28, 40-42, 46 e 198. **(Rômulo Medeiros Pereira e Eunice Simões Lins/GEPAI)**

– U –

União cósmica – Unir, ligar, religar, reunir, conectar, enfim, são termos comuns na obra de Michel Maffesoli. Em *O mistério da conjunção* (2005), livro cujo título deixa muito claro o seu intento, ele fala da união dos fiéis com Deus na eucaristia cristã, da união da leveza e da dissimulação, que permite "enfrentar o destino", da "união em torno de um herói epônimo", da força das uniões e reuniões festivas e do mistério da conjunção, essa vontade de fusão com o outro. Por trás de tudo está esse desejo de união com a natureza, união com o cosmos, com o universo. Afinal, é disso que se trata, de perceber o humano como parte desse todo incomensurável. Em *À sombra de Dionísio* (1985), Maffesoli dedica um capítulo a essa união cósmica, que não deixa de ter um componente erótico, pela qual tudo se interpenetra. **(Juremir Machado da Silva/GTI)**

Unicidade – União orgânica de elementos capaz de ir além do engessamento do uno. Em *A transfiguração do político* (1997, p. 35), Michel Maffesoli fala de um incessante vaivém entre o místico e político: "Vaivém que bem delimita a órbita de toda vida social, a qual, conforme os momentos, acentuará a socialidade, com a conotação emocional correspondente, ou a sociedade, com suas consequências mais racionais. Por causa do excessivo esquecimento de um ou outro desses polos, corremos o risco de nada compreender da unicidade, una e diversa ao mesmo tempo, do fato social na sua globalidade". Unidade na diversidade. Eis o amálgama social. **(Juremir Machado da Silva/GTI)**

Utopias intersticiais – As utopias da modernidade eram focadas em um futuro longínquo, que seria garantido pela lógica da unicidade (social, profissional, de gênero) e tinham como garantia as grandes narrativas legitimadoras. As utopias intersticiais abandonam a perspectiva progressista de uma realidade melhor no futuro intangível e adotam as pequenas realizações cotidianas, em grupo, como o realizável possível. Não são moldadas por uma ideologia teórica ou etérea, ou por um grande plano transformador, mas pela persuasão pragmática dos acontecimentos e das relações do dia a dia, substituindo um sentido distante pelo aqui e agora. São, sobretudo, uma aposta e uma crença no tangível e no tátil, balizado não mais que pelo interstício do presente expandido. São, por isso mesmo, muitas vezes imperceptíveis e altamente realizáveis, substituindo o futuro do pretérito pelo presente do indicativo. "[...] Talvez possamos falar de *ingrés* para designar uma vitalidade não se reconhecendo mais nas utopias que pontuaram a modernidade, utopias de classe e de raça, utopias que levaram aos campos que conhecemos, mas se contentando com essas pequenas utopias intersticiais 'zonas de autonomia temporárias', onde se vai aninhar a intensidade do presente. Em oposição ao tempo homogêneo e vazio, o vivido concreto, em todos os seus rituais cotidianos." Cf. *O tempo retorna*: formas elementares da pós-modernidade. Rio de Janeiro: Forense Universitária, 2012, p. 12. **(Manuel Petrik/ GTI)**

– V –

Vagabundagem – O vagabundo é o errante, o andarilho da cidade moderna. "Ele violenta, por sua própria situação, a ordem estabelecida, e lembra o valor da ação de pôr-se a caminho." (Maffesoli, *Sobre o nomadismo: vagabundagens pós-modernas*, 2001, p. 41). Ele também é o estrangeiro, que pode partir repentinamente de um lugar, rompendo os laços que teceu. **(Christina Ferraz Musse/ Comcime)**

Vagabundagem iniciática – Princípio e eixo de todas as transformações essenciais das sociedades, significa a predisposição à abertura, à alteridade, à mudança. Tem por prerrogativas aventurar-se, descobrir, experimentar, compreender, alargar, abrir-se, renovar-se. A vagabundagem iniciática possui como elementos constitutivos a heterodoxia e a vitalidade em contraponto a dogmatismos e engessamentos. Comporta as transgressões às acomodações intelectuais assentadas em certezas autointituladas perenes e às limitações do centramento individual. Manifesta as agitações da eterna criança em busca da descoberta e da indagação, a diligência do aprendiz pelo conhecimento. Representa "uma visão de mundo ardente e melancólica, que é o coração vivo do imaginário pós-moderno. Ardente porque focaliza no instante presente. Melancólica porque sempre insatisfeita. Ao mesmo tempo feliz com essa insatisfação que é iniciadora de uma dinâmica sempre renovada" (Maffesoli, 2019, p. 187).

A iniciação é a aprendizagem na perspectiva interacional do indivíduo com o coletivo, na valorização do ideal comunitário, na religação do viver-junto, na impregnância da razão sensível, na prevalência da sensibilidade relativista, no aperfeiçoamento do existente. À verticalidade da educação convencional, da sujeição ao poder da autoridade condutora ao conhecimento, do compartimento dos saberes, da soberania da razão instrumental e do ensinamento de fora para dentro, a horizontalidade e o mosaico da iniciação, com o pensamento holístico de juntar o separado, a abordagem analógica de aproximar o dividido e da valorização do emocional como expressão interior das forças formantes do corpo social e em relação dialógica com a ambiência coletiva. "Assim, em oposição à abstração iconoclasta característica de uma educação que ressalta a simples razão soberana, a iniciação é concreta. Posso lembrar a etimologia do termo concreto: 'cum crescere', ou seja, 'crescer com'?" (Maffesoli, 2019, p. 133).

Essas premissas de cumplicidade, soma, pertença e desbravamento são a base do comportamento iniciático das vadiagens. Compreendida por Michel Maffesoli como método, a abordagem iniciática evoca a agudeza do pensamento, o discernimento fundamentado na fusão do bom senso com a justeza da razão, as reintegrações ao vívido cotidiano do imaterial, da fantasia, do onírico e das metamorfoses e sabedorias dos enraizamentos seculares. O raciocínio com o reforço do emocional. O indivíduo tributário das consciências sedimentadas ao longo das gerações. A flexibilidade à compreensão do outro. A energia coletiva. As renovações do espírito do tempo. A errância pelo viver como se almeja ser: "Vistas de ponta a ponta, todas essas viagens são simultaneamente causa e efeito de um 'espírito do tempo', com tendência especial para se movimentar, e ultrapassando aquilo que os estados sociais tinham de coautor e de petrificado" (Maffesoli, 2001, p. 49). Ver: *O tesouro escondido*: carta aberta aos franco-maçons e a outros. Porto Alegre: Sulina, 2019; *Sobre o nomadismo*: vagabundagens pós-modernas. Rio de Janeiro: Record, 2001. **(Álvaro Nunes Larangeira/GTI)**

Viagem imóvel – "A expansão da mente sem mover-se fisicamente." Assim o sociólogo Michel Maffesoli começa a explorar o conceito de viagem imóvel, que representa uma jornada interna, uma exploração emocional ou espiritual que ocorre sem a necessidade de deslocamento físico. O autor descreve o termo como uma experiência na qual um indivíduo viaja para diferentes lugares, tempos ou estados de consciência sem sair do lugar. É uma imersão na imaginação, na reflexão ou em experiências culturais que transportam a pessoa para outros mundos sem a necessidade de movimento físico. Para Maffesoli, a viagem imóvel é uma forma de expansão da consciência que pode moldar atitudes, modos de vida e inter-relações sociais, assim como a ambiência englobante molda o *ethos* coletivo. Na contemporaneidade, exemplos dessa experiência podem ser encontrados em práticas como a meditação, a contemplação da natureza ou a imersão em obras de arte, literatura ou música que estimulam a imaginação e a introspecção (Maffesoli, *Sobre o nomadismo: vagabundagens pós-modernas*, 2001, p. 99). **(Lara Cavalheri Soares/Comcime)**

Vida cotidiana – É a base para o entendimento de uma sociologia do conhecimento (comum) e é a primeira das características da pós-modernidade (ao lado do presenteísmo e do estar-junto). Não deve ser analisada apenas pelos aspectos políticos e econômicos, paradigmas da modernidade. Em vez disso, deve ser observada por meio da *centralidade subterrânea* que a impregna. Essa, por sua vez, reparte-se em pulsantes dimensões como o banal, o afetual, o imaginal e o contraditorial. A vida cotidiana não acontece nas grandes datas ou pela esperança em um porvir longínquo, mas na sua ambiência ambígua e ordinária das pequenas realizações relacionais. A vida cotidiana proposta por Michel Maffesoli é uma noção mais bem-acabada e contemporânea da perspectiva weberiana de "olhar a vida à altura do cotidiano". Ao mesmo tempo, seu elã não pode ser apreendido apenas por um conceito. Como base empírica para a sociologia deve ser olhada pelo princípio de que "quando nada tem importância, tudo tem importância". "A vida cotidiana à imagem dos indivíduos e dos grupos sociais é essencialmente imperfeita, e é sobre essa imperfeição, inconscientemente assumida, que repousam a harmonia e o equilíbrio, e também sua fascinante beleza." Ver: *A conquista do presente*. Rio de Janeiro: Rocco, 1984, p. 37. **(Manuel Petrik/ GTI)**

Violência totalitária – Michel Maffesoli dedica um livro, sua tese de doutorado de Estado, a esse tema. Ver *A violência totalitária* (2001).

Víride – Do latim *viride* [adj.]. Da cor da relva; variação de verde. Em *A república dos bons sentimentos* (2009), Michel Maffesoli argumenta que este termo representa a sociedade (da possibilidade) do encontro. O víride é abordado como força de origem que permite o encontro rompendo com o individualismo e trazendo a sensação de comunidade e uma "[...] intensa energia que, além ou aquém das formas instituídas, assegura a força instituinte do querer-viver coletivo" (2009, p. 17). É algo vivo, jovem e que está por vir, na contramão do que chama de *intelligentsia*, ou seja, do desprezo pela vida, geralmente relacionado a políticos, acadêmicos e jornalistas – sujeitos seguros de si que ocupam posições de controle e/ou influência social apoiando-se uns nos outros. Para esses sujeitos, haveria uma incompreensão e "ignorância do víride próprio da vida cotidiana" (Maffesoli, 2009, p. 18). Ao ditar as conjunturas da sociedade, o fazem a partir dos "bons sentimentos". Assim, o autor afirma que essa "elite" cultural tende a se aproveitar das inseguranças presentes no meio social para justificar a definição de regras preestabelecidas sobre como as coisas devem ser, negando o mundo tal qual ele é e, por consequência, a vida. Nesse contexto, para Maffesoli, o país real vai ficando para trás. O víride, portanto, representa o vitalismo juvenil, aqueles que dizem sim à vida e às experiências coletivas, no esforço de romper com o pensamento dominante e colonizador da *intelligentsia* na sociedade pós-moderna, elaborando os valores sociais ainda em gestação. **(Vanessa Coutinho/Namidia)**

Vitalismo – O termo está incluso em *Elogio da razão sensível* (1996), *O ritmo da vida*: *variações sobre o imaginário pós-moderno* (2004) e *A república dos bons sentimentos* (2009). No contexto de Michel Maffesoli, o "vitalismo" refere-se à valorização da vitalidade, da energia e da vitalidade coletiva em contraste com a racionalidade excessiva e o individualismo exacerbado típicos da modernidade. Ele argumenta que na contemporaneidade estamos testemunhando um retorno ao reconhecimento da importância dos aspectos emocionais, afetivos e intuitivos da vida social. Em *Elogio da razão sensível*, Maffesoli explora a necessidade de um equilíbrio entre a razão e a sensibilidade na compreensão da condição humana e argumenta que a racionalidade pura não pode explicar completamente a complexidade das interações sociais e das experiências humanas, defendendo a valorização da intuição e da emoção. Já em *O ritmo da vida*, Maffesoli investiga as transformações na experiência temporal na era pós-moderna, destacando como o ritmo acelerado da vida contemporânea afeta nossa percepção do tempo e da existência. Dentro deste contexto, o "vitalismo" emerge como uma resposta à alienação e à fragmentação induzidas pelo individualismo moderno, valorizando a conexão emocional e afetiva com os outros e com o mundo ao nosso redor. Por fim, em *A república dos bons sentimentos*, Maffesoli examina como o vitalismo se manifesta na sociedade atual, enfatizando a importância da vitalidade coletiva e da sensibilidade afetiva na construção de comunidades e na experiência compartilhada da vida cotidiana. Assim, o termo "vitalismo" em Maffesoli destaca a necessidade de uma abordagem mais holística e orgânica para compreender a dinâmica social contemporânea, reconhecendo a importância dos aspectos emocionais, afetivos e intuitivos da experiência humana. **(Marco Aurelio Reis/Namidia)**

Vivido – Viver para Michel Maffesoli é algo que se esgota em si mesmo, não sendo trampolim para outras realidades nem preparação para um futuro redentor ou para o cumprimento de alguma missão maior ou sacrificial. Em *Elogio da razão sensível* (2001), o sociólogo do cotidiano e da pós-modernidade dedica um capítulo ao tema da experiência, subdividido em duas partes: o senso comum e o vivido. Isso depois de ter feito, ao longo do livro, a defesa de um pensamento orgânico, a crítica de um racionalismo abstrato, uma explanação sobre forma social e a profissão de fé numa fenomenologia amparada na descrição, na intuição e na metáfora. É todo um modo de ver o mundo e de praticar ciência social que se dá a ver, à contracorrente dos paradigmas dominantes, das orientações canônicas e das posições dominantes. O vivido é esse espaço/tempo da "plenitude do cotidiano" composto de uma "dinâmica espiritual" e de um "corporeísmo" que não se deixam reduzir às abstrações do dever-ser. Para Maffesoli é fundamental que se constitua uma hermenêutica capaz de agarrar um "estado de coisas contraditorial" que não pode ser dissolvido, resolvido, eliminado, absorvido pela dialética "falaciosa e abstrata". O vivido materializa-se num processo de repetição e singularidade, incontido como um rio caudaloso, com laivos de mansidão e temperança, violência e transbordamento. **(Juremir Machado da Silva/GTI)**

– X –

Xenofilia – O instituto da xenia abre as portas do indivíduo para o outro. Na mitologia, era uma regra pétrea de Zeus, o deus dos deuses, para a convivência entre hóspede e anfitrião, estrangeiro e nativo. Uma sociedade fragmentada e caracterizada pelos trânsitos contínuos de viajantes só foi possível graças a esse respeito e admiração compulsórios, que permitiam a confraternização entre estranhos. Da xenofilia nasce o laço inicial. Michel Maffesoli apresenta essa xenofilia como "um real amor pela inquietante estranheza sem a qual não haveria vida viva" (*A ordem das coisas: pensar a pós-modernidade*, 2016, p. 234). O fascínio pelo estrangeiro e pela terra alheia é o vetor dos nomadismos contemporâneos. A sociologia compreensiva retrata esses intercâmbios para entender como se dá o "enraizamento dinâmico" que conecta o ser em múltiplos territórios. Essa rede de conexões transversais só é possível graças à xenofilia, que vitaliza os laços e reforça o cimento social. A xenofilia também explica a decadência do Estado-Nação, uma das grandes invenções da modernidade. Racionalização e planejamento excessivos reprimiram a xenia (xenofobia), pois obrigaram, em defesa do progresso, suprimir identidades e fixar o nômade. O enclausuramento, contudo, é inviável. O indivíduo só sobrevive quando há a vida viva. Em vez da nação, Maffesoli propõe olhar para o local em que vivemos (ecologia) a partir da compreensão de que a convivência necessariamente nos interliga. As apropriações acontecem porque primordialmente há o instituto da xenia, que derruba a fronteira da ignorância sobre o outro. A xenofilia persiste, e um Estado-Nação é incapaz de abarcar a vida viva. O enraizamento dinâmico cria, por sua vez, um "Estado de espírito", permitindo-nos ver, em vez de apenas uma Nação, toda a Terra. Ver: *Sobre o nomadismo*: vagabundagens pós-modernas. Rio de Janeiro: Record, 2001, p. 37. **(Filipe Speck/GTI)**

– Z –

Ziguezaguear – Para Michel Maffesoli a linha reta caracteriza a modernidade. Já o próprio da pós-modernidade é uma "pulsão de errância" ou "desejo de errância". A errância constitui-se no mais das vezes de uma vagabundagem sem um ponto final a ser atingido, sem meta a ser cumprida, vaivém existencial em que é preciso contornar obstáculos, desviar-se das formalidades impositivas, driblar os poderes constituídos, explorando a força da potência que marca o cotidiano e a sabedoria popular, infiltrar-se nas brechas do possível e do improvável, andar, como se diz no Brasil, meio de lado, dançar na chuva, "flanar como forma de resistência", avançar, retornar, circular, seguir em diagonal, transversalmente, nomadismo mutante que adota estratégias de ocasião para escapar à normalização, ao engessamento social e permite aventurar-se no dia a dia. O termo ziguezaguear aparece muitas vezes em palestras de Michel Maffesoli de acordo com as traduções do momento. Se não é uma noção recorrente na escrita do autor, parece encarnar o seu pensamento sobre o cotidiano como uma forma de errância social. Em última instância, essa noção pode ser um enxerto neste dicionário, o olhar do dicionarista sobre o pensamento do dicionarizado. Ver: *Sobre o nomadismo*: vagabundagens pós-modernas. Rio de Janeiro: Record, 2001. **(Juremir Machado da Silva/GTI)**

ÍNDICE DE VERBETES

J

K

L

M

N

O

P

Q

R

S

REDE JIM

JORNALISMO, IMAGINÁRIO E MEMÓRIA

Coordenação: Juremir Machado da Silva e
Álvaro Nunes Larangeira

Grupos integrantes

Grupo de Tecnologias do Imaginário – GTI

Pontifícia Universidade Católica do Rio Grande do Sul (PUCRS)

Coordenação: Juremir Machado da Silva e
Álvaro Nunes Larangeira

Comunicação, Cidade e Memória – Comcime

Universidade Federal de Juiz de Fora (UFJF)

Coordenação: Christina Ferraz Musse e Talita Souza Magnolo

Grupo Narrativas Midiáticas e Dialogias – Namidia

Universidade Federal de Juiz de Fora (UFJF)

Coordenação: Cláudia Thomé

MULTIS – Núcleo de Estudos e Experimentações do Audiovisual e Multimídia

Universidade Federal Fluminense (UFF)

Coordenação: Denise Tavares e Renata Rezende

Grupo Imaginário e Cotidiano

Universidade do Sul de Santa Catarina (Unisul)

Coordenação: Heloisa Juncklaus Preis Moraes

Grupo de Pesquisa em Memória, Afeto e Redes Convergentes – MARC

Universidade do Sul de Santa Catarina (Unisul)

Coordenação: Mario Abel Bressan Júnior

Grupo Imaginarium – Comunicação, Cultura, Imaginário e Sociedade

Grupo Communicare – Comunicação, Educação e Saúde

Universidade Federal do Maranhão (UFMA)

Universidade Federal de São Paulo (Unifesp)

Coordenação: Denise Cristina Ayres Gomes

GEPAI – Grupo de Estudo e Pesquisa em Antropologia do Imaginário

Universidade Federal da Paraíba (UFPB)

Coordenação: Eunice Simões Lins

Laboratoire d'études interdisciplinaires sur le réel et les imaginaires sociaux Leiris/Universidade Paul Valéry, Montpellier 3 (UPVM3), França

Direção: Philippe Joron

Centre d'Études sur l'Actuel et le Quotidien (CEAQ)

Michel Maffesoli

LIVROS DE MICHEL MAFFESOLI TRABALHADOS PELA REDE JIM

- *Lógica da dominação*. Rio de Janeiro: Jorge Zahar, 1978.
- *A conquista do presente*. Rio de Janeiro: Rocco, 1984.
- *Dinâmica da violência*. São Paulo: Vértice, 1987.
- *O tempo das tribos*: o declínio do individualismo nas sociedades de massa. Rio de Janeiro: Forense Universitária, 1987.
- *A contemplação do mundo*. Porto Alegre: Artes & Ofícios, 1995.
- *No fundo das aparências*. Petrópolis: Vozes, 1996.
- *A transfiguração do político*: a tribalização do mundo. Porto Alegre: Sulina, 1997.
- *A república dos bons sentimentos*. São Paulo: Iluminuras, 2000.
- *A violência totalitária*: ensaio de antropologia política. Porto Alegre: Sulina, 2001.
- *Elogio da razão sensível*. São Paulo: Iluminuras, 2001.
- *Sobre o nomadismo*: vagabundagens pós-modernas. Rio de Janeiro: Record, 2001.
- *O instante eterno*: o retorno do trágico nas sociedades pós-modernas. São Paulo: Zouk, 2003.
- *A parte do diabo*. Rio de Janeiro: Record, 2004.
- *Notas sobre a pós-modernidade*: o lugar faz o elo. Rio de Janeiro: Atlântica Editora, 2004.
- *À sombra de Dionísio:* ensaio sobre uma sociologia da orgia. São Paulo: Zouk, 2005.
- *O mistério da conjunção*: ensaios sobre comunicação, corpo e socialidade. Porto Alegre: Sulina, 2005.
- *O conhecimento comum*: introdução à sociologia compreensiva. Porto Alegre: Sulina, 2007.
- *O ritmo da vida*: variações sobre o imaginário pós-moderno. Rio de Janeiro: Record, 2007.
- *Apocalipse*: opinião pública e opinião publicada. Porto Alegre: Sulina, 2010.

- *Saturação*. São Paulo: Iluminuras, 2010.
- *O tempo retorna*: formas elementares da pós-modernidade. Rio de Janeiro: Forense Universitária, 2012.
- *Homo eroticus*: comunhões emocionais. Rio de Janeiro: Forense Universitária, 2014.
- *O conformismo dos intelectuais*. Porto Alegre: Sulina, 2015.
- *A ordem das coisas*: pensar a pós-modernidade. Rio de Janeiro: Forense Universitária, 2016.
- *Pactos emocionais*: reflexões em torno da moral, da ética e da deontologia. Curitiba: PucPress, 2018.
- *A palavra do silêncio*. São Paulo: Palas Athenas, 2019.
- *O tesouro escondido*: carta aos franco-maçons e a outros. Porto Alegre: Sulina, 2019.
- *Logique de l'assentiment*: dire oui à la vie. Paris: Cerf, 2023.

SOBRE OS AUTORES

Aline Pinna – Doutoranda em Mídia e Cotidiano pela Universidade Federal Fluminense (PPGMC/UFF). Mestra pelo Programa de Pós-Graduação em Comunicação da Universidade Federal de Juiz de Fora (PPGCOM/UFJF). MBA em Comunicação e Marketing em Mídias Digitais pela Universidade Estácio de Sá. Jornalista pelo Centro Universitário de Volta Redonda (UniFOA).

Álvaro Nunes Larangeira – Pesquisador bolsista do Conselho Nacional de Desenvolvimento Científico e Tecnológico (CNPq), modalidade Pós-Doutorado Sênior, e professor colaborador do Programa de Pós-Graduação em Comunicação Social da Pontifícia Universidade Católica do Rio Grande do Sul (PPGCOM/PUCRS). Doutor e mestre em Comunicação e graduação em Jornalismo pela PUCRS. Pós-doutor em Estudos do Jornalismo pela Universidade de Coimbra.

Ana Carolina Campos – Doutoranda no Programa de Pós-Graduação em Comunicação da Universidade Federal de Juiz de Fora (PPGCOM/UFJF), com bolsa Capes (Coordenação de Aperfeiçoamento de Pessoal de Nível Superior). Mestre em Comunicação e graduada em Jornalismo pela mesma instituição.

Ana Lua Bacelar de Souza – Estudante de graduação em Jornalismo da Faculdade de Comunicação da Universidade Federal de Juiz de Fora (FACOM/UFJF). Voluntária do projeto "Jornalismo de subjetividade: a representação de crianças em situação de conflito no telejornalismo".

Ana Paula Bazi – Mestranda em Ciências da Linguagem pelo Programa de Pós-Graduação em Ciências da Linguagem da Universidade do Sul de Santa Catarina (PPGCL/Unisul). Especialista em Comunicação Empresarial e graduada em Jornalismo pela Universidade do Vale do Itajaí (Univali). Licenciatura em História pelo Centro Universitário de Maringá (UniCesumar).

Ana Paula Dessupoio – Professora adjunta da Faculdade de Comunicação da Universidade Federal de Juiz de Fora (FACOM/UFJF). Doutora em Comunicação e mestra em Artes, Cultura e Linguagens pela UFJF.

André Lemos – Professor titular do Departamento de Comunicação e do Programa de Pós-Graduação em Comunicação e Cultura Contemporâneas da Universidade Federal da Bahia (UFBA). Diretor do Lab404 - Laboratório de Pesquisa em Mídia Digital, Redes e Espaço, pesquisador 1A do CNPq e membro do Comitê Gestor do Instituto Nacional de Ciência e Tecnologia em Democracia Digital (INCT-DD).

Andrea Ferreira Passos – Mestra pelo Programa de Pós-Graduação em Comunicação da Universidade Federal do Maranhão (PPGCOM/UFMA), graduanda em Administração pela UFMA e em Filosofia pelo Centro Universitário ETEP, com MBA em Comunicação e Marketing pela Universidade Cruzeiro do Sul (Unicsul).

Angélica Gouveia Brito – Mestra em Comunicação e Culturas Midiáticas pela Universidade Federal da Paraíba (UFPB). Licenciada em Educação Artística pela Universidade Federal de Pernambuco (UFPE) e bacharela em Publicidade e Propaganda pela Sociedade Recifense de Estudos de Ciências Humanas. Graduanda em Jornalismo pela UFPB.

Bertrand Ricard – Pesquisador associado do laboratório Habiter, leciona na Universidade de Reims Champagne-Ardenne (URCA). Doutor em Sociologia pela Universidade de Paris V – René Descartes, sob a orientação de Michel Maffesoli.

Christina Ferraz Musse – Professora titular da Faculdade de Comunicação da Universidade Federal de Juiz de Fora (FACOM/UFJF). Pós-doutora em Práticas e Culturas da Comunicação pela Pontifícia Universidade Católica do Rio Grande do Sul (PUCRS). Doutora e mestra em Comunicação e Cultura pela Universidade Federal do Rio de Janeiro (UFRJ).

Claudia Attimonelli – Pesquisadora em ciências da comunicação, estudos visuais e cultura digital. Docente do Departamento de Ciências da Educação, Psicologia e Comunicação da Universidade de Bari Aldo Moro, Itália. Doutorado em Teoria da Linguagem e Ciências dos Signos pela UniBari.

Cláudia Thomé – Jornalista, professora da Faculdade de Comunicação e docente permanente e coordenadora do Programa de Pós-Graduação em Comunicação da Universidade Federal de Juiz de Fora (PPGCOM/UFJF), com pós-doutorado em Comunicação pela Universidade Federal do Rio de Janeiro (UFRJ). Vice-coordenadora do Grupo de Pesquisa Telejornalismo, da Sociedade Brasileira de Estudos Interdisciplinares da Comunicação (Intercom).

Cláudio Cardoso de Paiva – Professor do Programa de Pós-Graduação em Jornalismo da Universidade Federal da Paraíba (PPJ/UFPB). Mestre em Comunicação pela Universidade de Brasília (1988). Mestrado (1991) e doutorado (1995) em Ciências Sociais pela Universidade de Paris V – René Descartes.

Cristiane Freitas Gutfreind – Doutora em Sociologia pela Universidade Paris V (Sorbonne). Professora titular da Pontifícia Universidade Católica do Rio Grande do Sul (PUCRS). Bolsista produtividade do CNPq. Foi professora visitante na Universidade Paul Valéry, Montpellier 3 (2007 e 2023). Líder dos grupos de pesquisa "Cinema e Audiovisual: comunicação, estética e política" (Kinepoliticom) e "Cinema, Audiovisual, Tecnologias e Processos Formativos" (Encruzilhada), registrados no CNPq.

Denise Cristina Ayres Gomes – Docente do curso de Tecnologia em Design Educacional da Universidade Federal de São Paulo e coordenadora geral da Universidade Aberta do Brasil/Unifesp. Docente do Programa de Pós-Graduação em Comunicação da Universidade Federal do Maranhão (PPGCOM/UFMA). Doutora em Comunicação pela Pontifícia Universidade Católica do Rio Grande do Sul (PUCRS) com estágio pós-doutoral na Universidade Federal Fluminense (UFF). Jornalista.

Denise Tavares – Professora do Programa de Pós-Graduação em Mídia e Cotidiano e do Departamento de Comunicação Social da Universidade Federal Fluminense (PPGMC/GCO/UFF). Mestre em Multimeios pela Universidade Estadual de Campinas (Unicamp) e doutora em Integração Latino-Americana pela Universidade de São Paulo (USP). Autora das obras *(Re)criar biografias no documentário* e *O suicídio de jovens nas telas*, além de artigos e coorganização de coletâneas.

Diego Cotta – Doutor e mestre em Mídia e Cotidiano pela Universidade Federal Fluminense (UFF) e jornalista pela Escola de Comunicação da Universidade Federal do Rio de Janeiro (ECO/UFRJ). Pesquisa linguagem, representação e produção de sentidos no audiovisual e mídias sociais digitais, com foco em LGBTI+, racismo, interseccionalidade e direitos humanos.

Edgar Morin – Sociólogo, pesquisador emérito do Centre National de la Recherche Scientifique (CNRS). Referência mundial da complexidade. Autor, dentre outros, de *O método* (6 volumes), *Introdução ao pensamento complexo* e *Cultura de massas no século XX: o espírito do tempo* (2 volumes).

Elizandra Nazario Silva Savio – Doutoranda e mestre em Ciências da Linguagem pela Universidade do Sul de Santa Catarina (Unisul). Graduada em Letras (Português/Inglês) pela Universidade do Extremo Sul Catarinense (Unesc) e pedagogia pela Unisul. Professora de Línguas na rede pública estadual de Santa Catarina.

Elton Luiz Gonçalves – Doutor em Ciências da Linguagem pela Universidade do Sul de Santa Catarina (Unisul). Docente do Centro Universitário UniSATC, Criciúma/SC.

Eunice Simões Lins – Pedagoga e teóloga. Pós-doutorado em Ciências da Religião na Universidade Metodista de São Paulo (Umesp). Doutorado em Sociologia e mestrado em Ciência da Informação pela Universidade Federal da Paraíba (UFPB). É professora adjunta do Departamento de Educação do Campo-DEC, no Centro de Educação-CE da UFPB. Professora e pesquisadora no Programa de Pós-Graduação em Comunicação (PPGC/UFPB), na linha de pesquisa Mídia, Cotidiano e Imaginário.

Fabio La Rocca – Docente e diretor do Departamento de Sociologia na Universidade Paul Valéry, Montpellier 3 (UPVM3). Pesquisador do Laboratório de Estudos Interdisciplinares sobre o Real e os Imaginários Sociais (LEIRIS - EA 4584). Editor da *Sociétés – Revue des sciences humaines et sociales*, fundada por Michel Maffesoli. Doutor e mestre em Sociologia pela Universidade Paris Descartes – Sorbonne, com graduação da mesma área pela Universidade de Salerno, Itália.

Fabíola Medeiros Savi – Mestre pelo Programa de Pós-Graduação em Ciências da Linguagem da Universidade do Sul de Santa Catarina (PPGCL/Unisul). Graduação em Letras - Português/Inglês pela Unisul.

Fernanda Sevarolli – Doutoranda no Programa de Pós-Graduação em Comunicação da Universidade Federal de Juiz de Fora (PPGCOM/UFJF) com bolsa Fapemig (Fundação de Amparo à Pesquisa do Estado de Minas Gerais). Mestre em Educação (UFJF) e licenciada em Letras (UFJF) e Pedagogia (Faculdade Mantenense dos Vales Gerais/Univale).

Filipe Speck – Doutorando do Programa de Pós-Graduação em Comunicação Social da Pontifícia Universidade Católica do Rio Grande do Sul (PPGCOM/PUCRS). Jornalista e pesquisador, com experiência em iniciativas de jornalismo digital. É cofundador da Matinal, plataforma de jornalismo e cultura de Porto Alegre. Estuda as dinâmicas e crises do jornalismo local. Também é produtor do podcast Noites Gregas.

Gabriela Ferreira Vieira – Doutoranda em Comunicação Social (bolsista Capes) e mestra em Ciências Sociais pela Pontifícia Universidade Católica do Rio Grande do Sul (PUCRS). Especialista em Negócios Digitais e bacharela em Publicidade e Propaganda pelo Centro Universitário Ritter dos Reis (UniRitter). Atuante nas áreas de Comunicação e Ciências Sociais.

Glória Rückert Jungkenn – Doutoranda e mestra em Comunicação Social pela Pontifícia Universidade Católica do Rio Grande do Sul (PUCRS). Graduada em Relações Públicas pela mesma universidade. Participante do Grupo de Estudos Avançados em Comunicação Organizacional - GEACOR. Empreendedora nos segmentos de planejamento de comunicação, comunicação digital, marketing digital e gestão de marcas.

Gracielle Loures Nocelli – Mestra em Comunicação pela Universidade Federal de Juiz de Fora (UFJF) e pós-graduada em Gestão de Mídias Digitais pela Universidade Metodista de São Paulo (Umesp). Atua como editora de notícias e conteúdos para web e se dedica à pesquisa.

Hélène Strohl-Maffesoli – Diplomada pela Escola Nacional de Administração (ENA), referência francesa na formação de gestores públicos. Autora de L'Etat *Social ne fonctionne plus* (Albin Michel, 2008) e, com Michel Maffesoli, *Les nouveaux bien-pensants* (Éditions du Moment, 2013/*O conformismo dos intelectuais*, Sulina, 2015).

Heloisa Juncklaus Preis Moraes – Doutora em Comunicação Social pela Pontifícia Universidade Católica do Rio Grande do Sul (PUCRS). Docente do Programa de Pós-Graduação em Ciências da Linguagem da Universidade do Sul de Santa Catarina (PPGCL/Unisul). Bolsista de Pesquisa do Instituto Ânima.

Igor Portela – Historiador formado pela Universidade Federal de Juiz de Fora (UFJF). Mestrando do Programa de Pós-Graduação em Comunicação (PPGCOM/UFJF). Bolsista Capes.

João Gabriel Xavier – Mestre e doutorando do Programa de Pós-Graduação em Comunicação da Universidade Federal de Juiz de Fora (PPGCOM/UFJF). Sua área de pesquisa engloba memória e nostalgia ligadas à experiência da ida ao cinema.

Juremir Machado da Silva – *Doutor Honoris Causa* da Universidade Paul Valéry, Montpellier 3 (2023); graduado em Jornalismo e História (1984) pela Pontifícia Universidade Católica do Rio Grande do Sul (PUCRS); DEA em Sociologia (1992) e doutorado em Sociologia pela Paris V René Descartes (1995). Pós-doutorado com Michel Maffesoli, Edgar Morin e Jean Baudrillard (1998). Professor titular da PUCRS, onde coordenou, de 2003 a 2014, o Programa de Pós-Graduação em Comunicação Social (PPGCOM), tendo retornado à função em 2022.

Kênia Zanella – Mestre em Turismo e doutoranda em Ciências da Linguagem pela Universidade do Sul de Santa Catarina (Unisul). Docente do Instituto Federal Catarinense (IFC), câmpus Sombrio.

Lara Cavalheri Soares – Graduanda do curso de Jornalismo na Faculdade de Comunicação da Universidade Federal de Juiz de Fora (FACOM/UFJF). Bolsista de Iniciação Científica (BIC/UFJF) do projeto "Jornalismo de subjetividade: a representação de crianças em situação de conflito no telejornalismo".

Lara Ely – Jornalista e especialista em Gestão Ambiental, mestre e doutoranda em Comunicação Social pela Pontifícia Universidade Católica do Rio Grande do Sul (PUCRS). Colaborou para veículos como GZH, Jornal do Comércio/RS, Record e Canal Futura. Também contribuiu na implementação da estratégia ESG (*environmental, social and governance*) em empresas como Lojas Renner, Coca-Cola Femsa e Tanac.

Lara Rezek Alves de Souza – Estudante de graduação do curso de Jornalismo da Faculdade de Comunicação da Universidade Federal de Juiz de Fora (FACOM/UFJF). Voluntária do projeto "Jornalismo de subjetividade: a representação de crianças em situação de conflito no telejornalismo".

Larissa Caldeira de Fraga – Pesquisadora de pós-doutoramento com bolsa CNPq e professora colaboradora do Programa de Pós-Graduação em Comunicação Social da Pontifícia Universidade Católica do Rio Grande do Sul (PPGCOM/PUCRS), instituição na qual fez doutorado e mestrado em Comunicação Social e graduação em Jornalismo.

Leidiane Coelho Jorge – Doutora em Ciências da Linguagem pela Universidade do Sul de Santa Catarina (Unisul). Docente e gestora na rede municipal de Balneário Gaivota/SC.

Leonardo Alexsander Lessa – Doutorando e mestre pelo Programa de Pós-Graduação em Ciências da Linguagem da Universidade do Sul de Santa Catarina (PPGCL/Unisul). Graduação em Comunicação Social - Publicidade e Propaganda (Unisul).

Luana Chinazzo – Doutora e mestra em Comunicação Social pela Pontifícia Universidade Católica do Rio Grande do Sul (PUCRS). Doutora em Sociologia pela Universidade Paul Valéry, Montpellier 3 (UPVM3). Jornalista e pesquisadora de pós-doutorado no Programa de Pós-Graduação em Comunicação e Territorialidades da Universidade Federal do Espírito Santo (PósCom/UFES).

Luciana Soares de Morais – Doutoranda e mestre pelo Programa de Pós-Graduação em Comunicação da Universidade Federal de Juiz de Fora (PPGCOM/UFJF). Graduada em Jornalismo pela mesma instituição.

Luiza Gould – Doutoranda e mestre em Mídia e Cotidiano pela Universidade Federal Fluminense (UFF), com dissertação vencedora do Prêmio Adelmo Genro Filho 2021, da Associação Brasileira de Pesquisadores em Jornalismo (SBPJor). Atualmente pesquisa empatia durante a apuração jornalística.

Luiza Liene Bressan da Costa – Doutora em Ciências da Linguagem pela Universidade do Sul de Santa Catarina (Unisul). Docente do Centro Universitário Barriga Verde (Unibave), Orleans/SC.

Manuel Petrik – Jornalista e doutor em Comunicação pela Faculdade de Comunicação, Artes e Design da Pontifícia Universidade Católica do Rio Grande do Sul (Famecos/PUCRS), mesma instituição em que realiza estágio pós-doutoral com bolsa da Fundação de Amparo à Pesquisa do Rio Grande do Sul (Fapergs).

Marco Aurelio Reis – Jornalista, docente permanente do Programa de Pós-Graduação em Comunicação da Universidade Federal de Juiz de Fora (PPGCOM/UFJF), professor efetivo da rede estadual de educação de Minas Gerais, professor substituto da Faculdade de Letras da UFJF e coordenador do GT História da Mídia Digital, da Associação Brasileira de Pesquisadores de História da Mídia - Rede Alcar.

Mario Abel Bressan Júnior – Doutor em Comunicação Social pela Pontifícia Universidade Católica do Rio Grande do Sul (PUCRS). Professor no Programa de Pós-Graduação em Ciências da Linguagem da Universidade do Sul de Santa Catarina (PPGCL/Unisul). Graduação em Comunicação Social - Habilitação em Publicidade e Propaganda pela Unisul.

Martine Xiberras – Professora do Departamento de Sociologia da Universidade Paul Valéry, Montpellier 3 (UPVM3). Coordenadora do Mestrado de Sociologia e pesquisadora do Laboratório de Estudos Interdisciplinares sobre o Real e os Imaginários Sociais (LEIRIS - EA 4584). Doutora em Antropologia Social e Cultural pela Universidade Paris V-René Descartes, orientada por Michel Maffesoli.

Matheus Tamaino Brum – Mestrando do Programa de Pós-Graduação em Comunicação da Universidade Federal de Juiz de Fora (PPGCOM/UFJF). Estuda futebol, memória e é autor do livro “Entre Contos e Crônicas: Tupi ‘Fantasma do Mineirão’ e Sport ‘Campeão do Centenário de JF’”.

Mayara Gonçalves de Paulo – Doutora em Ciências da Linguagem pela Universidade do Sul de Santa Catarina (Unisul). Graduação em Letras - Português/Inglês pela Unisul. Professora da Secretaria de Educação do Estado de Santa Catarina.

Moisés de Lemos Martins – Professor catedrático da Universidade Lusófona, no Centro Universitário do Porto, onde dirige a Faculdade de Comunicação, Arquitetura, Artes e Tecnologias de Informação (FCAATI) e o Departamento de Comunicação e Artes. Professor emérito aposentado da Universidade do Minho.

Muniz Sodré – Livre-docente e professor emérito da Escola de Comunicação da Universidade Federal do Rio de Janeiro (ECO/UFRJ). Foi presidente da Fundação Biblioteca Nacional entre 2005 a 2011. Pós-doutorado na Universidade Paris-Sorbonne, Paris IV (1979-1980).

Pablo Cuartas – Formado em Ciência Política pela Universidade Nacional da Colômbia. Doutorado em Sociologia pela Universidade René Descartes-Sorbonne Paris V, concluído em 2016, sob orientação de Michel Maffesoli.

Pâmela Chiorotti Becker – Licenciada, mestra e doutoranda em História pela Pontifícia Universidade Católica do Rio Grande do Sul (PUCRS). Dedica-se à pesquisa sobre a formação de imaginários sociais acerca do populismo e do trabalhismo na imprensa brasileira da década de 1950.

Patrícia Monteiro Cruz Mendes – Docente do curso de graduação e do Programa de Pós-Graduação em Jornalismo (PPJ) da Universidade Federal da Paraíba (UFPB). Doutora em Comunicação pelo Programa de Pós-Graduação em Comunicação da Universidade Federal de Pernambuco (PPGCOM/UFPE).

Patrícia Schlickmann Orlandi – Mestre e doutoranda em Ciências da Linguagem na Universidade do Sul de Santa Catarina (Unisul). Bolsista Capes. Docente da Unisul.

Patrick Tacussel – Professor emérito da Universidade Paul Valéry, Montpellier 3 (UPVM3), na qual dirigiu o Instituto de Investigação em Sociologia e Antropologia – Centro de Pesquisas sobre o Imaginário (IRSA-CRI) entre 1998 e 2011. Ex-decano da Faculdade de Ciências do Sujeito e da Sociedade da UPVM3. Doutor em

Sociologia orientado por Gilbert Durand e doutorado de Estado dirigido por Michel Maffesoli.

Pedro Augusto Silva Miranda – Doutorando no Programa de Pós-Graduação em Comunicação da Universidade Federal de Juiz de Fora (PPGCOM/UFJF), mestre em Comunicação e graduado em Jornalismo pela mesma instituição.

Philippe Joron – Professor universitário de sociologia. Diretor do Laboratório de Estudos Interdisciplinares sobre o Real e os Imaginários Sociais (LEIRIS - EA 4584) e coordenador do Doutorado em Sociologia. Ex-vice-presidente da Universidade Paul Valéry, Montpellier 3 (2016-2019), decano da Faculdade de Ciências do Sujeito e da Sociedade – UFR 5 (2014-2017), diretor da revista *Sociétés* (2015-2024). Doutor em Sociologia pela Universidade Sorbonne Paris V – René Descartes, orientado por Michel Maffesoli.

Rafael Otávio Dias Rezende – Doutorando no Programa de Pós-Graduação em Comunicação da Universidade Federal de Juiz de Fora (PPGCOM/UFJF), mestre em Comunicação e graduado em Jornalismo pela mesma instituição.

Ramsés Albertoni Barbosa – Professor de Língua Portuguesa. Doutor em Artes pela Universidade Federal de Juiz de Fora (UFJF). Mestre em Poética, pela Universidade Federal do Rio de Janeiro (UFRJ), e em Comunicação, pela UFJF.

Regina Gloria Nunes Andrade – Professora titular do Programa de Pós-Graduação em Psicologia Social, da Universidade do Estado do Rio de Janeiro (PPGPS/UERJ). Doutora em Comunicação e Cultura pela Universidade Federal do Rio de Janeiro (UFRJ/1988) e pós-doutoramento na Universidade René Descartes – Paris V, no CEAQ, supervisionada por Michel Maffesoli.

Renata Rezende Ribeiro – Professora do Programa de Pós-Graduação em Mídia e Cotidiano e do Departamento de Comunicação Social da Universidade Federal Fluminense (PPGMC/GCO/UFF).

Doutora e mestre em Comunicação, realizou estágio de pós-doutorado na Universidade Paris V (Sorbonne, França). Autora do livro *A morte midiatizada*, entre outras coletâneas e artigos científicos.

Ricardo Ferreira Freitas – Professor titular da Faculdade de Comunicação Social e do Programa de Pós-Graduação em Comunicação da Universidade do Estado do Rio de Janeiro. Coordenador do Laboratório de Comunicação, Cidade e Consumo (Lacon), vinculado ao PPGCom/UERJ.

Rômulo Medeiros Pereira – Doutorando em História na Universidade Federal Rural de Pernambuco (UFRPE). Mestre em História pelo Programa de Pós-Graduação de História da Universidade Federal da Paraíba (PPGH/UFPB) e graduado em licenciatura plena em História pela Universidade Estadual da Paraíba (UEPB).

Soraya Damasio Bertoncello – Jornalista e publicitária. Mestra e doutoranda em Comunicação Social pelo Programa de Pós-Graduação em Comunicação Social da Pontifícia Universidade Católica do Rio Grande do Sul (PPGCOM/PUCRS). Bolsista parcial Capes. Desenvolve pesquisa sobre o imaginário nos cantos das torcidas de futebol e atua como assessora de comunicação em autarquia federal.

Stéphane Hugon – Doutor em Sociologia da Cultura e da Comunicação pela Universidade Sorbonne, Paris V. Integrou o Centro de Estudos sobre o Imaginário e o Cotidiano (CEAQ). Cofundador e presidente da Eranos, fundação de consultoria de pesquisas aplicadas para instituições privadas.

Suelen Gotardo – Relações Públicas, doutoranda no Programa de Pós-Graduação em Comunicação Social da Pontifícia Universidade Católica do Rio Grande do Sul (PPGCOM/PUCRS). Coordenadora de Comunicação na Secretaria de Sistemas Penal e Socioeducativo do Estado do Rio Grande do Sul (SSPS/RS). Pesquisadora nos estudos de gênero, feminismo, transfeminismo, diversidade e inclusão.

Suellen Cristina Vieira – Mestre e doutoranda em Ciências da Linguagem pela Universidade do Sul de Santa Catarina (Unisul). Bolsista Capes. Docente da Unisul.

Susana Azevedo Reis – Doutoranda no Programa de Pós-Graduação em Comunicação da Universidade Federal de Juiz de Fora (PPGCOM/UFJF). Bolsista Capes. Graduada em Jornalismo e mestre em Comunicação pela UFJF.

Taíla Lopes Quadros – Graduada em Relações Públicas e especialista em Comunicação Digital pela Universidade de Caxias do Sul (UCS), mestra e doutoranda em Comunicação pelo Programa de Pós-Graduação em Comunicação Social da Pontifícia Universidade Católica do Rio Grande do Sul (PPGCOM/PUCRS). Pesquisa os imaginários, suas manifestações e criações no cotidiano.

Talita Souza Magnolo – Professora substituta da Faculdade de Comunicação da Universidade Federal de Juiz de Fora (FACOM/UFJF). Doutora e mestra em Comunicação pela UFJF. Coordenadora do Projeto de Extensão "MemórIA".

Valdemir Soares dos Santos Neto – Doutorando e mestre em Ciências da Linguagem pela Universidade do Sul de Santa Catarina (Unisul). Especialista em Comunicação, Marcas e Consumo pela Universidade Anhembi Morumbi. Graduado em Publicidade e Propaganda pela Universidade do Vale do Itajaí (Univali).

Valdirene da Silva Campos – Doutoranda e mestre em Ciências da Linguagem pela Universidade do Sul de Santa Catarina (Unisul). Graduação em Turismo e Hotelaria (Universidade do Vale do Itajaí - Univali) e em Administração (Unisul).

Vanessa Coutinho Martins – Doutoranda no Programa de Pós-Graduação em Comunicação da Universidade Federal de Juiz de Fora (PPGCOM/UFJF) com bolsa Capes. Mestre em Comunicação pela mesma instituição. Graduada em Publicidade e Propaganda e em Letras.

Vincenzo Susca – Professor do Departamento de Sociologia da Universidade Paul Valéry, Montpellier 3 (UPVM3). Pesquisador do Laboratório de Estudos Interdisciplinares sobre o Real e os Imaginários Sociais (LEIRIS - EA 4584). Foi diretor editorial da *Les Cahiers européens de l'imaginaire*, revista de ciências humanas fundada em 1988 por Gilbert Durand e Michel Maffesoli.

Vitória Batista Nunes de Vasconcelos – Mestra em Jornalismo pelo Programa de Pós-Graduação em Jornalismo da Universidade Federal da Paraíba (PPJ/UFPB). Especialista em produção de conteúdo para mídias digitais pela Unicorp Faculdades. Graduada em Jornalismo pela UFPB.

Wagner Machado – Jornalista, licenciado em Letras, doutor e mestre em Comunicação pelo Programa de Pós-Graduação em Comunicação Social da Pontifícia Universidade Católica do Rio Grande do Sul (PPGCOM/PUCRS), pós-doutorando no Programa de Pós-Graduação em Educação da Universidade Federal do Rio Grande do Sul (PPGEDU/UFRGS) e servidor no Núcleo de Comunicação da mesma instituição.

Zulenilton Sobreira Leal – Professor mestre no curso de Jornalismo em Multimeios no Departamento de Ciências Humanas do Câmpus III da Universidade do Estado da Bahia (DCH III/UNEB). Doutorando do Programa de Pós-Graduação em Ecologia Humana e Gestão Socioambiental (PPGECOH/UNEB). Mestre em Comunicação pela Universidade Federal da Paraíba (UFPB).

MICHEL MAFFESOLI

Nascido em 14 de novembro de 1944, em Graissessac, no sul da França, Michel Maffesoli consagrou-se como sociólogo da pós-modernidade, do laço social, do tribalismo e do imaginário, lecionando na Universidade René Descartes, Paris V, Sorbonne, onde implantou o Centro de Estudos do Atual e do Quotidiano (CEAQ). Influenciado pelas ideias de Gilbert Durand, abriu um vasto caminho para pesquisas e reflexões sobre temas muitas vezes secundarizados por abordagens conservadoras. Autor de livros importantes como *O tempo das tribos*, *O conhecimento comum: introdução à sociologia compreensiva* (Sulina, 2010), *A transfiguração do político: a tribalização do mundo* (Sulina, 1997) e *Lógica do assentimento*, estabeleceu uma longeva relação com universidades de vários países, entre os quais o Brasil. Casado com Hélène Strohl, tem quatro filhas e oito netos. É *Doutor Honoris Causa* da Pontifícia Universidade Católica do Rio Grande do Sul.

Este livro foi confeccionado especialmente para a
Editora Meridional Ltda,
em Georgia, 11,8pt e impresso na Gráfica Noschang.